乡村振兴战略下乡村教育发展研究

王功琪 著

吉林大学出版社
·长春·

图书在版编目（CIP）数据

乡村振兴战略下乡村教育发展研究 / 王功琪著 . -- 长春：吉林大学出版社 , 2022.5
ISBN 978-7-5768-0453-9

Ⅰ . ①乡… Ⅱ . ①王… Ⅲ . ①乡村教育—研究—中国 Ⅳ . ① G725

中国版本图书馆 CIP 数据核字 (2022) 第 170608 号

书　　名	乡村振兴战略下乡村教育发展研究
	XIANGCUN ZHENXING ZHANLÜE XIA XIANGCUN JIAOYU FAZHAN YANJIU
作　　者	王功琪　著
策划编辑	殷丽爽
责任编辑	殷丽爽
责任校对	矫　正
装帧设计	李文文
出版发行	吉林大学出版社
社　　址	长春市人民大街 4059 号
邮政编码	130021
发行电话	0431-89580028/29/21
网　　址	http：// www. jlup. com. cn
电子邮箱	jldxcbs@ sina. com
印　　刷	天津和萱印刷有限公司
开　　本	787mm×1092mm　1/16
印　　张	16
字　　数	300 千字
版　　次	2023 年 1 月　第 1 版
印　　次	2023 年 1 月　第 1 次
书　　号	ISBN 978-7-5768-0453-9
定　　价	72.00 元

版权所有　　翻印必究

前　言

中国共产党第十九次全国代表大会指出，我国现阶段社会主要矛盾为人民日益增长的美好生活需要和不平衡不充分的发展之间的矛盾。为了有效解决新时代我国社会的主要矛盾，我国推出了实施包括乡村振兴战略在内的七大战略。乡村振兴战略的积极推进，有利于解决我国长期以来存在的城乡发展不平衡、农村社会发展不充分问题。实施乡村振兴战略是全面建成小康社会和社会主义现代化强国的重要历史任务。

乡村教育既为乡村建设提供人才支撑，也承载着传播知识、塑造文明乡风的功能，乡村教育在乡村振兴中具有不可替代的基础性作用。发展乡村教育是乡村振兴战略的主要构成，乡村教育不仅能够推动乡村人才振兴，也能助推乡村产业振兴、文化振兴、生态振兴和组织振兴。本书主要研究乡村振兴战略下乡村教育发展。

本书共有八个章节。第一章为乡村教育与乡村振兴相关理论，主要介绍了乡村教育发展的历史演进、我国乡村教育思想的梳理、乡村振兴战略的逻辑缘起和乡村振兴与乡村教育的内在逻辑等四个方面的内容；第二章是乡村教育的价值取向与发展启示，介绍了乡村教育的价值取向、乡村教育的发展启示两方面的内容；第三章为乡村教育的内容和组织形式，介绍了乡村教育的内容和乡村教育的组织形式；第四章从乡村教师专业发展规划、乡村教师教育教学实践、乡村教师自主研修与校本培训三个维度阐释了乡村振兴战略下乡村教育之教师发展；第五章是乡村振兴战略下乡村教育之设施发展，介绍了乡村学校基础设施现状与乡村振兴战略下的乡村学校设施建设；第六章为乡村振兴战略下乡村教育之学前教育发展，包括了乡村学前教育现状和乡村学前教育创新发展两方面的内容；第七章是乡村振兴战略下乡村教育之义务教育发展，阐述了乡村义务教育现状和乡村义务教育创新发展；第八章介绍了乡村振兴战略下乡村教育之职业教育发展，包含三个方面的内容，分别是乡村职业教育现状、乡村职业教育创新发展和乡村振兴高校大有可为。

在撰写本书的过程中，作者得到了许多专家学者的帮助和指导，参考了大量的学术文献，在此表示真诚的感谢。本书内容系统全面，论述条理清晰、深入浅出，但由于作者水平有限，书中难免会有疏漏之处，希望广大同行及时指正。

作者

2022 年 1 月

目录

第一章 乡村教育与乡村振兴相关理论 ··············· 1
  第一节 乡村教育发展的历史演进 ··············· 1
  第二节 我国乡村教育思想的梳理 ··············· 8
  第三节 乡村振兴战略的逻辑缘起 ··············· 41
  第四节 乡村振兴与乡村教育的内在逻辑 ··············· 53

第二章 乡村教育的价值取向与发展启示 ··············· 64
  第一节 乡村教育的价值取向 ··············· 64
  第二节 乡村教育的发展启示 ··············· 83

第三章 乡村教育的内容和组织形式 ··············· 88
  第一节 乡村教育的内容 ··············· 88
  第二节 乡村教育的组织形式 ··············· 102

第四章 乡村振兴战略下乡村教育之教师发展 ··············· 108
  第一节 乡村教师专业发展规划 ··············· 108
  第二节 乡村教师教育教学实践 ··············· 121
  第三节 乡村教师自主研修与校本培训 ··············· 136

第五章 乡村振兴战略下乡村教育之设施发展 147
第一节 乡村学校基础设施现状 147
第二节 乡村振兴战略下的乡村学校设施建设 148

第六章 乡村振兴战略下乡村教育之学前教育发展 150
第一节 乡村学前教育现状 150
第二节 乡村学前教育创新发展 168

第七章 乡村振兴战略下乡村教育之义务教育发展 196
第一节 乡村义务教育现状 196
第二节 乡村义务教育创新发展 199

第八章 乡村振兴战略下乡村教育之职业教育发展 206
第一节 乡村职业教育现状 206
第二节 乡村职业教育创新发展 213
第三节 乡村振兴高校大有可为 229

参考文献 244

第一章 乡村教育与乡村振兴相关理论

本章对乡村教育与乡村振兴的相关理论进行介绍，主要从四个方面进行论述，分别为乡村教育的历史演进、乡村教育的思想梳理、乡村振兴战略的逻辑缘起、乡村教育与乡村振兴的内在逻辑。

第一节 乡村教育发展的历史演进

一、古代乡村教育的发展

乡村教育的概念出现较晚，但我国针对生产生活的教育活动却可以追溯到远古时期。在原始社会中，人类的社会组织非常简单，生产力水平低下，大家都是以家族部落的形势聚集在一起。在当时尚未形成城市结构，也就是没有城市与乡村的区别。我国的传说故事中，神农氏、黄帝、炎帝、尧、舜、禹等都曾向族人传授如何耕种、治水、生产，极大地促进了当时部落内生产水平的提高。后来，随着生产工具的改进，人类逐渐由奴隶制度向农耕制度转变，教育也成为一项重要的社会活动。

在有明确文字记载的历史中，西周前的夏朝、商朝，应是我国乡村教育的萌芽时期。夏商时期远古先民从采集到渔猎，再到种植，这其中的教育元素逐渐增多，从"钻木取火"到"教民以猎"，再到"制耒耜，教民农作"，并由"结绳而治"到"易之以书契"。在这个时期，我国就已经有了乡学。商朝时期我国奴隶制度进一步发展，中华大地上开始出现邑、郊、牧、野等地域性组织；国家制度更加完备，农田分作公田与私田。同时农业、畜牧业高度发展，"酒池肉林"就反映出酒在当时已经出现，这也表明商朝农业的发展。同时祭祀制度的完备，在商朝末期已经有用牲畜、鸡鸭代替奴隶进行祭祀的记载，这也说明当时畜牧业的发展。而无论是农耕，还是畜牧养殖，这些都需要相关知识的积累与传承，这些无一不说明当时乡村教育的盛行。在《孟子》中就有"夏曰校，殷曰序，周曰庠，学则三代共之。"[①]的表述，朱熹也曾在《四书集注》中指出庠、序、校皆为乡学[②]。

到了周朝，城镇与乡村的划分更加明显，乡村教育开始正式形成并快速发展。西周时期官员的采用施行的是举荐制，在各地设乡学，从乡学中举荐优秀者为官。宋濂曾在《元史》中提到"成周庠序学校，以乡三物教万民而宾兴之，举于乡，升于司徒、司马论定，而后官之。"[③]对周朝时期的教学活动和官员举荐方式进行说明。春秋战国时期，私学成为当时重要的教学方式，而随着私学的盛行，儒、释、道、法、墨、农等各家都开始通过私学传播自己的思想。其中就有农家许行开学收徒数十人的记载。另外，尽管其他各家讲学内容各不相同，但都会多少涉及一些耕作相关的知识，也在一定程度上推动了生产经验的传播。

秦朝、汉朝至宋朝期间，我国古代乡村教育正式确立，并在统治阶级的肯定下不断巩固。秦汉时期，官府与私人设立的教育机构并存，共同构成了当时的乡村教育体系，这也标志着我国古代乡村教育的正式确立。秦朝统一中国后，在乡野之间设置"三老"，来掌管民间的教化工作："三老掌教化，凡有孝子顺孙、贞女义妇、让财救患及学士为民法式者，皆扁表其门，以兴善行"。两汉时期，根据民众聚居情况，分别设立不同层次的官学：庠、序，同时设三老进行民间教化。总结来看，在秦汉时期，我国乡村教育从形式上主要分为三类：一是书馆蒙学，属于启蒙教育，教师被称为"书师"。教学目标主要是帮助民众识字；二是乡塾经学，属于经义教学，教学目标是让学生能够"粗知文义"，以规范社会道德；三是精庐教学，属于专经教育，带有研究、辨析的意味。同时，汉代家学盛行，教学的教学内容更加繁杂、丰富，不同家族的教学内容、程度、深度都有所不同。汉代家学不仅会对经义、知识进行传授，而且尤为重视待人接物的道德教育，同时对治学方法、讲学条件等都有所研究。

三国时期的魏国设有官办乡学。在曹操掌权后，对乡学制度进行改革，要求各郡县内人口数满五百户，就要设置校官，收纳当地青少年入学。三国时期的私学从数量到规模相比汉代都有小上很多，私学的教学内容也多侧重儒学精义。两晋时期乡村教学仍以官办为主，私学数量相较三国时期要多，但私学不再限于家学，而是由很多当时的大儒、学者开设，进行讲学。南北朝时期，北魏国内乡学非常普遍，私学也非常发达，很多学者沿袭前朝做法，开设私学。如南朝沈道虔"少仁爱，好《老》《易》，居县北石山下。乡里少年相率受学，道虔常无食以立

---

① 孟子原著，王立民译评.孟子[M].长春：吉林文史出版社.2014.
② 朱熹.四书集注[M].成都：巴蜀书社.1986.
③ （明）宋濂撰.元史[M].长春：吉林人民出版社.1998.

学徒"。北朝李铉"年二十七，归养二亲，因教授乡里，生徒恒数百人，燕、赵间能言经者，多出其门"。唐朝时期经济发达，中国成为世界文化中心，教学内容更加丰富，人民追求也更加多样，这一时期远离官场、开设学馆的名流学者也为数众多。如王恭"少驾学，博学《六经》。每于乡里教授，弟子自远方至数百人自此"。隋唐时期，我国的封建制度达到顶峰，社会高度繁荣，在官办与私学的相互补充下，乡村教育也逐渐完备。

由宋朝到明朝、清朝，我国封建制度逐渐走向衰落，与此同时，我国的古代乡村教育也由盛转衰，不断瓦解。在这一时期，乡村教育主要有两个教学目标：维护社会稳定和劝导生产。无论官办学堂，还是私塾、家学，都将伦常礼教作为主要教学内容，一时间家规、家训、乡约盛行，但农学相关的知识并没有被抛弃，而是在官方组织下出版了诸多关于农业生产、救荒解厄类的本草书籍。比如，明代王守仁编写的《南赣乡约》、王孟箕订立的《宗约会规》等；北宋司马光撰写的《居家杂议》，南宋陆九韶的《居家正本制用篇》等；元代大司农司的《农桑辑要》，明代徐光启的《农政全书》，明清时的《沈氏农书》《农言著实》等。宋朝初期，乡村之中"乡党之学"盛行，"盖州县之学，有司奉诏旨所建也，故或作或辍，不免具文。乡党之学，贤士大夫留意斯文者所建也，故前规后随，皆务兴起。"南宋时期乡学更加普及，乡学、村学、冬学遍布各地。宋朝私学主要可分为两类，一种是面向蒙童的宗族义学和富户家塾，主要是教人识字；另一种是面向年岁稍长的青年学生进行讲学的书院、经馆，主要用作科举培训和学问研究。元代与之前不同的是，创立"社学"。《新元史·食货志》记载："先是大司农卿张文谦奏上立社，规条十五款。至元二十三年命颁于各路，依例施行。"[①] 元代官府对社学的法令共有114条，要求民间每50户为一"社"，每社设一"社长"，再以"社"为单位设置学舍。"社学"是元代农业经济和社会生产快速发展的产物，在当时生产恢复后，以农产品为原料的手工业进一步发展，在商业刺激下，乡村教育有了普及的物质基础和推动力量。在当时的社学中，教学内容不仅包括各类经义，而且还有职业教育、农学的大量内容。社学的教师，不仅要通晓经书典籍，而且要对农桑耕种有所了解，当时的农学教材主要是《农桑辑要》一书。辽、金、元时期，受民族融合的影响，私学盛行，教学形式与内容也多种多样。乡村教育受到统治阶级的重视，被进一步制度化。另一个重要教学机构"庙学"也甚为流行，庙学以宣传儒家经义与道德观念为主，极大地影响了民间群众道德观念与礼法思想的形成，为社会稳定做出了巨大贡献。明朝时期，明太祖诏令天下设立社

---

① 何绍忞. 新元史卷三三一卷八七 [M]. 长春：吉林人民出版社. 1995.

学，沿袭元代时期的规定，以社为单位进行民间教化。明朝初期，各地社学由各地方官府设立。同时明朝的村学、乡校、家塾与经院、书馆也非常流行，这些私学对乡俗的优化、人才的选拔、社会风气的营建都产生了巨大的积极作用。清朝继续沿袭上一代的教学方式，设置社学，并通过免除差役、优赏社师等方式，推动民间社学的发展。雍正元年将书院改为义学，并要求各地推广文化教学，之后义学取代社学成为当时乡村教学的主要形式。义学最初是明朝时期官府与民间富商、豪绅为民间的孤寒子第设置的教育机构，直到雍正年间将其作为乡村教学的主要形式，延续至清末，始终是乡村蒙学的重要类型。清朝的私学也非常普遍，直到清末，新式学堂不断建立，中国古代乡村教育形式开始发生改变，传统教育模式逐渐瓦解。

数千年来，我国古代的乡村教育伴随着王朝的兴替，从形成、确立，到发展、成熟，再到衰败、瓦解，经历了完整的发展历程。在这个过程中，尽管古代乡村教学的形式不再，但乡村教学所带来的诸多影响：教育思想、社会道德环境、民俗民生、教育模式等，一直在影响着我国教育体系的发展。虽然以现代的眼光来看，古代乡村教育从教育条件、教学办法、教育体系等多个方面都颇为粗糙，根本无法满足面向所有群众普及教育的需求，但在当时却为农学知识的普及、生产技能的传承创造了条件，为我国社会的稳定和文明的存续与发展打下了坚实基础。

二、近代乡村教育的发展

自 1840 年鸦片战争爆发以来，中国开始了被西方列强大肆掠夺的近点时期。自给自足的小民经济受到巨大冲击，民族资本主义在西方帝国主义的压迫下畸形发展。在民族危机当头的时代背景下，中国的知识分子提出了"中学为体，西学为用"的教育思想，开始在各地建立新式学堂，培养洋务人才，以经义讲学、八股文写作为主的古代乡村教育开始被近代新式学堂取代。1901 年，清政府迫于帝国主义与资本主义的压迫，实行"新政"，开始在全国范围内推行学年制义务教育，并针对农业知识开设专门的初级、中级、高级农业学堂，面向乡村群众传授农业知识。在这一时期，1902 年的《钦定学堂章程》与 1903 年的《奏定学堂章程》，标志着我国近代资本主义教育体系的建立，也标志着我国古代乡村教育向近代乡村教育的过渡。

近代乡村教育在战火纷飞、时局动荡的清末、民国时期不断发展，伴随着近代中国知识分子的不断探索，涌现出诸多先进思潮，也引领了多次先进运动，不仅在中国的乡村教育史上留下浓墨重彩的一笔，而且也对中国近代史的发展起到了巨大的推动作用。近代现存教育产生于清朝末期、民国初期，在军阀混战、列强侵略的民国中期不断发展，并在中国共产党诞生之后，吸收了更多来自无产阶级斗争的进步思想，融入新民主主义教育之中。在中国共产党诞生后的十几年中，乡村教育在中国的广阔大地上迅速发展，大量的知识分子走入乡村，他们希望通过乡村教育带领更广大的群众参与到民族的救亡图存中来。这些知识分子，进入乡村后开始针对乡村情况、农民需求等进行调查，并对乡村教育的相关问题进行讨论。其中，黄炎培指出："吾尝思之，吾国方盛倡普及教育，苟诚欲普及也，学校十之八九当属于乡村；即其所设施十之八九，当为适于乡村生活之教育。"[1] 陶行知则认为："教育是国家万年根本大计"[2]，"中国以农立国，十之八九住在乡下，平民教育是到民间去的运动，就是到乡下去的运动"。[3] 乡村教育家余庆棠认为，"吾国是以农立国，而农民又占中国人口的最多数，所以中国农村衰落与农村经济崩溃，就是全国经济的崩溃。……希望此后政府注重乡村教育，增进农业教育，实行劳动教育，使各个农民都受教育。"[4] 中国近代乡村在这些先哲们的带领下不断发展。尽管他们的教育理念，在当时的时代背景下并未被大众接受，也没能达成预期的目标，但他们对教育的重视、在乡村教育方面的努力，以及对乡村教育问题的探讨，都极具智慧，对后世的教育工作者带来诸多启发。

辛亥革命、国民革命的胜利成果被新旧军阀窃取，近代乡村教育也失去了现实支撑，乡村教育的现代化之路又生波澜。直到中国共产党的诞生，中国的乡村教育终于迎来现代化发展时期。对我国乡村教育在近代时期的发展历程进行考证，可以发现，现代乡村教育的诞生与发展离不开党的推动。首先，在党领导下的乡村教育，从革命根据地建设时期开始，在一场场反对帝国主义、反对封建主义、反对资本主义的战争中不断发展。党的创始人之一——李大钊同志曾在1919年《晨报》中发表文章《青年与农村》，文中对中国的农业国性质进行了论述，并指出要解决中国问题必须要依靠农民，并号召知识分子向农村去，"同劳动阶级打成一片"，用教育去除笼罩在农民群众身上的痛苦与黑暗。1921年中共党员沈玄庐在浙江萧山创办衙前农村小学，向农民群众传播文化知识和革命思想；1921—1923年彭湃在广东省海丰地区创办了十余所农民学校，教农民识字，开展革命教育，带领农民运动；1924年，青年时代的毛泽东，在家乡韶山创办农民夜

---

[1] 田正平，李笑贤.黄炎培教育论著选[M].北京：人民教育出版社.1993.
[2] 余子侠.中国近代思想家文库 陶行知卷[M].北京：中国人民大学出版社.2015.
[3] 陶行知.中国教育改造[M].北京：商务印书馆，2014.
[4] 茅仲英，唐孝纯.余庆棠教育论著选[M].北京：人民教育出版社.1992.

校，组织农民协会，领导农民运动。正是这些勇于抗争、积极实践的青年知识分子，用他们的积极探索为中国近代的革命事业寻求发展道路。1927年国共合作破裂，中国共产党人在全国组织武装斗争，开展革命根据地建设，中国革命进入新的时期，乡村教育也进入到新的时期。革命根据地大都在农村，进行根据地建设，必须要重视农民的力量，而要完成农村地区的精神建设，乡村教育被赋予了更沉重的使命。以革命根据地为中心，革命理论、民族自强为中心的革命思想教育，以农业生产、劳动技术为中心的生产教育，成为现代乡村教育的重要内容。在这一时期，在党的领导下，中国的先进知识分子在农村开展社会教育、扫盲教育、职业教育，对原有的私塾进行重整、改革，进一步普及小学教育，这些教育工作不仅为当时的中国共产党培养了一批优秀的继承者和忠实的追随者，而且为新中国成立后小学教育与乡村教育的普及奠定了基础，为中国现代教育的发展开辟了道路。近代乡村教育借助革命根据地建设，以革命思想教育为中心，对农民群众开展系统的知识普及、阶级教育、思想教育，引导广大人民群众加入到近代的救亡图存中来，同时受当时时代特征的影响，乡村教育的形式更加灵活，途径和方式也更加多样，不仅影响了当时的农民群众，更是通过他们影响了一代又一代人。

三、现代乡村教育的发展

1949年10月中华人民共和国宣告成立，当时的教育事业面临着巨大困难：全国有多半人口是文盲，乡村地区不识字的人数占比更多。乡村教育成为当时教育工作的重点和难点。

1950年全国第一次工农教育会议召开，会议通过了两个文件：《工农速成中学暂行实施办法》《关于开展农民业余教育的指示》，对发展乡村教育提出了明确指示，各地开始积极探索乡村教育的有效形式，农业中学、工农速成中学、半农半读的高等和中等农业院校等快速在全国各地出现。这次会议也标志着我国现代乡村教育的全面开始。在1950年工农教育会议召开后，各地积极响应中央号召，采取一系列措施针对乡村群众普及科学知识，这对我国乡村教育的发展起到了巨大的推动作用。在这一时期，乡村教育的主要内容是扫盲和技术训练。教学内容看似简单，但事实上，这是对中国传统农耕教育的一次思想变革，扫盲教学和技术训练教授给农民的并不仅仅是识字能力和操作技术，而是知识探索的钥匙和科学研发的信念。同时也为之后中国的全民教育奠定了思想基础和技术支撑。

中华人民共和国成立初期的乡村教育有效提高了我国整体的人口素质，进一步刺激了当时乡村经济的发展，同时带动了工业技术的快速进步。在党的教育方针指引下，乡村教育紧紧围绕社会建设、政治培养、科学教育的内容，开始进行改革探索，旨在建立适应国家建设与社会发展的教育体系。但在1952年国家为纠正党内流行的腐败风气，消除资本主义的负面应想，开展思想运动，但在执行过程中导致了斗争的严重扩大化，使乡村教育遭受严重挫折。之后十几年间，不断起伏，一度陷入发展困境。直到1976年，党中央完成内部整顿，1978年，党的十一届三中全会召开，实事求是、一切从实际出发的思想路线和政治路线得到恢复。中国建设再次回到大力发展生产和现代化改革上来。1977年，邓小平同志发表讲话，开始对全国教育展现的拨乱反正。1983年，"面向现代化，面向世界，面向未来"的教育方向被提出，成为中国现代教育改革发展的根本指导方针，并在全国得到积极响应。1985年，党中央再次对教育体制改革提出要求，明确了我国分级办学的教育体制，这一时期为满足教育教学需求，国家提出由国家和社会、个人、企业等多方共同努力筹措教育经费，这一举措为中国教育发展提供了巨大活力和动力，乡村教育也焕发出新的生机。1986年，义务教育法出台，中国的乡村教育进入新阶段。《国务院关于基础教育改革与发展的决定》（2001）进一步明确了国务院领导下、地方政府负责、以县为主的农村教育管理体制。[①]《国务院办公厅关于完善农村义务教育管理体制的通知》（2002）继续强化这一管理体制。[②]上述政策对乡村教育的实施与管理进行明确规定，尤其针对责权划分进行了明确，总结来说，就是乡村教育要将农业发展与乡村教学相互联系，应明确两者的相互促进关系。《教育部关于进一步推进义务教育均衡发展的若干意见》（2005）强调要统一思想认识，把推进义务教育均衡发展摆上重要位置。[③]2010年，教育部在修订的《中华人民共和国义务教育法（2006年）》的基础上，发布了《关于贯彻落实科学发展观进一步推进义务教育均衡发展的意见》，提出要以提高教育质量、促进内涵发展为重点，加强制度建设，建立推进义务教育均衡发展的有效工作机制。[④]

---

① 国务院办公厅关于完善农村义务教育管理体制的通知.2002年5月.http://www.gov.cn/gongbao/content/2002/content_61475.htm
② 国务院办公厅关于完善农村义务教育管理体制的通知.2002年5月.http://www.gov.cn/gongbao/content/2002/content_61475.htm
③ 教育部关于进一步推进义务教育均衡发展的若干意见.2005年5月.http://www.moe.gov.cn/srcsite/A06/s3321/200505/t20050525_81809.html
④ 教育部关于贯彻落实科学发展观进一步推进义务教育均衡发展的意见.2010年1月.http://www.gov.cn/gongbao/content/2010/content_1653849.htm

第二节 我国乡村教育思想的梳理

一、陶行知的乡村教育思想及其对当代农村教育的启示

陶行知，1891年10月生，安徽歙县人，中国近现代伟大的思想家和教育家。1905年，他进入基督教会在歙县举办的崇一学堂接受教育。1908年，为实现报效祖国的理想，他考入杭州广济医学堂，希望学成之后以自己所学专业知识来解除劳苦大众的病痛。但由于不愿意看到和忍受学校对非人教学生的歧视，他在入学三天后离开学校。离校后第二年陶行知考入南京汇文学院，并在1910年转入金陵大学，在金陵大学期间他主编了《金陵光》学报的中文版，并利用报纸大力宣传革命思想。1911年，辛亥革命爆发，陶行知积极关注革命动向，毅然参加革命。1914年，大学毕业的陶行知奔赴美国，探寻中国问题的解决办法。他先后在伊利诺大学、哥伦比亚大学求学和研究，并吸收了杜威、孟禄等人的教育思想，对中国教育问题进行深入研究和分析。1917年，陶行知带着从美国学习的理论知识回到中国，先后在南京师范学校、国立东南大学等任职，并结合当时中国的实际情况，提出了"生活即教育""社会即学校""教学做合一"等诸多教育思想。1917年底，他与蔡元培等人一起，倡导成立中华教育改进社，针对中国的教育问题进行探讨，并深刻认识到当时帝国主义文化侵略的严重危害，同时主张人们应具有获得教育的权利，并开始探索教育改革方法。1923年，他又与晏阳初等人一起，发起成立中华平民教育促进会，通过开班平民学校，推动全国平民教育的发展。1926年，陶行知发表《中华教育改进社改通全国乡村教育宣言》，之后紧接着创办多所学校、教育社团，成立教育学会，编著儿童科学读物等，在全国范围内推进教育普及工作，希望能够通过教育活动来改善人民的生活。陶行知始终坚持知识要与实践相结合，1934年他发表《行知行》疑问，对学习和实践的关系进行深入论述，并将自己的名字正式改为"陶行知"，以此强调"行"的重要性。1935年，陶行知投身抗战运动，成立国难教育社，将教育思想与民族斗争相融合，编纂出《国难教育方案》。1936年，陶行知到欧洲、美洲、非洲和亚洲的多个国家进行访问，并积极宣传中国教育的运用，同时吸收不同国家、不同国情下的教学经验，为中国教育汲取更多营养。1938年面对日本侵略者的咄咄紧逼，陶行知依然投身革命运动，响应中国共产党的号招，组织整理中国战时教育协会。之后又相继创办育才学校、中华业务学校等教学机构，希望通过教育为中国革命运动提供助力。1945年，中华人民共和国成立前夕，陶行知当选中国民主同盟中央常

委,兼教育委员会主任委员,在这一年他重新创办了社会大学,并将《大学》的首句"大学之道,在明民德,在亲民,在止于人民之幸福"作为办学理念。同年7月,他因长期劳累过度,健康过损,突发性脑溢血,抢救无效不幸逝世,享年55岁。

陶行知的一生都在为中国的教育事业奔波,他针对培养"人上人"的旧教育目标,提出了培养全面发展"人中人"的新教育目标。为实现这一目标,他奔走呼号,身体力行,结合中国当时的实际情况,积极开展教育改革实验和教育救国运动,创办多个教育协会、民族学校、教育组织,为当时的中国培养了一大批志士仁人。在大量教育实践的基础上,他还积极进行理论研究,在借鉴国外教育理论的基础上,创造性地研究中国教育问题,提出了系统而又较为完整的乡村教育思想,形成了较为完整的、具有中国特色的教育理论体系。对今天的农村教育实践仍具有重要指导作用。他在教育方面的实践探索和理论研究得到所有人的肯定和钦佩,宋庆龄曾说他"万世师表",郭沫若赞他"当代的孔子",毛泽东主席称他为"伟大的人民教育家"。

(一)陶行知乡村教育思想的形成

陶行知的乡村教育思想以农村社会改造为主旨,是基于对传统乡村教育理论的批判和长期的教育实践形成的,带有深刻的时代特点和社会背景。20世纪20年代,新民主主义革命尚处于萌芽阶段,整个中国社会仍然受到半殖民地半封建社会的影响,国内战祸不断,生产力极度不发达,人民苦不堪言。在此背景下,教育未能得到重视,基础教育难以普及,乡村教育不能很好地发展,其落后的程度已达到极点。1917年,陶行知刚从美国回来,就心怀改造旧教育、创造新教育的理想,深入全国各地了解中国教育的实际情况,积极寻找改革中国教育的途径,以此来救国救民。通过长时期的社会调查,他深刻地认识到拥有广大人口的乡村才是中国革命的重要场所,乡村教育才是中国教育的"立国根本"。陶行知提出,中华民族是农耕民族,以农业为主要的生产方式,国民中有超过80%的人口居住在乡村,发展乡村教育就是发展全民教育,而发展乡村教育就要到民间去,就要到乡村中去。[1] 只有乡村民众有着较好的受教育的机会,他们有着较高的文化素质和科学素养,愚昧落后的状态被彻底改变,他们才能有出头之日,农村的经济社会也才能得到较大发展,国家的面貌才能焕然一新。新中国建设需要一大批高素质人才,而人才队伍的建设则需要教育的支持。借助乡村教育,从思想、知识、

---

[1] 霍玉敏.论陶行知乡村教育思想[J].理论导刊,2005(10):83-85.

技术和意识方面，将旧农民改头换面成新农民。1924年，陶行知与赵叔愚一起参观燕子矶国民学校，被其中的乡村教育内容所打动，他认为这就是教育最理想的体现，乡村教育就是要从理论走向实践。在推动平民教育运动进程中，他发现当时的乡村教育离农倾向较为明显，受到社会环境影响，乡村教育很多都不涉及农业知识，而是以洋务、军事、外交、语言等内容为主，且教育资源有限，只能覆盖少数富户。陶行知认为，乡村教育的重点并不是培养城市工作者，而是要向更广泛的群众普及知识与思想。他提出乡村教育必须要深入到乡村中去，要将知识真正传递给农民，并强调要办贴合乡村实际的"活教育"。1926年，陶行知深入江宁、无锡等地的乡村进行实际考察，认为乡村教师极为短缺，大力提倡师范教育下乡，创办《乡教丛讯》。1927年，他创办了南京试验乡村师范学校——晓庄师范学校，希望以乡村实际生活为中心，培养千百万乡村建设的人才来改造乡村，从而实现教育救国的宏愿。之后，他又先后创办了幼稚园、夜校等教育机构和组织，以此作为自己从事乡村教育改革和实践的起点和场所。1932年，在晓庄学校（1928年晓庄师范学校更名为晓庄学校）被封后他又创办了山海工学团，提倡"工以养生、学以明生、团以保生"的办学理念。工学团既是一个学校，又是一个工场，他将目光从学校转向与促进生产相联系的普及教育运动，发起小先生运动，并与当时的救亡运动相结合，为解救民族危亡培养小工人、小战士。至此，陶行知的乡村教育思想在实践中逐步成熟并不断得到完善。

（二）陶行知乡村教育思想的主要内容

1. 关于乡村教育的价值

陶行知学成归国后，奔跑于全国各地农村，发现农村生产力水平较低，社会经济文化等各个方面比较滞后。他指出，我国历来不重视乡村教育，乡村教育与农村社会实际脱节，乡村教育在教育目标、教育方法、教育模式和教育结果上存在很大偏差，教育的作用没有在乡村发展中真正发挥出来。他认为，我国是一个农业大国，教育关系着农业的健康发展，没有教育支撑的农业，就会失去发展的基本条件，进而影响到国富民强和我国社会的发展步伐。他认为，教育是立国根本，乡村教育是立国根本之大计，只有大力发展乡村教育事业，才能提升我国农民的文化素质，培养大批的乡村人才，改变农村经济社会发展的落后状况，才能实现社会变革和国富民强。1924年，他提出了"平民教育下乡"的教育主张，提倡彻底改造农村教育。乡村教育是实现国富民强的根本，而乡村学校则是提升乡村教育办学质量的关键。陶行知认为，中国约有一百万个乡村，如果一个乡村至少举办一所学校，那么中国将有一百万所乡村学校。中国教育的"新使命"就是"创设一百万个学校，改造一百万个乡村"。面对这样的时代背景，陶行知认为乡村教育是中国文化传播的重要基地，乡村学校将成为中国乡村改造的唯一中心。他提出，乡村建设需要以学校为中心，借助乡村学校向外创造出更多"文化细胞"，再通过民众与学校的联系构建出"文化网络"，乡村学校在普及文化知识、科学技能的同时，将乡村构建成"农夫农妇人人读书明理，安居乐业"的全新世界。

2. 关于乡村教育的目标

教育不仅仅培养人，还应涉及培养什么样的人。陶行知还从当时中国农村的经济社会实际出发，结合广大农民的生产生活需要和农村教育的本土性、区域性、特殊性等特性，对乡村教育的培养目标进行了论述：新农民要具备科学头脑、改造精神、健康体魄、生产技能和艺术思维。乡村教育给予学生的不仅是更先进的生产技能，而且是勇于抗争、自立自强的精神。陶行知多次强调，乡村教育必须重视对农民的教育，培养农民自主意识，让农民成为乡村建设和社会改造的主体力量。在陶行知对乡村教育的论述中，教育改变的始终是人，是基于对农民的改造而进行的活动。乡村教育就是要对农民的精神世界进行建设，唤醒他们的抗争意识、争先意识、学习意识，然后给予他们获取知识、自由、自尊的工具，让他们能够通过自己的努力改变自己的生活和人生。

3. 关于乡村教育的内容

关于乡村教育的内容，陶行知提出应从农村实际出发，针对农民面临的实际问题开展教学。乡村教育要想取得成效，必然要扎根乡村，成为乡村的一部分。陶行知曾说，我们所有的人生经验都来自于实际生活，同时我们所有的问题也都从实际生活中来，知识就是在问题发现与解决的不断实践中不断积累和传承的。乡村教育同样如此，应立足乡村生活的实际，才能不迷失初衷和方向。在教学实践中，乡村教育的内容也要不断更新、时时反思，通过对生活的观察，对教育内涵予以丰富和深化。农村的生产生活需要什么，生活在其中的广大村民和儿童就应该学什么，以培养合格村民为目的的乡村教育就应该教什么。他进一步指出，乡村教育从不存在脱离乡村生活的内容，同样乡村生活中的各类问题也能从乡村教育的课程中找到答案。要想建设适合中国农村发展的"活教育"，必须要到乡村环境中去，让学生从生产实践和生活过程中去学习改造世界的"活本领"，要教会农民"自立、自治、自卫"。

4. 关于乡村教育的方式方法

要正常开展教育活动，实现教育目的，就必须采用一定的方式方法。在 20

世纪二三十年代，教育常常脱离学生亲身实践，更多传授的是书本知识。教师只是理论讲解而不从事社会实践活动，学生只是进行理论知识学习而不将知识运用于实践，存在教而不做、学而不做的现象。陶行知认为，要实现乡村教育目标，发挥乡村教育作用，必须强调"做"的方面，并提出"行是知之始"，只有通过生活实践得来的知识，才能真正成为学生自己的知识，才能更好地在生活中发挥知识的价值。"活教育"需要"活方法"，利用"活方法"去得到"活知识"，实现乡村教育的自行合一、教学与行动合一，才是乡村教育实现的根本途径。

陶行知是在唯物主义认识论的基础上提出的"教学做合一"的乡村教育方法，他认为认识来源于行动，认识必须反映行动，乡村教育的教学活动都需要建立在"做"上，并将"教学做合一"作为晓庄师范学校的校训。"为行动而读书，在行动上读书""教的法子要根据学的法子，学的法子要根据做的法子""事怎样做便怎样学，怎样学便怎样教，教与学都以做为中心""教法、学法、做法是应当合一的"。同时陶行知提出，教师不能简单地教授某个知识、某项技能，要教会学生如何去学，帮助学生建立学习习惯和学习技巧。因此，他将"教授法"改为"教学法"，认为"先生拿做来教，乃是真教；学生拿做来学，方是实学"，要"在做中学，在生产实践中学，到科学实践中学"。

要实现"教学做合一"，乡村教育就必须以乡村实际生产生活为中心，紧密结合农业生产的实际状况和实际需求。他认为，以前乡村教育之所以难以取得实效，难以发挥出它应有的价值，其根本原因在于乡村教育与农业生产完全隔绝，互不相干，各干各的。事实上，乡村教育不紧密结合农业生产的实际情况，它便是一种空洞的教育，不能取得实际效果的教育；农业生产没有乡村教育的支撑，不依托于乡村教育，它便失去了发展的动力。因此，他认为，只有乡村教育与农业生产紧密结合，这样的教育才是"活的乡村教育"。在晓庄师范学校工作期间，他经常走乡串户，到农民家里去谈心交友，到田间地头参加各种生产劳动。他创建了农村实验区，创办了民众夜校、中心茶园、乡村医院、信用合作社、农业科学馆、乡村艺术馆，主张学校与社会生产生活紧密相连，主张学校师生与农民打成片，组织学生参加生产劳动和社会实践。他要求学生要在与农民的交往交流中学会生产，学会做饭。

5. 关于乡村教育的关键

在陶行知看来，教师对乡村教育的发展起着关键作用。他认为乡村教育的成效是与人才息息相关的，地方教育的成功与人才的转移存在着直接关系。因此，他提出乡村教师的培养是开展乡村教育的先决条件。因此，他认为只有有了好的教师，乡村学校才能成为一所好的学校，因为好的教师能够促进学校发展。同时他提出并不是所有能够教学的教师就是好教师，作为乡村教育的关键要素，好的乡村教师需要不仅要具备渊博的知识、高尚的道德、正确的价值观念，以及卫生、艺术、哲学等方面的内涵思想，更要具备对乡村教育的正确认知，能想农民之所想，念农民之所念。

如何培养出好的乡村教师呢？陶行知认为，好的乡村教师需要借助乡村师范学校的培养，需要通过乡村师范学校的特殊训练。他认为，中国的多数师范学校都地处城市，对农村生产生活知之甚少，难以满足乡村生产生活的实际需求。这样的师范学校培养的师范生由于长期脱离农村农业，毕业之后都是不愿意回到农村，不愿意为农业服务。久而久之，乡村学校的教师数量会依然不足，教师素质依然难以提高。于是，陶行知又提出要建设适合乡村的"活教育"，那乡村学校就要从乡村中来，乡村教师也要从乡村生活中来，只有贴近乡村生活的乡村教师，才能教育出满足乡村需要的新农民。他积极倡议"师范教育下乡"，强调借助乡村社会环境来训练乡村教师，创办了实验乡村师范学校——晓庄学校，以培养适合乡村生产生活的教师，进而培养具有改造乡村能力的建设者。他还主张乡村教师必须放下架子，走入田间地头，以农民为师，与农民打成一片，关心农民生活疾苦。

（三）陶行知乡村教育思想的启示

1. 强化农村教育的战略地位

中国自古以来都是农业大国，中华民族的文明也是以农耕文明为基础。无论什么时代，农业都是支撑我国发展的基础产业，农业、农村、农民问题始终是国家关注的重点问题。陶行知的教育思想将乡村教育确立为中国教育的发展重心，强调教育对国家发展的重要价值，在"以农立国"的中国，只有依靠乡村教育的发展，农业发展才能获得有力的支撑。

党和政府历来重视农业、农村、农民问题，中华人民共和国成立后多次在农业、农村、农民问题上采取了重大决策，使"三农"发生了巨大变化。当前，"三农"问题仍然是我国亟待解决的首要问题。全面建成小康社会的重点在农村，难点在农业。只有农民的全面小康，才能实现全国人民的全面小康；只有农业的现代化，才能实现整个国民经济的现代化。要全面建设小康社会、实现社会主义现代化和中华民族伟大复兴，就必须大力发展农村教育。2018年1月，中共中央、国务院印发了《中共中央国务院关于实施乡村振兴战略的意见》，提出优先发展农村教育事业。① 由此可见，优先发展农村教育不仅是农村经济社会发展的需要，而且是国家发展的需要，民族振兴的需要。在推进社会主义现代化、实现"两个一百年"奋斗目标和中华民族伟大复兴中国梦的过程中，农村教育担负着重要使命，我们必须将农村教育置于优先发展的战略地位，在政策和资金等方面给予倾斜和支持，推进农村教育可持续发展。

2. 确立科学的农村教育人才培养目标

培养什么样的人是农村教育需要解决的一个重要问题。在20世纪初，陶行知就对农村教育培养目标的单一化、唯城市化和离农化进行过批评，主张建设活的乡村教育，从活的学校教育中培养活的学生和国民，使他们成为具有健康的体魄、农夫的身手、科学的头脑的新型的农村生产者和建设者。当前，我国虽然较为重视农村中小学的发展，将农村教育置于优先发展的战略地位，但大多数农村学校以应试教育为目的：它们不是面向全体学生，而是更为关照极少数成绩好的学生；它们不是关心学生的全面发展和身心健康，而是更为关心学生的基础知识和基本技能掌握情况，以及成绩的高低；它们不会关心学生所学的知识与技能跟农村农业有多少关联，而更多关注学生能否顺利升入上一级学校，能否离开农村和农业。同时，国家更为重视农村普通教育，农村职业教育和成人教育重视不够，在农村职业教育和成人教育发展方面存在诸多不足。因此，农村学校基本成为城市学校的生源基地，绝大多数学生学成后都离开农村而到城市生活。即使一些学生学成后回到农村，或者未能升学继续学习而留在农村，他们往往由于在农村基础教育阶段所获得的与农村农业生产生活紧密相连的知识与技能较少，生产技能较差，很难适应现代农业生产。事实上，农村学校的人才培养目标除了为学生升学做准备外，也应紧密结合农民、农村和农业的实际情况，有准备地为农村发展培养人才：要立足乡村振兴和新农村建设，培养他们的爱农和为农情怀，培养一批服务于农村生产和生活的实用技术型人才，使他们更适应现代化农业的生产、新农村建设的需要。

3. 加强农村教育的师资培养和培训

教师是人类社会最古老的职业之一，他受社会的委托对受教育者进行专门的教育，继承和传播人类文化科学知识，开发学生智力，塑造学生个性，为国家和社会培养各级各类人才，是"人类灵魂的工程师"。发展乡村教育，教师是关键，没有乡村教师的积极参与，没有高素质教师的全身心投入，乡村教育振兴发展的

---

① 中共中央国务院关于实施乡村振兴战略的意见.2018年1月. http://www.mofcom.gov.cn/article/b/g/201805/20180502738498.shtml

目标将难以实现。陶行知认为，乡村教育的关键是教师，高素质的乡村教师在乡村教育改革发展中具有举足轻重的作用。只有乡村教师树立教育是国家万年根本大计和生活是教育中心的理念，坚持乡村教育为学生服务，促进学生成长，艰苦奋斗，具有农夫的身手、科学的头脑和改造社会的精神，才能担负起改造乡村生活的新使命。基于此，我们的农村教师应树立为"三农"服务的教育理念，充分挖掘和积极利用农村特有的乡土文化资源，拓展课堂领域，延伸教学内容，开发贴近农村生活生产实际的校本课程和地方课程；应坚持教学做合一，深入田间地头，与农民做朋友，为农民排忧解难，为农村生产和农民生活服务。

教师来源于学校，农村教师需要专门的学校培养。陶行知在对中国当时师范教育尖锐批评的基础上，提出师范教育应面向农村办学，为广大农村培养一批"为农业生产服务，为农民服务"的师资队伍。近年来，中央出台了"特岗教师计划""农村学校教育硕士师资培养计划"和"免费（公费）师范生计划"，以加强乡村教师队伍建设，提高乡村教师队伍素质，让每个乡村孩子都能接受到更为公平、更高质量的教育。今后，我们应充分发挥各级师范院校的作用，对毕业之后服务农村的学生给予优先录取、学费减免、优先推荐等待遇，增加农村服务性课程的比重和数量，培养一批适合农村农业发展的优秀师范生。

4. 重视农村教育课程改革

课程是学校为实现培养目标而选择的教育内容及其进程的总和，它是学校一切教学活动的基本依据和中介，是师生联系和交往的纽带，是实现学校教育目标的基本保证。陶行知直指当时农村教育的弊端，认为"活的乡村教育要用活的环境，不用死的书本"。我国基础教育常常将学生升学作为衡量教师教学和学校办学质量的唯标准，片面追求升学率，忽视农村地方课程和校本课程开发，没有将与农业生产和农村生活紧密相连的知识纳入学校课程中，教学内容严重脱离农村生活实际，导致学生高分低能、动手和实践能力差。我国新一轮课程改革提出要研究性学习，注重地方课程和校本课程开发，重视信息技术及其与学科课程的整合。为此，农村基础教育要深入农村生产生活，重视在知识教育中培养学生热爱农村、热爱农业的思想感情，重视开发以培养新型农民为目的的地方课程和校本课程。

当然，农村教育既要为高一级学校输送合格生源，又要为农村发展培养大批优秀人才。这就需要我们既要办好农村的普通教育，又要办好农村的职业教育和成人教育，农村职业教育和成人教育是农村教育的重要组成部分。在举办职业教育和成人教育时，我们既要遵循教育的自身规律，也要充分考虑农村生产生活对人才的实际需求，在各科教学内容中强化职业技术课程内容，如财会、种植、养殖、食品、市场知识等，重视"劳动课"和"职业技术课"，实施课内外与校内外教学、生产劳动、科技服务的"开放型"教学体系，为农村培养建设人才，为农村劳动力转移和从事二、三产业打好基础。

（四）陶行知乡村教育思想的影响及评价

陶行知的乡村教育思想是其多年来从事乡村教育实践的集中体现，也是使其生活教育理论生发的源泉。他从当时中国乡村的实际情况出发，以教育改造乡村，进而改造中国社会。

在当时来看，一方面，它改革了乡村教育培养目标，培养出了具有"五大精神"和"六大能力"的教师和学生，他们无论是在精神上还是能力上，都符合乡村实际生活的需求，也能够适应城市的生活。他们具有独立的意识，能解决实际中出现的问题，具有无穷的生活力和创造力。另一方面，它总结出了科学合理的教育内容与方法，依靠社会各行各业的力量，尤其是在携手农业生产搞教育，从中获得支持与力量的同时，还密切联系生活，使教育更好地为实际乡村生活服务。另外，陶行知的乡村教育思想还打破了教育的地域限制，让学生走向广阔的自然去探索实践，培养主动参与和自主学习的能力，在做中完成教和学，为当时的乡村输出了一大批有生活力和创造精神的人才，推动了乡村的建设和农民生活的改善。

陶行知的乡村教育思想是不可多得的无价之宝。他把乡村教育的重要功能放到了突出位置，提出教育可以改造社会。因此，把乡村教育视为立国的根本大计。陶行知为我们今天的乡村教育提供了合理的方向和路径。此外，陶行知还率先提出了在乡村教育中需要提倡创新思想，认为乡村教育不应该只是简单的传授和继承，而应该是创造和发展。乡村生活和农业生产并不意味着枯燥和一成不变，这对乡村教育有着深刻的影响。乡村生活比城市生活更接近大自然，更需要无穷的生活智慧与创造精神，这样才能够发掘出乡村的价值。

总之，陶行知为了彻底改变当时乡村教育的现状，先后创办了晓庄师范学校和山海工学团，努力探索具有中国特色、符合中国国情的乡村教育道路。他提出的生活教育理论，力求突破固有的教育模式和办学方式，把乡村教育的内容和方法努力扩展，把乡村教育的场所延伸向整个大自然。他个人无私奉献的精神，为了人民的教育和乡村的发展鞠躬尽瘁的人生轨迹，也决定了他办教育的目的在于服务大众，满足广大人民的需要，这也使他身体力行不怕苦难，将吃苦耐劳和志在乡村的信仰，传递给了每一个乡村教育中的教师和学生，对当时中国乡村乃至整个社会都有着不可磨灭的积极影响。

二、黄炎培的乡村教育思想及其对当代农村教育的启示

黄炎培（1878—1965），江苏川沙（今上海浦东新区东）人，号楚南，后改为韧之、任之，别号抱一，是我国近现代史上杰出的爱国主义者、民主主义战士、著名的政治活动家和卓越的教育家，更是我国职业教育的创始人和职业教育理论的奠基者。黄炎培1913年发表的《学校教育采用实用主义之商榷》一文，是其推行实用主义教育的标志，这也是黄炎培职业教育思想的一个重要起点。1917年5月6日，在其职业教育思想逐渐成熟之时，黄炎培发起成立中国第一个职业教育团体——中华职业教育社。他的教育活动始于普通教育，经由实用主义教育、职业教育，发展为大职业教育主义，并衍生出乡村职业教育思想。同时，他将乡村职业教育理论积极运用到乡村建设的实践中去，在当时获得了显著的成效，他是我国乡村职业教育理论的重要奠基人。

（一）黄炎培乡村教育思想的形成

1921年，黄炎培在《教育与职业》的"农业教育专号"上，发表了《中华职业教育社农业教育研究会宣言书》和《〈农村教育〉弁言》，对农业教育的内容、教育对象、课程等方面进行了一系列的探讨。他主张建立"实施农业职业教育的学校"，即农业学校，这也是黄炎培乡村职业教育思想的发端。后来，他在调查研究的基础上，发表了《在山西三星期间之工作》，为山西省制定了乡村职业教育发展的全面规划，包括具体的实施原则与方式等。1929年，中华职业教育社又提出了"富教合一"的方针，更加注重解决农民的生计问题，明确提出了"先富后教"的口号，希望改变农村"穷、愚、弱、散"的落后局面。"富教合一"的方针后来充分体现在职教社对江苏徐公桥实验区改进的教育实践上。黄炎培的乡村职业教育思想在不同的时期具有不同的特点，主要经历了"系统分区""划区施教"和"富教合一"这三个渐次深化的过程。

"系统分区"是黄炎培对乡村职业教育的最初构想。1923年，黄炎培在《江苏职业教育计划案》中，提出农业教育要"采系统计划"和"定分区制度"，这是"系统分区"思想的基础。"采系统计划"就是要求农业应采用系统主义，即先设立农业实验教育的中心机关，为中学农科提供教材与师资，并帮助其研究解决问题。然后，将甲种农业学校改为中学农科，宣传农业技术，培养农业技术人

才；将乙种农业学校改为职业学校，负责宣传及教授农家子弟。"定分区制度"则是根据特产的不同将全省分成若干区，如棉区、稻区、麦区、林区等。各区均设农场，分别隶属于各农村职业教育研究机构，与农校进行联络，负责农业技术的推广和指导。

黄炎培的"系统分区"理论，既建立了一个以农业实验机关为中心、中学农科和职业学校为辅助的完善体系，形成了一套包括技术研究、人才培养、技术推广和职业人才训练在内的系统的乡村职业教育机制；又照顾到地方的特点，因地制宜地根据地方特产的不同，实施不同内容的教育。此时，黄炎培的乡村职业教育还是侧重以教育为中心，希望通过建构一个完善而有效的职业教育体系来培养农村需要的人才，解决农村的一切问题。

1925年，黄炎培提出了"大职业教育主义"，他的乡村教育思想也随之发生变化。其着眼点已经不仅仅是职业教育，而是放眼整个农村的发展，在职业教育之外，还顾及经济、卫生、文化、治安、交通等各个方面。他开始以区域发展为中心，提出了"划区施教"的思想观点。黄炎培的"划区施教"实际上已经不是单纯的乡村职业教育规划了，而是关于乡村发展的综合规划。它不仅包括职业教育、职业补习教育、升学教育，而且还涉及了"如何使之快乐"的精神文化教育，"如何使之得所养"的社会福利事业，"如何使人人有卫生之知识"的卫生事业，以及"如何使人人有自卫之能力"的军事训练等。可见，黄炎培的"划区施教"突破了职业教育的藩篱，与农村经济、文化、卫生、防卫等事业紧密联系。这打破了传统教育与社会、与实际生活脱离的僵局，使教育成为社会发展有机的一个组成部分，而不是自成体系，独立发展。"划区施教"以区域的发展为中心，职业教育只是手段，真正的目标是推进乡村各项事业的发展。在"划区施教"时，虽然是以区域的发展为中心，但是职业教育在区域发展中仍占据中心的位置。"划区施教"是黄炎培"大职业教育主义"最初的实践，也意味着黄炎培更加注重教育与现实社会的结合，跟"系统分区"的理想化相比，"划区施教"向现实化迈进了一大步。

尽管做出了诸多的努力，农村的现状并不见大的好转，于是，黄炎培及中华职业教育社的同仁开始深刻反思中国农村破败的根源，经过反复思量，他们开始意识到农村问题主要根源于四端："穷""愚""弱""散"。他们认为，其中"穷"是最主要的，由"穷"而发生"愚、弱、散"。因此，要想解决农村问题，首要解决的问题必然是"穷"，必须使农民先富起来，然后他们才有可能接受教育，这就是黄炎培等人提出的"先富后教"和"富教合一"思想。在"富教合一"方针的指导下，1926年，中华职业教育社联合中华教育改进社、中华平民教育促进会、东南大学的农科和教育科，选定江苏昆山县（现昆山市）徐公桥地区开展乡村改进实验，历时六年半，在经济、文化、教育、交通、卫生等方面均取得显著成果。

从"富教合一"方针的提出和施行可以看出，黄炎培已经开始朦胧地意识到，教育不是孤立的，而是与政治经济状况相互制约的。虽然徐公桥实验区取得了显著成果，但只是小范围内的实验。在当时的中国，要普遍实施这种乡村职业教育却是不太可能的，因为当时的中国面临着帝国主义、封建主义和官僚资本主义的三重压迫，政治环境混乱，国内市场遭到破坏，民族资本主义举步维艰，人民尚不能解决吃饭穿衣等基本问题，就更谈不上接受文化教育了。但是，"富教合一"的思想将教育与经济社会发展紧密联系起来，这与孔子的"庶、富、教"思想是有共通之处的，值得后人借鉴。

（二）黄炎培乡村职业教育思想的主要内容

黄炎培的乡村职业教育思想，与其职业教育思想的发展是一脉相承的，是由实用主义教育、职业教育、大职业教育主义逐渐演变而来的，二者可以说是共性与个性的关系。因此，黄炎培的乡村职业教育思想既反映了其职业教育思想的基本观点，同时又突出了乡村职业教育的特殊内容。黄炎培的乡村职业教育思想是在大职业教育理念下对其职业教育思想的延伸。

1. 乡村职业教育的目的

黄炎培乡村职业教育的目的首先包含了其职业教育的目的。他关于职业教育目的的论述在不同时期是不同的，总体概括起来，即"使无业者有业，使有业者乐业"。"使无业者有业"是解决生计和失业问题，即通过职业教育教给人以职业知识，培养人以职业技能和职业道德，使之能够胜任一定的职业，解决个人的温饱问题后再使其服务于社会。"使有业者乐业"是使从业人员热爱自己的职业，并在自己的职业上有所创造，能够通过个人的职业行为，并与社会上的其他人很好地合作，共同为社会做贡献且乐在其中。黄炎培的职业教育目的包含了"一、谋个性之发展；二、为个人谋生之准备；三、为个人服务社会之准备；四、为国家及世界增进生产力之准备"的内涵。

黄炎培的乡村职业教育还包含着促进乡村建设、增强国力的目的。从中华职业教育社的乡村改进实验，尤其是徐公桥改进实验中可以看到，他们不是就教育论教育的，而是将教育置于民族危亡的大时代背景下，深刻地探讨了农村问题产生的根源，提出了"富教合一"的方针，希望通过救"穷"而改变农村"愚、弱、散"的现状，通过开启民智，从而改变农村的落后局面，增强国力，以抵抗外敌的侵略。所以，黄炎培的乡村职业教育思想的目的既在于"使无业者有业，使有业者乐业"同时也在于促进乡村建设，以增强国力。

2. 乡村职业教育的方针

黄炎培的乡村职业教育方针主要有三点，除了与职业教育共通的社会化、科学化方针之外，还包括乡村职业教育独特的"富教合一"方针。

首先是社会化。黄炎培认为，社会化是职业教育机关的唯一生命。他认为，职业教育的社会化，包括：办学宗旨的社会化，即培养社会需要的职业人；培养目标的社会化，即培养适合社会需要的实用性人才；办学组织和办学方式的社会化等。到 1926 年，黄炎培将职业教育的社会化概括为"大职业教育主义"

黄炎培在 1925 年的《提出大职业教育主义征求同志意见》中写道："（一）只从职业学校做工夫，不能发达职业教育；（二）只从教育界做工夫，不能发达职业教育；（三）只从农、工、商职业界做工夫，不能发达职业教育。"他认为，职业教育必须和其他的教育事业、职业界和社会保持联系，因此，职业教育必须和社会紧密联系。职业教育必须培养社会需要的人才，职业教育的课程设置、教材编写及教学原则都必须遵循社会化的要求。在乡村改进实验中，中华职业教育社始终考虑农村发展的现实需要来进行教育设计和培养人才，在课程设置、教材编写和具体教学上都依据当地的实际情况来办。另外，职业教育必须走平民化和个性化之路。黄炎培在进行徐公桥实验时，依据"富教合一"的方针，首先致力于解决广大农民的生计问题，希望通过救"穷"而改变农村"愚、弱、散"的现状，从而使国家走向富强，以抵御外敌的侵略。

其次是科学化。科学化主要是指用科学来解决职业教育问题，主要体现在物质和人事两个方面：物质方面主要是课程的设置、教材的选编、教学的具体原则和设施的配置等；人事方面包括学校的管理等。黄炎培主张将科学的管理方法应用到职业教育事业的管理中，他尝试将职业教育建立在心理学的基础上。黄炎培乡村职业教育的科学化，主要体现在乡村职业教育的规划和具体实施上。在规划乡村职业教育时，他构建了一个以农业实验机关为中心，以中学农科和职业学校为辅助的科学教育体系，形成了一套包括技术研究、人才培养、技术推广和职业人才训练在内的完善的乡村职业教育机制。在具体实施上，又照顾到当地的特点，因地制宜地编订教材和选择教育内容，并根据农民的不同特点灵活地选择教育方式和原则。

最后，是"富教合一"。这是中华职业教育社在徐公桥改进实验中提出的明确方针。所谓的"富教合一"包括：一方面，发展农村经济，使农民先富裕起来；另一方面，在此基础上，对农民实施文化教育和职业训练。这种教育比较现实，是建立在物质被满足的基础之上的。黄炎培等人认为，中国农村落后的根源在于农民的"穷、愚、弱、散"。因此，从事乡村改进工作，首先要解决农民的温饱问题，然后才能对农民进行文化和道德教育。徐公桥乡村改进实验区坚持"富教合一"的方针，在教授给农民科学的农业生产技术，改善农民的生活状况之后，再对农民进行文化道德教育，探索出了一条不同于其他乡村建设的道路。

3. 乡村职业教育的原则

黄炎培深受实用主义教育思想的熏陶，主张乡村职业教育要与社会、生活相联系。为了实现这一目的，他在乡村职业教育的具体实施中，始终坚持因地制宜、因材施教、理论联系实际、教育与社会密切联系等原则。

首先是因地制宜、因材施教。黄炎培在进行乡村职业教育规划时，总是先通过周密科学的调查研究，然后再根据当地的情况灵活地选择最佳的方案。如在《江苏职业教育计划案》中，他提出根据各地区特产的不同将全省分成若干区，如棉区、稻区、麦区、林区等，各区均设农场，分别隶属于各农村职业教育研究机构等。另外，黄炎培在具体的教学过程中还十分注重因材施教的原则，即针对不同学生的情况实施不同的教育。

其次是理论联系实际。黄炎培十分反对"死读书老不用手"的传统经学教育和"死用手老不读书"的劳动者教育。他认为，文明是由手和脑两部分联合产生出来的，因此，必须"要使动手的读书，读书的动手，把读书和做工两下并起家来"。因此，他强调职业教育必须手脑并用，做学合一，将理论与实践联系起来。所以，在黄炎培的乡村职业教育中，其所教授的知识技能都是为了满足农民实际生活的需要，并使之能很好地在实际生活中得到应用。

最后是教育与社会密切联系。在当时的农村，接受了新式教育的农家子弟却没办法在农村生存下去，因为他们接受的城市化的教育与农村的社会实际严重脱离。黄炎培进行乡村职业教育就是要改变教育脱离农村社会这一实际状况的。所以，黄炎培创办乡村职业教育，必定会先进行考察，根据当地社会的需要来选择教育的内容，依据农民生活上的习惯来决定教育的形式。比如，面对农民时间比较零散这一现实，黄炎培就采用农闲讲学的方式进行教学等。

4. 乡村职业道德教育

黄炎培的乡村职业道德教育与其职业道德教育思想是一致的。他关于乡村职业道德教育的要求可以概括为"敬业乐群"四个字。

所谓的"敬业",是指对所习之职业具嗜好心,对所任之事具责任心,就是对自己的职业要有热爱,对自己所担当的事业要有担当。摒弃传统"以职业为贱,以职业为苦"的观念,树立各业平等、劳工神圣的信仰,深刻理解自己所从事的职业的重要性。所谓的"乐群",是指具优美和乐之情操及共同协作之精神,就是不仅要有高尚的个人情操,还要有与人团结合作的精神,以及服务社会、服务人民的旨趣,要改变由私及公、由家而国的观念,充分以公众之心来取代私我之心,做到"利居人后,责在人先"。

黄炎培的职业道德教育思想不仅对个人的道德修养提出了要求,而且增加了社会职能,即个人要适应社会要求,能够达到乐群的境界。例如,徐公桥乡村经过了改进实验后,当地的民风就有了显著的改善,表现在人们的精神面貌焕然一新,当地的不良民风,如赌博等也荡然无存,人与人之间更加和睦,当地的整体道德水平有了一定程度的提高。同时,他的职业道德教育思想不仅使接受职业教育的学生养成了良好的职业道德习惯,而且在当时鄙视职业教育的陈腐氛围中注入了新鲜空气,扩大了职业教育的影响,推动了乡村职业教育的发展。

(三)黄炎培乡村教育思想的启示

1. 大力发展农村教育

20世纪初,黄炎培调研发现,当时的中国教育发展水平极低,尤其在乡村地区,大部分农民从未接受过系统教育,中国大部分民众的受教育程度不高。于是黄炎培提出重视乡村教育的主张,并身先士卒,积极投身乡村教育实践。当今社会,尽管我国经济在最近几十年内获得快速发展,各地区人民生活得到有效改善,但由于地理条件、历史惯性、传统观念等原因,农村人口的文化素质、科技水平、经营管理理念、思想道德素质等都存在一些问题,提高农村人口素质已经成为发展农村经济、进行现代化建设的重要任务。究其缘由,农村教育发展滞后是导致农民素质偏低、农村经济发展水平不高的重要因素之一。因此,借鉴黄炎培重视农村教育的思想,对我国当前面临的乡村教育问题的解决仍有借鉴意义,"百年大计,教育为本。"我们必须将农村教育提升到战略高度加以重视,通过教育活动,提高农民的生产能力和生产效率,切实发挥农村人口优势,为农村建设提供动力。同时将农村作为教育改革的突破口,一方面提高我国教育的整体水平,优化教育体系建设,另一方面通过教育改变农村的落后面貌,进而促进社会变革,以实现乡村振兴。

2. 以大教育观发展农村教育

黄炎培大力主张通过发展农村推动农村社会整体改进。他认为，要发展农村教育，就必须分区施教，综合开展。就教育类型而言，农村教育涵盖了义务教育、职业教育、成人教育等；就教育内容而言，农村教育涵盖了文化知识、职业技能、体育、医疗卫生和思想道德等。无论是新农村建设的内容与目标要求，还是乡村振兴的发展战略，都涉及了农村经济、文化、卫生、生态、管理等各个方面的内容，这些都表明要想妥善解决农村问题，保障我国农村地区的健康有效发展，必须要从整体出发，从农村发展的各方面出发，进行系统建设。而农村教育要想在这个过程中发挥应有的价值，也应坚持"大教育观"，从培养农村的实用技能、思想道德、公民意识等多个方面出发，推动农村地区的整体进步。在农村教育的实践过程中，既要充分发挥乡村学校教给学龄儿童知识、培养学龄儿童学习方法和技能的作用，同时也需要与发展乡村文化和乡村社会有机结合起来，加强对农村人口的精神文明、思想文化和理想信念教育，积极发挥乡村学校的文明辐射功能，传承发展优秀传统文化，引导农民群众自立自强、向上向善，在其内心深处植入"乡土梦"和进取精神。

3. 建立农村培训中心

黄炎培在几十年的教育实践中，形成了著名的大职业教育观。黄炎培的大职业教育观不仅提倡在中小学进行职业陶冶和职业准备，而且包括对农民进行职业培训和职业指导。农村问题、农民问题、农业问题始终是我国重点关注的社会问题，近年来为提高农业生产效率、优化农村生活、提升农民群体综合素质，农民就业与培训问题成为社会学研究的重要内容。农民工就业与培训应作为职业教育的重要内容，应加强农村应用人才培训，为农民创造更多就业机会。自党的十九大召开以来，国家教育部针对农民教育、农民工培训出台相关政策，并在实际工作中取得了一定成效。新农村建设需要高素质人才，乡村振兴依靠高素质人才，要妥善解决三农问题更需要高素质人才，加强农村教育、农民工培训是党的重点工作，也是全社会关注的重点。从目前来看，我国针对农村生活、农业活动、农民服务的学校与教育都相对匮乏，学校缺乏实际调研，统计数据严重脱离农民的实际情况，课程设计难以满足农村需求。在进行农村培训中心建设时，办学者一方面要统筹社会资源，提高办学质量和培训效率，另一方面要切实从农民实际和社会需求出发，真正以增加农民技能、提高农民生活水平为目标，安排培训课程，构建农村培训新格局。

4. 注重农民技能培训

黄炎培主张建立农民培训中心的初衷不仅在于向农民传授安全卫生、社会道德等知识，而更强调向农民传授农业生产技能。"仓廪足而知礼节"，只有先让农村的物质生活水平提高，才能要求农民的思想道德建设。乡村教育首先要解决的是生产生活问题，要保证教学内容、培训课程能够解决农民问题，对提高农民生活有积极意义。尽管在全面脱贫的当前时代，农村地区经济发展快速，农民生活已经基本实现小康水平，但从我国整体发展来看，城乡人口收入差距仍旧存在，乡村教育的技能培训与职业培训的一个重要目标就是缩减这部分差距。另外，乡村教育不能一刀切，不能别的地区做什么，自己地区就学什么，而是要根据地区特色、地域特点、农村的实际情况，安排教学内容和培训方向，让乡村教育真正解决农村问题。同时，在技能教育的同时，将卫生知识普及与思想道德培养融入农村生产生活之中，既强调技能的实用价值，又关注思想道德的培养。除此之外，要根据当前社会发展形式，鼓励更多年轻人回到农村、扎根农村，在农村创业，发展农村经济。信息化时代农村建设与经济发展都需要紧跟时代脚步，借助互联网等技术工具，丰富农村教育与发展的方式方法。

（四）黄炎培教育思想的评价

黄炎培以满腔的热情，投入到乡村建设的时代大潮中，秉承"富教合一"的教育理念，亲身从事乡村教育实验，建构了一套完善的乡村职业教育体系。这一切不仅显示出他献身乡村教育事业的强烈激情，也显示出他可贵的实干精神。黄炎培对教育的满腔热血，正是根源于对祖国的深切热爱和对人民的深刻同情，他怀抱济世理想，筚路蓝缕，艰辛地探索着中国乡村职业教育的发展道路。他对原有的教育方式进行改革，先是从宏观角度对社会生产、经济发展与教育的关系进行分析，并得出我国工业化转型的发展大势；然后从教育实际出发，关注欧美各国职业教育情况，并对我国普通教育长期存在的"学用脱节""轻视实践"问题进行反思和改革，从而对我国职业教育理论体系进行构建。

当然，从现在的眼光来看，黄炎培对乡村职业教育的论断也存在一定的历史局限性，他的教育实践很难真正地以农民的心态来看待职业教育，其所设计的乡村职业的发展蓝图还具有相当的理想性。

三、晏阳初的乡村教育思想及其对当代农村教育的启示

晏阳初（1890—1990），原名兴复，字阳初，四川巴中人，爱国民主人士，

我国现代教育史上乡村教育思潮和平民教育思潮的倡导者和探索者。晏阳初从青年时代就投身教育工作，早在1923年就与陶行知等人共同号召，成立中华平民教育促进会，并担任总干事，全身投入到平民教育的运动中。晏阳初自1926年就将教育工作的重点由城市转移到乡村，并深入农村，对平民教育的实际情况进行实验和分析。他的乡村平民教育思想及其教育实验得到了世界范围内的认可和肯定。其著作有《晏阳初文集》《晏阳初全集》。

（一）晏阳初乡村教育思想的形成

晏阳初生在书香门第，从小在他父亲的教导下，对《大学》《中庸》《孟子》《论语》《诗经》等儒家经典熟背在心，十分推崇儒家思想。他指出，当时的中国农民不是不可教，而是未能给他们提供合适的教育。正是未能接受合适的教育，广大的农民不能很好地从事生产，从而导致贫穷落后的状况。为此，他深入农村，与农民居住在一起，一起生活，一起生产劳动，在自己得到农民化的同时，也积极地改造农民，把农民改造成有文化有教养的"新民"。

晏阳初在受儒家思想影响的同时，也受到了西方文化尤其是基督教的影响。1903年，他父亲就把他送到中国西学堂学习，跟随牧师学习基督教的教义。在牧师的言传身教下，他接受洗礼成为基督教徒。1907年，14岁的晏阳初进入成都基督教会学校学习，在校期间他认识了传教士史梯瓦特，这极大地影响了他后来的人生选择。基督教义的博爱与儒家思想的仁爱，都对晏阳初的人生观和价值观产生了巨大影响，在这样的环境下长大，晏阳初决心投身平民教育事业，以提高农村人口文化素质，改变农村贫穷落后状况。为了改变当时中国农村人口绝大多数都是文盲的状况，他大力提倡平民教育和大众教育，把自己的一生都奉献于中国教育事业。

（二）晏阳初乡村教育思想的主要内容

1. 提倡"四大"教育

晏阳初认为，在当时中国农村存在较多问题，总结来说可归纳为四个方面：愚、贫、弱、私。而要想从根本上解决这些问题，就必须从文艺、卫生、生计、公民思想等方面开展教育。首先是用文艺教育的方式，培养农村群众的知识能力，以破除"愚"的问题。晏阳初认为，要传播知识和寻求知识，需要借助文字。在教授农民识字的过程中，他精心挑选教学教材，实行科学的教学方法，把识字与农村生产、生活相结合。另外，为了使农民更好地欣赏身边的自然环境和社会环境，丰富农民的文化生活，他还十分推崇艺术教育，使"戏剧教育化，教育戏剧化"。其次，利用卫生教育，提高农村群众的身体素质，以改善"弱"的问题，达到强身健体的效果。晏阳初认为，改善农村的卫生条件，保证每个人都能得到科学治疗，才能使农村群众的身体得到有效保护。同时，针对当时中国农村的实际情况，他提出应在各县、区、村内设置保健卫生机构，组成系统的乡村卫生保健体系，帮助农村人口得到科学医疗。另外，国家需要大力推进公共卫生教育，尤其是卫生习惯的培养，以保证全体民众身体的健康。然后，利用生计教育，刺激农村群众积极提高生产力。晏阳初认为，生计教育能够有效推动先进生产技术在农村地区的普及，并帮助农村群众掌握现代生产知识，真正享受到工业化发展带来的科技成果，提高生产能力、生产效率的同时，享受到生产的效益。同时，他提出生计教育需要更多农业科技人员切实深入农村，从实际的农业生产过程中对农民群众予以指导和帮助，科技人员与农民群众打成一片，不仅是对现代农业技术的普及，而且能够有效检测科技理论的实践效果，给予科技研发更多灵感。最后，是通过公民思想教育，提高农民群众的团结精神。晏阳初认为，公民教育最根本的目标在于培养民众团结协作的精神，通过团结精神的培养，民众间会形成强烈的凝聚力和归属感，有利于农民群众正义心、自信感的培养，这能够有效促进乡村道德环境的营建，也能让农民群众都具备基本的公民意识与政治思想，成为一个忠实而有效率的公民。

2. 推行三大教育方式

除了从"四大"方面来针对当时中国农村普遍存在的实际问题进行教育，晏阳初还提出在教育实施过程中需要采取一定的教育方式，来获得更好的教育效果。针对传统教育方式脱离农村生活、农民实际的问题，晏阳初提出教育需要从学校、社会、家庭等三个方面来进行有效实施，并基于这一论断提出了三种教育方式：

首先是学校教育，晏阳初认为普通的学校教育只关注书本知识和概念论述，很多学者、教育者甚至都没有参与过生产活动，很少与农村民众的接触，只在书本里寻求解决问题的途径和方法，这必然会出问题。晏阳初提出的学校教育有别于传统意义的学校教育，而是专门的平民学校教育，推行平民学校教育的目的在于让学生都能掌握最基本的知识工具，能够"识文断字"；同时让学生了解最基本的卫生、生计、公民思想等知识，能够满足自身的生存需要。平民学校教育也应根据学习程度、教学内容分等级，初级学校教育以识字为主，周期一般在3—4个月，可以选用《农民千字课》作为教材，旨在普及基础的文化知识；高级学校教育则以上文提到的"四大"教育内容为主，学习周期控制在4个月左右，旨在培养农村技术的普及者和各项知识内容的推广者。

其次是家庭教育，晏阳初认为，家庭在中国具有特殊含义，不仅是社会结构的重要组成单元，更是中国人精神的寄托所在，要想对中国民众的生活方式进行改变，就一定要从家庭着手。因此，在办好平民学校和高级平民学校同时，家庭也应承担部分学校课程。家庭教育不仅是家庭给予学生正向引导的过程，同时也是学生将学校知识传递回家庭的过程。家庭教育要强调这种双向性，一方面要让家长意识到好的成长环境对学生的积极作用，另一方面平民学生将学到的科学知识共享给家庭成员，也能够提高整个家庭的文化水平，可以让家长认识到接受教育的价值和重要性，以便农村人口尤其是青年妇女能够顺利地接受教育。

最后是社会教育，晏阳初通过创建"平民学校毕业同学会"，组织青年农民开展学习活动，并通过植树、文艺汇演、修路、拒毒拒赌宣传、农业展览会等活动，鼓励农民群众关注社会实事、自觉改进生活，同时借助流动图书馆、《农民》报刊等途径，给予他们表达自我的平台。

3. 主张实施"大教育"

晏阳初认为，教育与农村生产生活方方面面紧密相关。他提出乡村教育必须突破传统狭隘的教育观，应将乡村社会中的仓库、村头、庙会等纳入教育活动场所的范畴，使乡村社会中的所有人口成为施教人员。大家既可以通过读书进行学习，也可以通过种地、听广播、看戏等途径开展教育活动。

在"大教育观"之下，晏阳初主张乡村改造应坚持大系统思维，认为乡村改造"不是零零碎碎，而是整个体系；不是枝枝节节，而是通盘筹划"。他主张设立不同形式的成人学校，开办了数百所平民学校，把扫盲作为乡村建设的基础工作。他非常重视乡村社会教育，希望通过开展一系列的文化生活来丰富农民的精神文化生活。他认为：通过编写戏剧小册子，结合现实生活创作新剧本，推广现代戏剧，抒发农民向上的情感；通过无线电广播电台，向每个示范村按时广播新闻、文艺、教育等节目，普及社会教育；组织社会活动，加深农民对实事的认识，增强农民参与公共事务的自觉与能力；设立医学培训班，组织平民毕业生参与医学培训，构建乡村保健体系，提高农村的医疗卫生条件，保障农民身体健康。

4. 强调将中国平民教育推向世界

中华人民共和国成立后，晏阳初带着中国平民教育的经验辗转欧洲、美洲、亚洲、非洲等的多个国家，并积极推广中国的平民教育，这对当时的菲律宾、泰国、加纳、哥伦比亚等国家产生了巨大影响。很多国家开始根据晏阳初的理论，结合自身实际开展乡村教育实验。晏阳初的平民教育在全世界范围内获得了巨大肯定和普遍称赞，美国的道格拉斯大法官曾说他在做"世界上最重要的一件事"。

平民教育不仅是一项运动,而且是一颗知识的种子,是让全人类都能够摆脱愚昧、贫困的钥匙。

(三)晏阳初乡村教育思想的启示

1. 强化农村教育在乡村振兴中的作用

人才是 21 世纪最重要的资源,新农村建设与乡村振兴同样离不开人才的作用,而要获取人才,教育是绕不开的环节与要素。晏阳初自战火纷飞、时局动荡的近代就开始积极探索教育对国家建设的重要价值,始终坚持教育救国的路线,并认识到平民教育的重要性,为之投入一生的精力。他通过教育实践,在中国的广大乡村开设学校、培训中心,致力于提高农村的卫生条件、农民的知识水平,启蒙民众思想、破除农村旧习。晏阳初指出,乡村教育不应是在技术、知识或政治等某一个方向发力,而是要从文化、卫生、经济、思想等各个方面统合开展,不能有所偏颇。他认为:"教育成功,一切建设才有希望。所以'教育建设',在整个农村建设工作中,占有比较重要的地位。"[①] 通过乡村教育过程,对乡村的政治、经济、卫生进行建设,这四者之间存在不可分割的联系。如今,在乡村振兴与新农村建设的过程中,我们越来越认识到教育在其中的重要价值,强国的根本就在于教育。

坚持教育优先发展战略,提高农村教育现代化水平,是乡村振兴战略实现和新农村建设工作落实的主要内容和重要渠道。而要做到这一点,首先就要转变农民的固有观念,提高农民对教育的重视程度和对教育价值的认识。其次,乡村教育的内容与方式,应与乡村振兴和农村建设的实际紧密相连,将教育活动与农民的生产生活相联系,一方面提高教育的实践性,另一方面为乡村振兴的各项工作提供支持。两者共同发展、相互支持,在农村经济发展的过程中,不断丰富我国乡村建设的经验,加快现代化新农村建设的进程。

2. 采取多种方式发展农村教育

我国在教育方面无论是农村教育,还是城市教育,办学思路和办学模式基本一致,大多依据城市的发展需要培养人才,忽视了农村教育自身的特殊性和农村人才需求。在多年之前,晏阳初就积极主张发展农村平民教育,大力发展社会教育,为我国的农村改造和农村建设做出了积极贡献。尽管现在的时代背景不同,乡村教育的办学主体不同,发展任务也发生变化,但我们仍然可以借鉴晏阳初的乡村教育思想,通过多种形式发展乡村教育。发展农村教育,不仅要大力发展以

[①] 周逸先.晏阳初平民教育与乡村改造方法论初探[J].高等师范教育研究,2002(03):76-80.

升学为主要任务、让学生掌握基础知识和基本技能的基础教育，同时还要重视农村地区的成人教育、职业教育、技能培训，切实提高农民的技能水平，增强其就业能力，提升农民的文化素质和道德境界。我们可以将短期培训与长期办学相结合，将网络、卫星远程教育与实体办学相结合，大力兴办与农业知识和农业技能有关的职业技术学校，开展农业技术培训和推广，为农村培养出大量的有现代农业知识和现代农业技能的新时代农民；要重视发展农村社会教育，提高农民的合作意识和公共意识，改善乡村风貌，优化公共环境。

3. 全面提高农民素质

农民素质是影响农业生产水平、农村经济发展的重要因素，这不仅体现在其对现代化农业技术的掌握与应用方面，而且体现在其对农村经济发展形势、涉农产业的创新与突破、思想觉悟等方面。晏阳初早在进行平民教育之初就提出，中国农村地区的广大"脑矿"是用之不竭的重要资源。基于这一观点，晏阳初提出"四大"教育内容，要通过平民教育来培养时代"新民"。晏阳初的平民教育不同于当时的新式学堂，他面向的是在当时很难获得教育资源的平民，尤其是身处乡村的平民。同时他的培养目标是造就"整个的人"，是让所有接受教育的人能够获得全面的发展，在知识、技能、思想方面都能够稳步提升。如今，随着我国经济的发展，乡村教育有了更强有力的制度和物质支撑，而乡村教育要做的就是对晏阳初所说这片"脑矿"的开掘，当农村人口转变为人力资源，进而发展成为建设人才的时候，中国的乡村振兴与新农村建设也将会事半功倍。

在信息化时代，我国的农村经济建设必须依靠现代化科技，但更需要创新精神和文化知识、科学技能的劳动者。而要实现现代科技与高素质劳动者这两者的连接，乡村教育必不可少。提高农民素质，不是单一地针对性培训，而是从思想、知识、技能、意识等多个方面的共同推进。乡村振兴与新农村建设需要的是懂技术、有文化、善管理、会分析的新型农民，而乡村教育要想为农村的现代化建设输送更多有效人才，就要从体系建设的角度，关注农民的情感与生活需要，让教育不仅成为提供知识、训练技能的途径，而且能够引导人们成长的重要方向。

4. 建立各种合作组织

农村合作组织可以培养广大农民群众的社会公德心，同时可以培养农民群众的合作精神。农村合作组织的联合是建立在农村群众自愿、互助的基础上的，以广大农民群众为主体，同时可以最大化地维护组织成员的利益。中国平民教育家晏阳初的四大教育中的"私"指的就是人很难团结，缺乏一定的合作意识。因此，他提出了通过公民教育培养新民的构想。晏阳初实施公民教育的主要途径就是建立各种合作组织，通过这些合作组织培养公民的自信心和团结意识，提高他们的生产生活能力，使公民去掉自私散漫的习惯，形成良好的生活风尚。当前，我国鼓励农村合作经济发展，促进农村合作组织创新发展，使农村合作组织呈现繁荣的景象，开创了改革开放以来农村合作组织发展的新时代。农村合作组织能够最广泛地汇集农村的优势力量，促进农村各项建设的发展，改善农村的生活质量，增加农民收入，保障农村地区稳定向前发展，同时，可以增进农民群众之间的感情，培养农村群众的合作意识，凝聚农民群众的创新思想，提升农民群众的幸福感。政府应当鼓励农村合作组织的多元发展，积极引导农民群众参与合作组织，积极参与公共事务，形成一股强有力的凝聚力，形成维护团体利益的共同精神信念，为实现乡村振兴这一共同目标而奋斗。

5. 加强农村教育课程改革

晏阳初在推行平民教育运动中，严厉地批评"新教育"强烈的城市化倾向，认为当时的新教育是一种"离农教育"，对农村、对国家都有着极大的危害。晏阳初的平民教育思想注重教育的实用性，提倡教育的目的应当是解决实际问题，应当把农民现实中的问题与教育相结合，实现农民素质的提高，主张应当把教育应用到实际的生产生活中。对于乡村振兴来说，晏阳初的教育思想依然也有可借鉴的地方，对乡村教育的发展有一定的现实意义。

当前，我国义务教育课程存在事实上的城市化倾向，缺少与农村实际情况的结合，导致农村教育与农村生活有所偏离，不利于农村教育的长远发展。因此，农村义务教育应当重视教育课程的改革。课程的价值取向是教育的灵魂。对于农村义务教育来说，其价值取向对教育改革有很大的影响，引导着教育改革的方向，具有重要的指导意义。进入乡村振兴的新时代，农村的教育应当以农村的现实需要为基础，要结合农村发展的现实情况，制定现实可行的改革方案，不但要提升学生的文化素质，还要提升学生的生产生活能力。

除了正常的义务教育，还应当加强对农村群众的成人教育。大多数农村群众文化水平相对较低，对于新技术、新思想理解的不够透彻，这在一定程度上阻碍了乡村振兴的发展。因此，乡村振兴应当注重对农民群众的成人教育，提供与农村具体实际相适应的教育课程，使农民群众在学习的过程中能够与实际生产相结合，解决自身遇到的问题。农民作为农村生活的主体，对农村有更深的感情，有更深的了解，只有深入了解农民的生产生活所需、心中所想，才能为农民群众提供更好的教育课程，才能更好地为乡村建设服务。农村地区的成人教育要根据当地农村经济、科技发展水平，合理配置课程，使农民一学就会、即学即用。

(四)晏阳初乡村平民教育思想的意义与影响

晏阳初的平民教育思想是 20 世纪上半叶中国乡村教育思潮、平民教育思潮的重要组成部分,虽无可避免地具有乡村教育思潮、平民教育思潮的历史局限性。但瑕不掩瑜,晏阳初乡村平民教育思想在经历启蒙、发展、完善并最终形成的过程中,积累了很多宝贵的教育实践经验,这些都是中国近现代教育史上浓墨重彩的一笔,时至今日,仍然具有十分重要的现实启示价值。

第一,晏阳初乡村平民教育思想的形成,是一个经由在法华工识字教育阶段、早期平民识字教育实验阶段、定县乡村平民教育实验阶段,以及深入开展并推广乡村平民教育阶段的不断启蒙、发展和完善的科学化和合理化过程。在晏阳初乡村平民教育实验实践的形成过程中,平民教育的发展重心逐渐由城市转移到农村,且由最基本的平民识字教育逐渐扩大到以提高平民整体素质为主要目的的乡村教育运动。晏阳初的教育思想是在不断实践中形成的,对当时的教育有很大的推动作用。他的教育思想在河北定县时已经比较完善和成熟,是一种科学的教育理念和体系。

任何教育思想理论体系都需要付诸具体的教育实验实践中去,只有经过教育实验实践考验过的教育思想理论才真正具有进一步发展、研究及借鉴的理论价值,才能真正得到认可和肯定,否则这种教育思想理论永远只是虚空的,没有现实意义。晏阳初乡村平民教育思想的形成过程,说明任何教育思想理论的发展和实验过程都具有一定的阶段性与无限性,这是一个教育思想理论引导教育实验实践、教育实验实践完善教育思想理论的不断相互检验的过程。因此,在当前的教育改革实验过程中,我们必须尊重教育实验实践的阶段性,不能急功近利,必须充分保证教育思想理论接受教育实验实践检验的时间周期。同时也要认识到,任何一种科学的教育思想理论都会在教育实验实践过程中不断发展和创新,教育思想理论体系的形成是一个不断发展、不断完善的与时俱进的无限过程。

第二,虽然晏阳初的教育思想受杜威的实用主义影响比较严重,但是与当时的中国社会是相适应的。晏阳初的教育思想是在分析了国内当时的教育情况,总结了当时中国农民的思想情况下提出的,具有一定的先进性,既保持了教育的实用性,又体现了与中国社会的结合。在定县办教育期间,晏阳初首先对定县及周边地区进行了详细的调查,然后进行深刻地总结,最后才因地适宜地开展教育活动。所以,定县乡村平民教育的实验实践经验是在对中国乡村本土实情充分认识和切身实践的基础上总结而形成的,是在我国现实国情下建立起的属于自己本土化特有的乡村平民教育体系。

另一方面，20 世纪 50 年代以后，晏阳初开始致力于国际乡村平民教育事业，并将定县的乡村平民教育经验、乡村建设经验推广并应用于其他国家。但晏阳初并没有完全照搬定县乡村平民教育模式中的方式和方法，而是在深入调查、总结研究、具体国情具体分析的基础上，因时、因地制宜地提出并实施具有针对性、特殊性、现实性和科学性的策略与措施。由此可见，在教育全球化背景下，某些国家、地区及某位教育家的成功教育实验思想或经验的借鉴价值是值得肯定的。但是，不同国家的历史背景不同，文化根基不同，所以，任何一个国家的教育经验都不可能直接照搬到另一个国家。教育改革是一个吸收、总结的过程，可以在借鉴他国成功经验或科学教育理论的基础上，同时构建本土化视野下的独特教育实验实践模式或经验体系。

第三，晏阳初的教育思想主张对平民进行"四大教育"，而教育主要是通过"三大方式"。四大教育分别是文艺、生计、卫生和公民教育，主要是为了解决晏阳初总结的当时中国平民"贫、愚、弱、私"的问题，同时可以增强平民的生存能力，提高国家的凝聚力。晏阳初的教育思想，体现了他对当时中国积贫积弱国情的认识和他的爱国主义情怀。亿万家庭将追求美好幸福生活的希望寄托在教育上，因此，教育培养目标的确定必然是基于人的全面发展，即在教育过程中道德教育、知识学习、技能培养及文体锻炼共同协调发展。

为了深入开展的他的四大教育，晏阳初提出通过三种方式对平民进行教育，分别是家庭、社会和学校，这也体现了他的全方位教育思想和教育理念，是值得充分肯定的。晏阳初的三个教育方式的教育培养目标是内在协调一致的，且相互联系、密不可分。学校式教育肩负着传播我国当前教育活动主体内容的使命，社会式教育和家庭式教育是学校式教育的延续和拓展，同时，家庭式教育也是社会式教育和学校式教育之间联结的枢纽和桥梁。学校是教书育人的专门机构，社会是人生存发展的外部环境，而家庭又是人启蒙成长的重要场所。因此，在我国大力发展乡村振兴的新时代，教育改革也应当充分体现学校、社会与家庭的结合，这样，才能使人的教育培养活动实现相辅相成，从而使教育教学活动的成果得到彻底的巩固和提高，教育质量才能得到根本的改善和保证。

四、梁漱溟的乡村教育思想及其对当代农村教育的启示

梁漱溟，字寿铭，1893 年生于北京。梁漱溟一生积极投身乡村建设运动，期望通过教育改造乡村。他始终求索思想，知行合一，从不自昧，绝不苟且，被称为中国的"甘地"。

（一）梁漱溟乡村教育思想的发展历程

1. 萌芽和探索阶段（1917—1924）

1916年，年轻的梁漱溟在《东方杂志》发表了他的长篇论文《究元决疑论》，深刻地阐述了对佛学的理解。之后，他受北京大学校长蔡元培的邀请到北京大学讲授印度哲学。在北京大学任教期间，梁漱溟积极进拓展其他方面的研究，主要是关于东西方文化比较方面的研究。他全面分析了中国、印度和西方这三种文化的差异，总结了三种文化的渊源，同时对三种文化的历史地位进行了分析。通过潜心研究，梁漱溟于1920年开始在北京大学进行东西文化及哲学的授课。1921年，当时的山东省教育厅邀请梁漱溟到山东讲解东西文化及哲学，由陈政、罗常培整理记录成文，并于此后出版了《东西文化及其哲学》，其中，也包括了《孔子对于生之赞美与其生活之乐》《中国文化与孔子精神》《孔子之所谓"刚"及孔颜的人生》等数篇有关教育的论述。其独特的理论视角与研究见解，引起了学术界的广泛关注。1923年，梁漱溟写成《东西人的教育之不同》一文。1924年，梁漱溟毅然辞去北京大学教职，结束了他在北京大学的七年教学生活，毅然决然的开始实践他的新儒学思想。

从1917年至1924年，梁漱溟在北京大学这不到八年的任教时间里，尤其是在他的专著《东西文化及其哲学》发表以后，逐渐摒弃其消极的入世态度，完成了由佛入儒的正式转变。之后，他开始了新儒学思想的钻研历程。通过对中国、印度和西方文化的比较，梁漱溟提出了"世界文化三期重现说"，非常具有独创性，他认为，中国、印度和西方文化分别代表了三种不同的文化路向、文化模式。

由于早熟的中国文化在面对西方文化模式剧烈冲击时，处于事实上的劣势状态。因此，梁漱溟在肯定西方文化模式优势的前提下，试图去寻找中国文化模式的存在价值与合理性依据。由于对中国文化的独特认识，梁漱溟意识到要想进行中国文化的重新建设，必须从中国文化有形的根——"乡村"着手。最终，梁漱溟找到了一条促进中国整体复兴的发展道路，即以乡村教育为主要内容来进行中国乡村建设，以乡村建设为主要内容来进行中国文化重建。由此可见，梁漱溟独特的文化理论已经成为他的乡村教育思想的哲学基础，而这一时期其哲学文化思想的积淀成为梁漱溟乡村教育思想理论体系形成的理论依据。

2. 形成和发展阶段（1925—1930）

1925年，梁漱溟在办学上遇到了困难而返回北京。后来，他与很多同学同住共学。在共住互勉的过程中，梁漱溟发展了其独创的教学方式——朝会。通过记录其在朝会上的讲话，他的学生们编辑出版了《朝话》一书。1927年，梁漱溟南下广东从事以乡村教育为主要内容的乡村建设，更进一步认识到从事乡村教育和乡村建设是解决中国社会问题和寻求民族发展的出路。

1929年，梁漱溟由于时局变动被迫离开广东。这一时期，很多著名的教育家都已经开始进行乡村教育活动，比如，陶行知在南京的北郊创办了晓庄学校，黄炎培也在江苏的昆山进行了乡村教育的实验，还有前文提到的晏阳初在定县的乡村教育活动。梁漱溟在离开广东后对这些地区都有不同程度的考察。同年，当时著名的教育活动家王鸿一邀请梁漱溟一起筹办河南村治学院。通过对当时国内形势的总结以及对乡村治理的理解，梁漱溟于1930年在《村治月刊》上发表了《中国民族自救运动之最后觉悟》一文，深刻阐释了自己对乡村发展和民族自救的见解。同时，也是梁漱溟包括乡村教育思想在内的乡村建设理论内容体系的重要组成部分。

从1924年到1930年的时间里，梁漱溟在自己的总结和实践中逐步形成了自己的乡村教育思想，特别是1927年以后，梁漱溟更加坚定了自己从中国乡村入手以期达到改造中国文化、寻求民族发展的意图。山东曹州办学是梁漱溟教育思想的初步实践，通过亲自考察，使其对当时中国的乡村运动也有了进一步的了解和认识。梁漱溟备受鼓舞，在分析利弊之后，更加深信并不断充实了包括乡村教育思想在内的乡村建设理论，以及后来进行的河南村治学院也体现着梁漱溟试图通过教育这种手段来解决改造中国文化和中国社会的信念。此时，梁漱溟对乡村教育的认识，还只是一些零星的观点和看法，尚未形成系统的理论体系。但经过一系列的考察和实践，却为梁漱溟以中国乡村教育为主要内容改造中国乡村，进而改造中国传统文化，最终寻求民族发展的理论认识的形成与发展，打下了坚实的基础。

3. 完善和成熟阶段（1931—1937）

1931年，由于中原地区不断爆发战争，河南村治学院不得不停办。此时，梁漱溟开始将乡村治学的目光转向山东，开始在山东进行乡村教育活动。从而开始了梁漱溟在乡村建设中最著名的山东邹平、菏泽实验的历程。直到1937年，前后共历时7年，山东邹平实验最终因为日本的入侵而中断，近而宣告失败。

在山东开展乡村治学活动期间，梁漱溟对乡村治学进行了深入的思考，发表了很多学术文章，比如《村学乡学须知》（1933）、《乡村建设真意义》（1937）、《泛论中国教育问题》（1937）等。同时，这期间梁漱溟还完成了他生平重要的著作《乡村建设理论》（又名《中国民族之前途》）。

从1931年到1937年，梁漱溟构建的包括乡村教育思想在内的乡村建设理论，逐步走向了成熟和完善。山东邹平实验和山东菏泽实验，是梁漱溟乡村教育思想和乡村建设理论真正、全面、系统地付诸实践的具体行动，同时，《乡村建设理论》一书也为中国乡村教育、中国乡村建设和中国未来走向描绘、构建了科学、合理的发展蓝图。通过这一系列深入、系统的理论研究和实践探索，梁漱溟深刻认识到乡村教育在乡村建设中的重要地位。

所以，他倡导重视乡村教育，增强乡村教育与乡村建设的有机结合，在寻求以中国文化复兴和促进中国社会发展的思维方式中，最终建构了一整套包括组织形式、课程设置、精神陶炼等方面内容的系统、全面的乡村教育方案。虽然山东邹平实验和山东菏泽实验最终也因战争的影响而以失败告终，但是，在此期间，梁漱溟进行了以乡村教育思想为核心基础的乡村建设理论内容研究和有益的实践探索。这些也最终推动了他的乡村教育思想走向成熟和完善，创造了我国近现代教育史上关于乡村教育思想研究的新的制高点。

（二）梁漱溟乡村教育思想的基本内容

1. 乡村教育是解决乡村建设问题的根本

梁漱溟认为，中国大部分人口生活在乡村，中国社会就是乡村社会，只有农村发展起来了，社会才能有更好的发展。在他看来，农村如果想要发展必先进行农村建设，发展农村教育，这是"中华民族自救运动的最后觉悟"。

乡村建设依靠什么？通过什么途径加强乡村建设？梁漱溟认为，教育是社会改造和乡村建设最为有效的手段，认为乡村教育是解决乡村问题的根本举措，只有重视乡村教育，大力发展乡村教育，才能最终实现乡村建设的宏伟目标。

2. 发展乡村成人教育

梁漱溟致力于乡村教育的发展，同样对成人教育非常重视。在他看来，成人教育可以促进乡村和谐，从而实现乡村改造的目的。为此，他在全国不少地方创办乡学村学，以农村成年人口为主要对象，积极开展乡村成人教育活动。乡学村学分设男子部和妇女部，冬春时节设共学处，对农村青壮年开展基本的识字及劳动教育；同时办有针对成年人的各种培训班，提升农村劳动群体的农业生产技术，改善农村地区的生产方法，提高农村地区人民的文化水平。梁漱溟的乡村学校可以将农村地区的青年群体组织起来，共同推动农村地区的发展建设。另外，梁漱溟的乡村教育非常重视对农民群体的思想精神教育，提高农民的思想觉悟。

3. 积极发展社会教育

梁漱溟认为，乡村建设离不开社会教育，主张通过社会教育实现乡村建设目的。因为社会教育是推进乡村建设的基本手段。乡村建设需要对村民进行能力训练，需要根除乡村陋习，这都需要借助乡村教育。但是，乡村成人教育总有一定的局限性，主要是由于乡村的生产活动主要是依靠农村的成人来完成的，他们必须进行一定的农业产生才能保证自己的生存。他认为，社会教育的形式主要有两种，一种是教育民众读书识字的固定方式，另一种是因地制宜，根据民众的实际生活而实施合适教育的流动方式。基于此，他在邹平乡村建设实验中，通过试办乡农学校的方式来实施社会教育。邹平的社会教育方法主要是教员把乡学村学作为乡村民众及领袖聚会的场所，提引问题、商讨办法、鼓舞实行。乡农学校虽名为学校，但它不是传统意义上的学校，它是以学校为外显形式，集社学、保甲、社仓为体的政治、经济、教育、自卫四结合的综合体，以培养乡村民众政治新习惯和新礼俗为主要目标，其功能远远大于传统学校。

4. 倡导多种教育组织形式

为推进乡村教育发展，发挥乡村教育在乡村改造中的作用。梁漱溟在山东地区创办了不同的乡村学校，对不同学校进行了重新划分，如村学、乡学、乡农学校等，是当时山东邹平、菏泽两地乡村学校的主要结构形式，取代了之前的形式。在二百户至五百户的村落中，梁漱溟主张兴建乡农学校，对村民进行教育。在村学和乡村中，梁漱溟设置不同的职位，如学长、学董、理事和教员等等，其中学长需要通过政府正是任命，也是乡学或者村学的领导者。学长应当是饱读诗书之人，有自己的专长，能够教导一方百姓，向学众传递知识，同时，还必须有责任心，能够调节学众之间的矛盾。学董一般为村庄的领导者，应当为学校的建设负更多的责任，能够统领各个董事。理事一般为学校事务的管理者，需得到学校董事会的认可，同样需要政府的任命。教员就是学校的教师，一般是具有一定的文化修养，可以是本地的也可以是外地的，主要负责学众的教学。各类学校中的学众并不一定是适龄学生，也可以包括成年男女，通过教育对他们进行改造。

1933 年，梁漱溟在山东邹平创办乡村建设研究院，积极推行县政改革实验。根据他的建议，山东邹平原先的区乡镇管理体制被废除，区乡镇的相应组织被撤销。全县管理体制演变为县政府、乡学、村学三级：乡设乡学。代替之前的区公所；乡以下设村学，代替之前的乡公所。"村学是乡学的基础，乡学是村学的上层。"乡学、村学既是管理机构，又是教育机关，从而实现"政教合一"的目标。

乡农学校与乡学、村学有着类似的组织结构，主要由三部分构成，分别是乡村领袖、成年农民和乡村运动者。可以看出，梁漱溟创办的学校有一个突出的特点，那就是政教合一。这是与现代学校有所不同的，也可以看作是一个"以教统政"的组织。

5. 注重课程设置

根据教育对象的自身特点,梁漱溟认为可以将学众分成成人、妇女和儿童三个部分进行施教,乡学、村学应按照三个部分教育对象的不同而设置相应的课程。由于农村生产生活条件的限制,成人教育只能在农闲时候才能够开课,但是,要求所有农村男性都要参加。成人教育开设的课程相对比较丰富,比如识字、时事、武术、唱歌等;妇女教育的开课时间一般是在下午,同样要求所有村里妇女全部参加,开设的课程与成人教育无二。但也可根据女性需要增设育婴等课程;儿童教育部每日上午、下午开课,但是,遇到农忙时节,儿童教育会暂时停课,开设的课程主要是算数、国语、常识等。

由于乡农学校主要以成年农民为教育对象,兼及青年和儿童,因此课程设置更为开放和灵活,集学校式教育和社会式教育于一体。乡农学校的基础课程一般都是识字课,还会有文艺、思想类的课程,如唱歌、精神陶冶等。乡农学校的设置是比较灵活的,需要根据当地的实际情况而定。对于在学校经历过四、五年教育的学生,学校还可以开设高级部课程,如历史、农村问题等,主要是为了培养社会中具有领导能力的人才。

梁漱溟非常重视思想类的课程,思想类的课程可以丰富人们的精神世界,增加人们生存和生活的勇气,同时培养人们坚韧不拔的精神。而最重要的是,思想类课程可以培养人高尚的品格,提高自己解决问题的能力,提高人的道德修养,让人们有正确的人生态度。

(三)梁漱溟乡村教育思想的启示

1. 优先发展农村教育

梁漱溟非常重视乡村教育,因为乡村教育可以稳定农村的发展形势,增强人们对乡村的感情,增加人们农业成产的动力。教育可以促进社会稳定,减少社会流亡,提高农村生产力。只有乡村地区的人们文化水平提高了,中国人民的整体素质才会提高,中国才能有更大的进步。在社会主义现代化建设的今天,"三农"问题依然是党和国家工作的重中之重。党和国家进行社会主义新农村建设,实行乡村振兴战略,也是为了提高农村地区的整体发展水平,提高中国社会主义现代化建设速度,助力中华民族的伟大复兴。

农村要发展,教育必先行,农村教育事业发展在农村发展中处于重要的基础地位。农村教育作为我国教育发展最基本、最重要的组成部分,必须将其置于优先发展的战略地位，大力发展农村教育事业，提高农村教育质量，实现区域内城乡教育均衡发展。我们应采取各项措施落实农村教育优先发展战略，出台相关法律法规和政策措施，给予农村教育优先发展的制度保障。同时，我们应加大对农村教育的人力、物力和财力的投入，为农村教育发展提供全方位保障，使农村教育处于一个良性的发展轨道。

2. 大力发展农村成人教育

要促进农村教育发展，发挥农村教育在乡村振兴中的基础性作用，就必须大力发展农村成人教育。在梁漱溟的乡村教育理论中，他将乡村教育的对象指向乡村所辖范围的所有人，其中以成年农民为主要教育对象，兼及儿童和青年。他提出，"教育宜放长及于成人乃至终身"。由此可见。农村成人教育是梁漱溟乡村建设理论中的主要构成部分。乡村振兴需要农村人力资源的支撑，需要提高农村人口素质。当前，我国农村成年农民的受教育水平普遍不高，科学知识素养较低，对现代农业生产的适应性不足。因此，我们需要提高对农村成人教育重要性的认识，需要大力发展农村成人教育。我们应举办各种成人教育机构，加强对农村成人的培训，尤其是特定技能、特定岗位的专业培训，普及农业生产、农村生活的科学文化知识，使广大农民不断学习技术、掌握技术，提高农村成年人的劳动技能，夯实社会主义新农村建设和乡村振兴的人力基础，促进现代农业技术在农村的应用，推进农业及其相关产业生产的科学化和现代化进程。

3. 加强农村精神文明建设

梁漱溟主张新礼俗建设，提倡精神陶冶，认为乡村教育需要围绕中国历史文化辨析、人生态度与修养方法指导、人生现实问题解决三个方面开展。通过这三方面的精神陶冶，培养农村人口的团结力和社会责任感，形成积极健康的人的主体性，促进自身发展并积极投身乡村建设之中。当前，我国农村还存在一定程度上的封建意识和小农意识，以及不合时宜的价值观念、乡风民俗、生活方式，这些都影响着农村的经济发展和农民生活水平的提高，制约着生产环境和生活质量的改善，阻碍着农村精神文明建设的步伐。因此，我们应借鉴梁漱溟乡村教育中注重受教育对象精神陶冶的做法，加强对广大农村民众的传统美德和时代精神教育，使他们具有尊老慈幼、勤俭节约、诚实守信、谦虚礼貌、宽以待人、惩恶扬善、团结友爱等传统美德和解放思想、勇于创新、与时俱进、自立自强、民主法治、公平竞争的时代精神；我们应加强引导和宣传，使他们具备唯物主义世界观和价值观，崇尚科学，抵制迷信，破除陋习，杜绝拜金主义、享乐主义和个人主义，树立先进的思想观念和良好的道德风尚，以新的思维方式、健康的生活方式和积极向上的工作方式参与乡村建设,实现"文明乡村"的建设目标。

4.加强对农村教育的智力扶持

乡村建设既需要内部"造血",也需要外部"输血";既需要积极发挥乡村内部主体力量的作用,也需要城镇外部支撑力量的大力支持。梁漱溟认为单靠乡村人自己是解决不了乡村问题的。他曾经放弃了城市优越的物质生活条件,带领一大批有知识、有眼光、有新方法、新技术的人,包括留学博士、教授、专家、学者,走出书斋,走进农村,为乡村教育出谋划策,积极实践。基于梁漱溟的这种优秀人才走进农村的思路和做法,结合当前我国城乡教育存在一定差距、农村教育办学条件相对落后的现状,尤其是农村各级各类教育迫切需要大批既有真才实学又有奉献精神的知识分子充实教师队伍,参与农村教育活动,没有一大批有知识、有能力、有奉献精神的高素质人才参与到农村教育,就无法推动教育向前发展,也就消除不了城乡教育间的差距。因此,我们应充分调动一批高素质人才参与农村教育的积极性,积极引导、鼓励和支持广大知识分子投身农村教育,用自己所学到和掌握的知识、技能运用于农村建设的方方面面。对农村教育的智力扶持,让广大知识分子参与到农村教育活动中,既可以让知识分子学有所用,尤其是广大高校毕业生将所学知识与农村教育实际问题有机结合起来,减轻他们的就业压力,又可以充实农村各级各类教育的师资力量,为农村教育发展注入新鲜血液,以更加客观、科学、合理的教育方式和教育方法开展教育活动,给学校教育和社会教育注入新的活力,改变那些落后、死板的教育教学思维方式,最终促进农村教育的健康、可持续发展。

(四)梁漱溟乡村教育思想的评价

1.一整套系统、全面的乡村教育方案

梁漱溟乡村教育思想是其乡村建设思想中的精华部分。在"伦理本位、职业分立"的独特社会分析下,立足于以中国传统文化中的积极部分来探索中国社会的改造问题,在对中国文化和中国社会充分认识的基础上,梁漱溟深刻地意识到乡村和乡村教育在中国社会改造过程中具有战略性的重要地位。因此,梁漱溟十分重视乡村教育,强调乡村教育与乡村建设的紧密结合,从而建构了一整套包括组织形式、课程设置和精神陶炼等内容的系统、全面的乡村教育方案,并付诸具体的教育实验活动中去。

从本质上来看,梁漱溟的乡村教育思想其实是先进的中国知识分子意图通过改造中国农村教育来改造中国农村社会,从而达到改良中国社会、推动中国发展的一种理想方案。虽然梁漱溟乡村教育思想中也存在着一些保守甚至是错误的成分，但他在对中国社会独特分析基础上形成的这一整套系统、全面的乡村教育方案，却是具有独特性、创新性的乡村教育思想的体现，同时也反映了梁漱溟对解决中国社会问题的独到见解和与众不同的理论方案。

2. 乡村教育思潮的重要组成部分

在 20 世纪 20 年代到 30 年代，中华大地上涌现了一批教育家，他们希望通过教育改变中国的命运，使中国走出屈辱的岁月。其中，有很多教育家推行乡村教育，他们力图通过提升最广大农民的素质来唤醒国人。他们建设乡村学校、乡村实验区，发展乡村教育，最终形成了一股乡村教育思潮。他们通过实验来研究教育教学方法，然后再向其他地区推广。但是，当时中国在经历了西方列强沉重的打击之后，农村生活条件非常落后，这也是当时所有乡村教育工作者的共同认识。梁漱溟乡村教育思想毫无疑问是乡村教育思潮中最重要的组成部分之一，其独特的乡村教育思想理论在诸多乡村建设理论中具有不可替代的地位。梁漱溟乡村教育思想不但是乡村教育思潮中的重要组成部分，同时也是中国近现代教育史上不可多得的、具有深远启示作用的珍贵教育思想。

3. 推动当地乡村教育的发展

梁漱溟乡村教育思想指导下的乡村教育实践活动，推动了当地农村教育水平的大幅度提高，同时也促进了当地乡村建设运动的深入开展。1931 年以后，梁漱溟在他的乡村教育思想理论基础的指导下，开始逐步推广乡村教育实验活动，并以此为契机开展乡村建设实验工作。他先后划定山东邹平、菏泽为实验县区开展教育实验活动，后来又划定鲁西浦路以西十几个县区为"鲁西实验区"。在这些实验县区内，梁漱溟建立了以乡农学校为核心的政教合一、以教统政的乡村基层组织结构；开设了一系列符合当时当地情形的学校式教育课程与社会式教育课程，从做日常工作入手，指导乡村中成年农民、青年和儿童学习基本的识字、唱歌和讲话等功课。这些措施旨在培养乡村居民的主动精神和民族意识，推动中国乡村教育、乡村社会及中国社会的进一步发展。

经过长达 7 年的乡村教育实验活动，梁漱溟的乡村教育实验覆盖了山东省近 30 个县，培训了累计 3000 余人的乡村建设服务人员，推进社会，组织乡村。通过考察梁漱溟的乡村教育实践活动，我们可以发现，梁漱溟在乡村教育实验区内的不断努力与工作，对当地乡村教育的发展和进步起到了积极的推动作用，取得了比较显著的良好成效。

除此之外，梁漱溟放弃了北大的教师职位和城市的优越生活，毅然决定来到乡村，以身作则，进行科学调查，开展乡村教育实验，践行自我的乡村教育理想，为乡村教育奉献了一切。从中国教育发展史的角度观察，梁漱溟的乡村教育思想和实验推动中国近现代教育史上乡村教育思潮实现了一次伟大的理论超越。特别是对梁漱溟长时期进行的乡村教育实验活动和脚踏实地的实践精神，我们应给予充分的肯定与赞扬。当然，梁漱溟的乡村教育思想和实验也有一定的局限性，如不能充分调动农民群众的积极性等。总之，梁漱溟乡村教育思想及探索乡村教育发展道路的实践，为中国近现代教育的发展提供了珍贵的经验和重要的启示。

第三节　乡村振兴战略的逻辑缘起

一、乡村振兴战略的缘起

（1）乡村振兴战略集中体现了新时代中国特色社会主义的"三农"思想。2017年10月，党的十九大胜利召开，习近平总书记在十九大报告中对新时代中国特色社会主义思想进行了明确的阐释，并且将新时代中国特色社会主义思想确立为中华民族伟大复兴的行动指南。从此，中国特色社会主义建设踏上了新征程。中国共产党是先进的政党，始终能够将马克思主义与中国具体实际相结合。习近平新时代中国特色社会主义思想是与中国实际相结合的先进思想，是马克思主义中国化的最新成果，是中国共产党在带领人民团结奋斗的实践中总结出的智慧结晶。中华民族的伟大复兴，必须坚持和发展中国特色社会主义。习近平新时代中国特色社会主义思想面对当前社会发展形势，回答了如何坚持和发展中国特色社会主义与坚持和发展什么样的社会主义的问题。2020年，在党的带领下，我国顺利完胜了脱贫攻坚的目标，解决了绝对贫困的问题，是人类历史上的伟大壮举。乡村振兴是接力脱贫攻坚的重要战略，体现了党和国家对"三农"工作的高度重视，也反映了习近平新时代中国特色社会主义思想对"三农"工作的重视。

习近平总书记在知青岁月与农民群众结下了深厚的友谊，非常重视与农民群众的感情，同时也对农村生活有了深切的感知。党的十八大以来，党中央非常重视"三农"工作，习近平总书记也多次在重要会议中提及"三农"问题。2013年12月，习近平总书记在北京举行的中央农村工作会议上指出，中国要强，农业必须强；中国要美，农村必须美；中国要富，农民必须富。只有农业基础稳固，农村和谐稳定，农民安居乐业，我们国家和社会才有保障。因此，我们必须始终坚持把解决好"三农"问题作为全党全社会工作重中之重,坚持工业反哺农业、城市支持农村的方针,不断加大强农惠农富农政策力度,始终把"三农"工作抓牢抓好;要把培养青年农民纳入国家实用人才培养计划,提高农民素质,培养和造就一支新型农民队伍,为农村农业现代化提供人才支撑和人力保障。① 在 2018 年的中央农村工作会议上,习近平总书记再次强调,要全面贯彻新时代中国特色社会主义思想和党的十九大精神,加强党对"三农"工作的领导,坚持农业农村优先发展,将解决"三农"问题作为全党全社会工作的重心,牢牢把握稳中求进总基调,落实高质量发展要求,深入实施乡村振兴战略,对标全面建成小康社会必须完成的硬任务,适应国内外环境变化对我国农村改革发展提出的新要求,统一思想、坚定信心、落实工作,巩固发展农业农村好形势。② 在全国各地考察调研时,习近平总书记也对"三农"问题十分关心并就"三农"工作给予了重要指示。2014 年 12 月,习近平总书记在江苏调研时指出,没有农业现代化,没有农村繁荣富强,没有农民安居乐业,国家现代化是不完整、不全面、不牢固的。③2015 年 7 月,习近平总书记在吉林调研时指出,任何时候都不能忽视农业、忘记农民、淡漠农村,必须提高认识,加强投入,始终坚持强农惠农富农政策,积极推进农村全面小康。④2016 年 4 月,习近平总书记在安徽调研时指出,农业还是现代化建设的短腿,农村还是全面建成小康社会的短板,中国要强农业必须强,中国要美农村必须美,中国要富农民必须富,要坚定不移深化农村改革,加快农村发展,维护农村和谐稳定,补齐农村短板,发扬农村长处,努力建设社会主义新农村。⑤2017 年 12 月,习近平总书记在江苏徐州考察时强调,要深入学习贯彻党的十九大精神,紧扣新时代的要求,因地制宜加快推进农村特色产业和特色经济的发展,抓紧抓好农村的物质文明和精神文明建设,尤其要加大农民精神风貌的提升力度。⑥

可以看出,党的十八大以来,习近平总书记站在历史的新高度,面对社会发展的新问题,从不同方面论述的"三农"工作的重要性,对"三农"工作提出了重要指示,促进了乡村振兴战略的提出和发展。乡村振兴战略是与中国具体发展

---

① 习近平在中央农村工作会议上的讲话.2013 年 12 月.
② 习近平在中央农村工作会议上的讲话.2018 年 12 月.
③ 习近平总书记在江苏考察纪实:努力肩负起为全国发展探路的光荣使命.新华日报.2014 年 12 月.
④ 韩长赋.任何时候都不能忽视农业忘记农民淡漠农村(深入学习贯彻习近平同志系列重要讲话精神)——深入学习习近平同志在吉林调研时的重要讲话[J].休闲农业与美丽乡村,2015(09):4-5.
⑤ 习近平在农村改革座谈会上强调 加大推进新形势下农村改革力度 促进农业基础稳固农民安居乐业.2016 年 4 月.http://www.gov.cn/xinwen/2016-04/28/content_5068843.htm
⑥ 习近平在江苏徐州市考察时强调:深入学习贯彻党的十九大精神,紧扣新时代要求推动改革发展.2017 年 12 月 http://www.mofcom.gov.cn/article/zt_topic19/bldjh/201712/20171202685074.shtml

实际相结合的新理论。作为新时代中国特色社会主义思想的一部分，乡村振兴充分体现了党和国家心系"三农"、建设"三农"、发展"三农"的决心。

（2）乡村振兴战略是我国社会主义现代化建设的必然要求。伴随着全面脱贫攻坚战的胜利，我国进入社会主义现代化建设的新阶段，对"三农"工作提出了新的要求。中华人民共和国成立以来，党中央一直高度重视"三农"工作，始终将"三农"工作放在重要的位置，也是党带领中国人民进行国家建设的重中之重。中华人民共和国成立之初，我国就颁布了《中华人民共和国土地改革法》，提出"有步骤有分别地消除封建剥削制度，发展农业生产"的土地改革总政策，有力地恢复了农业生产，稳定了农业发展形势。改革开放以后，党中央将"三农"工作放到了更加重要的位置，曾于1982—1986年连续5年下发有关"三农"工作的中央一号文件，充分肯定了包产到户、包干到户的社会主义生产责任制，强调家庭联产承包责任制是在中国共产党领导下中国农民的伟大创造，是马克思主义农业合作化理论在我国实践中的新发展，国家将继续稳定和完善联产承包责任制，一如既往地贯彻执行农村改革的方针政策。

2012年11月8日，中国共产党第十八次全国代表大会在北京胜利召开，以习近平同志为核心的党中央提出：要始终坚持把解决好"三农"问题作为全党工作的重中之重，加快完善城乡发展一体化体制机制，促进城乡要素平等交换和公共资源均衡配置，形成以工促农、以城带乡、工农互惠、城乡一体的新型工农、城乡关系；制定实施一系列强农惠农富农政策，奋力推进农村全面小康社会建设，有力促进农业发展、农村繁荣和农民增收。党的十八大以来，我国"三农"发展进入迅速发展时期，科技含量逐步提高，取得了长足的进步。粮食产量稳定增长，连续多年达到年产1.2万亿斤以上，肉蛋菜果鱼等产量稳居世界第一，人均占有量均超过世界平均水平，重要农产品供应充足；农业供给侧结构性改革打开新局面，"镰刀弯"等非优势区玉米结构调整有序展开，籽粒玉米累计调减5000万亩，畜禽养殖规模化率提高到56%，水产生态健康养殖面积占比超过51%；农业绿色发展有了新进展，农田灌溉水有效利用系数提高到0.55，草原综合植被覆盖度达到55.3%，农药化肥提前3年实现零增长目标，畜禽粪污、秸秆和农膜资源化利用均达到60%以上；农业现代化进程快速推进，主要农作物耕种收综合机械化水平超过66%，农业科技进步贡献率超过57.5%，土地适度规模经营占比达到40%，主要农作物良种覆盖率稳定在96%以上，农田有效灌溉面积占比超过52%。农村改革取得重大突破，支撑农业农村发展的评价体系、政策体系、工作体系、考核体系的"四梁"和提高生产主体要素、实施绿色生产、推行高品质分级、塑强农业品牌、创新市场服务、强化执法监管、构建智慧平台、加强科技支撑的"八柱"基本建立，土地确权面积占二轮家庭承包耕地面积的84%，农民合作社、产业化龙头企业、家庭农场等各类新型经营主体超过300万家，新型经营主体已成为农村发展的生力军，所有权、承包权、经营权的三权分置改革成为继家庭联产承包责任制之后又一重大制度创新；城镇化进程快速推进，80000多万名农业转移人口成为城镇居民，城镇化率年均提高1.2个百分点。农民收入增长明显，2018年农村居民人均可支配收入达到14617元，增速连续9年超过城镇居民收入，扣除物价因素，比1949年实际增长40倍，年均实际增长5.5%；城乡居民收入差距从2012年的2.88∶1降至2018年的2.68∶1；产业精准扶贫深入推进，脱贫攻坚战取得决定性进展，贫困地区农民增收持续高于全国农村平均水平，贫困发生率从10.2%下降到4%以下，6000多万名贫困人口实现稳定脱贫。[①]

十八大以来，我国农业发展取得的长足进步是建立在党和国家对"三农"问题重视的基础上。正是党中央对"三农"的高度重视和正确的领导才有了脱贫攻坚战的胜利。在脱贫攻坚战胜利的基础上，党和国家充分总结了脱贫攻坚战的经验，结合我国社会主义现代化建设的要求，提出了乡村振兴战略。乡村振兴战略的提出标志着我国"三农"发展迈入一个崭新的台阶，进入一个新的高度。以前，"三农"的发展是围绕着城乡统筹、城乡一体化来进行。乡村振兴战略提出以后，"三农"的发展是围绕着城乡融合来发展，进入"三农"发展的新阶段。同时乡村振兴战略也是我国"三农"发展升级的内在要求。

（3）乡村振兴战略为我国解决"三农"发展的内在矛盾提出了新的解决方案。"三农"发展取得的伟大成就离不开党的领导，离不开社会主义制度的优越性。党的十八大以来，全国人民紧紧团结在以习近平同志为核心的党中央，团结一心，不断在"三农"工作上取得新的进展，从而有力地推动了党和国家事业的全面发展。同时，我们还应该看到，我国"三农"工作仍然存在一系列需要高度重视且需要解决的内部矛盾，存在需要进一步解决的问题，主要有以下几个方面。

第一，城乡发展不协调的矛盾依然存在。党和国家一直致力于城乡协调发展，促进城乡间的平衡，由原来的城乡分治向城乡统筹转变，虽然取得了一定的进步，但是城乡发展不平衡因素依然存在。通过城乡统筹发展，城乡间的差距逐步缩小，农村生活条件发生了翻天覆地的变化，城市与农村之间的界限越来越弱。城乡统筹发展的眼光是具有先进性的，能够将城市和农村的发展放在同等的位置。我国

---

① 农业部：扎实落实农业农村优先发展战略要求.2018年1月.http://finance.people.com.cn/n1/2018/0124/c1004-29784954.html

的城乡发展经过十八大以来的努力，农村生产环境有了很大改善，与此同时，农村劳动力有了更多的选择，不再像以前一样单一地选择城市。但是同时也要看到，目前在农村城镇化发展的过程中，文化素质较高的年轻一辈，依然将城市作为自己发展的第一选择。相对于城市来说，农村的资金是非常短缺的，这方面也制约着农村的发展。

第二，农村人口老龄化情况加重。中华人民共和国成立初期，百废待兴，为了支持农业的发展，国家鼓励生育，增加了农村劳动力数量。但是随着计划生育政策的实施，农村青年人口逐渐减少，加之改革开放以来经济的发展，大量农村青年劳动力开始向城市转移，导致目前农村地区人口老龄化加剧，这是农业生产需要面临的重要问题。虽然我国农业生产科技含量逐渐升高，但是依然存在粗放型生产的情况。农村地区人口的老龄化从侧面反映农村地区人口受教育水平不高，这对新技术的推广和使用带来了一定的阻力。

第三，农村空心化问题不断加重。随着城镇化建设步伐的加快和城乡一体化进程的加速，农村劳动力尤其是青壮年劳动力快速流向城市，农村人口急剧减少，农村土地和住房大量闲置，农村消费需求逐步减弱，导致农村公共服务的供给意愿和供给水平可能降低，农村社会治理水平同步下降，农村社会经济功能整体退化。农村劳动力转移是我国城镇化的应然要求和必然结果，也是一个国家和社会走向现代化的必然趋势，它能够将农村剩余劳动力有效利用，增加农民的实际收入，促进城镇的快速发展。但如果任由农村劳动力的无序、过度向城镇流动，尤其是大量有一定知识和技能的青壮年劳动力流出农村，必然产生不利于农村稳定发展的负面影响，"空心化"带来的诸多问题将逐步显现，如农村内部社会结构失衡的矛盾将进一步加剧，农村生产将进一步粗放化，优秀的乡村文化将进一步衰减，农村的产业结构升级将更为困难。

第四，农村环境污染问题十分突出。在快速的经济增长过程中，我国的生态环境遭受了严重破坏，农村在这一过程中也未能幸免。农村生产过度依赖化肥农药，以及加入一些不利于人体健康的各种植物生产激素，导致大量化肥农药及有害物质残留水体和土壤，水体和土壤严重污染，甚至有些有害物质产生气体破坏大气层组织；农膜回收率低，滞留农田的农膜不能有效降解，直接危害农田的土壤结构；秸秆的还田率不高，大量的秸秆焚烧不仅浪费秸秆这一可利用资源，而且造成空气的严重污染；农村生活水平的提高和消费能力的提升，使得各式各样的塑料包装袋和其他一次性生活用品使用过量，洗衣粉、消毒液广泛使用，规模化养殖业的快速扩张，不加任何处理的生活用水和养殖废水流入沟渠、耕地，白色污染不断加剧，农村的空气、耕地和水体污染也日趋严重。农村生态环境的恶化，不仅影响到农民的生活质量，在一定程度上危及农民自身的基本生存，而且也影响到输出农产品的产品质量，危及农产品的质量安全，对农村乃至整个社会都造成不利影响。

由此可见，尽管近年来我国"三农"工作取得了巨大成就，但还存在一系列亟待解决的发展矛盾。这些矛盾不仅削减了中华人民共和国成立以来在"三农"工作方面取得的巨大成就，削弱了农村的自身发展能力，阻碍了农村农业的现代化进程，而且危及我国经济社会的整体稳定，对我国的中长期发展目标的实现产生不利影响。因此，实施乡村振兴战略必然成为当前我国解决"三农"工作矛盾的路径选择，也是全党工作的重中之重。

二、乡村振兴的内涵

"三农"问题关系中国十几亿人口的吃饭问题，关系到国计民生的根本。党和国家历来将"三农"问题看作工作的重中之重。党的十九大报告为我们描绘了中古全面建设社会主义现代化的宏伟蓝图，在分析国内外形势并结合我国发展现实情况的基础上，将2020至21世纪中叶的发展阶段分为两个阶段。乡村振兴战略是中国社会主义现代化建设的必由之路，是实现两个目标的重要渠道。

目前我国已经解决了绝对贫困的问题，要巩固脱贫攻坚的战略成果，就要用乡村振兴来培育农村发展的内生动力。乡村振兴工作涉及范围广、工作难度大，需要广大干部群众再次发扬脱贫攻坚战精神，助力第二个百年奋斗目标。

（一）基于社会主要矛盾变化的乡村振兴内涵剖析

中国共产党是与时俱进的党，是为人民服务的政党，始终能够站在人民的角度考虑问题。在马克思主义与中国实际情况相结合的前提下，党的十九大对我国当前社会矛盾进行了充分总结，提出"我国社会主要矛盾已经转化为人民日益增长的美好生活需要和不平衡不充分的发展之间的矛盾。"[1] 当前，我国发展的不平衡问题主要是农村与城市发展的不平衡，而不充分问题主要是农村发展的不充分。新时代，中国正处于"两个一百年"奋斗目标的交汇期。在这个特殊的时期，党和国家已经带领全国人民全面建成小康社会，实现了改革开放以来"三步走"战略目标的第二步奋斗目标，同时也踏上了社会主义现代化建设的新征程。为了解决当前社会发展的主要矛盾，乡村振兴战略应运而生。

---

[1] 中国共产党第十九次全国代表大会.2017.

首先，乡村振兴战略确立了新时代"三农"发展的基本方向。为了应对新时代的主要矛盾，乡村振兴战略要求坚持农业农村优先发展，将党对农村工作的重视提升到一个新的高度。乡村振兴战略要求建立健全城乡融合发展体制机制和政策体系，这是党的十八大以来，党和国家对"三农"问题工作方向的再次升华。之所以推动农业农村优先发展，主要是因为农村和城市之间发展的不平衡。十八大以来，在党中央的高度重视下，我国城镇化水平显著提高，但不可否认的是，城乡间的差距依然很大，这也是城乡融合发展的重要阻力。和城市相比，无论是从基础设施，还是在公共服务、资金、人才等方面，农村地区还有很大的劣势。乡村振兴确立了城乡融合发展的基本方向，为解决"三农"问题、处理城乡发展的矛盾提出了新的方案。

其次，乡村振兴战略确定了新时代"三农"工作的发展目标。中华人民共和国成立之初，党和国家提出了"四化"建设的构想，其中就包括农业现代化建设。党的十九大重新审视"三农"工作的具体实际提出"加快推进农业农村现代化"，这是对农业现代化的进一步深刻认识。改革开放以来，我国的工业、科学技术和国防建设都取得了举世瞩目的成绩，农业现代化发展的脚步逐年加快，向世界证明了社会主义制度的优越性。但是，与其他三个方面相比，农业发展显得相对落后，农业强国的路还有很长。乡村振兴战略要求加快推进农业农村现代化，是对新时期"三农"工作的更加全面和深入的认识。乡村振兴提出了将我国农村建设为"产业兴旺、生态宜居、乡风文明、治理有效、生活富裕"的新时代农村，这是对农业农村现代化的深刻总结，同时也是农业强国更具体的表达。农业农村现代化的发展之路，顺应中国特色社会主义的发展方向，符合社会主义农业强国的发展规律，为解决农业现代化与工业现代化、科学技术现代化、国防现代化的不平衡矛盾，提供了新的指引。

（二）基于乡村振兴战略时间维度的内涵解析

乡村振兴与脱贫攻坚一脉相承，是党和国家对乡村发展不断深化的过程。乡村振兴是基于我国农村的发展现状提出的一个长期的战略，需要分阶段逐步实施。2018年中共中央、国务院印发了《乡村振兴战略规划（2018—2022年）》，对乡村振兴的目标进行了规划，分别制定了2020年、2035年和2050年的乡村振兴目标。三个时间点的目标层层递进，指引这农村发展的方向，其中，第一个阶段目标是基础，是后续目标的基石。通过乡村战略的目标划分可以看出乡村振兴战略的长期性，同时也体现了乡村振兴与社会主义现代化建设步伐的一致。我国对城乡发展关系的认识，在不同的发展阶段有所不同，分别经历了城乡二元、城乡统筹发展和城乡融合发展。对城乡关系认识的改变体现了党的与时俱新，展现了党对马克思主义的灵活运用。

（三）基于乡村振兴战略空间维度的内涵解析

乡村振兴战略的空间维度可以才从"空间对象"的"空间布局"两个方面考虑。

首先是空间对象。从字面上看，乡村振兴战略要振兴的是乡村而不是农村。乡村与农村虽然只是一字之差，但是乡村却能够更直观地体现战略对象的广泛性。同时，乡村也体现着更为深厚的乡土文化，代表着更深一层的文化意蕴和情感内涵。根据我国现行的行政区划和市镇建制规定，《关于统计上划分城乡的规定（试行）》是将我国的区域空间分为城镇和乡村两部分的。其中，乡村是除城镇以外的区域，从领域上包括集镇和农村。[①] 也就是说，在空间表达上，乡村比农村更加广泛，可以将农村看作乡村的一部分。

其次是空间布局。乡村振兴战略是我国社会主义现代化建设的一部分，涉及农业农村的各个方面。在城乡布局方面，乡村振兴要推动城乡融合发展，着力解决城乡发展的不平衡、不平等问题，将城乡发展差距降到最低。在资源配置上，乡村振兴着力推动生产要素在城乡间的流动，促进城乡间公共服务、基础建设、生态保护等方面的互动。从中国特色社会主义建设的总体布局看，乡村振兴是我国社会主义现代化建设重点由城市向乡村的转移。经过改革开放 40 多年的飞速发展，我国工业化建设飞速前进，城市建设速突飞猛进，乡村建设成为我国现代化建设的薄弱环节。乡村振兴是在保持我国工业、科学技术、国防等现代化建设稳步推进的基础上，将我国社会主义现代化建设的重点转移到乡村，整合城市、乡村的发展资源，抓住全球一体化的发展机遇，使乡村经济更广泛地参与世界经济一体化进程之中。

（四）基于乡村振兴战略整体发展维度的内涵解析

2021 年 7 月 1 日，在庆祝中国共产党建党一百周年大会上，习近平总书记代表党和人民向世界庄严宣告："在中华大地上全面建成了小康社会"。全面建成小康社会，是中国共产党第一个百年奋斗里程的创举，是我国社会主义现代化建设的里程碑。乡村振兴战略是脱贫攻坚的有效衔接，也是对我国全面建成小康社会

---

① 国家统计局、民政部、住房城乡建设部等.关于统计上划分城乡的规定（试行）.2006 年 10 月.http://www.stats.gov.cn/tjsj/tjbz/200610/t20061018_8666.html

的巩固。党的十八大以来,党中央站在历史的新高度提出了"五位一体"的总体布局,从政治、文化、经济、社会、和生态文明五个方面进行了全面布局。乡村振兴与"五位一体"总体布局在逻辑上是一致的。乡村振兴的要求是产业兴旺、生态宜居、乡风文明、治理有效和生活富裕,反映的就是乡村的经济、生态、文化、政治和社会几个方面。乡村振兴的总体战略目标是为了更好地满足人民对美好生活的向往,与中国特色社会主义建设"五位一体"的步伐一致。

2016年3月,十二届全国人大通过了"十三五"规划纲要。《纲要》第一次提出了新发展理念,即"创新、协调、绿色、开放、共享"。2021年3月,"十四五"纲要中同样明确指出要"坚持新发展理念"。乡村振兴与新发展理念同样具有一致性。乡村振兴重视提升农业科技水平,促进农业科技成果转化,注重创新基层管理体制机制,体现了新发展理念的创新。乡村振兴的总体目标是乡村的全面振兴,是乡村各方面的全面发展,体现了新发展理念的协调。乡村振兴注重建设生态宜居的美丽新乡村,推进绿色农业发展,着重改善农村人居环境,体现了新发展理念是绿色的。乡村振兴注重分类推进乡村发展,倡导公共服务共建共享,支持农业科技开放共享,积极推进科技资源共享,体现了新发展理念的开放、共享。

乡村振兴,包含着党和人民对农业农村发展的新的期盼,体现了党对"三农"工作的深深眷顾。"产业兴旺、生态宜居、乡风文明、治理有效、生活富裕"短短的二十个字,深刻凝练了社会主义现代化农村的风貌,是中国社会主义现代化农村建设的新目标。

1. 从"生产发展"到"产业兴旺"

生产力是促进社会发展进步的重要力量。产业兴旺是乡村振兴的基础。乡村振兴首要的是产业振兴,产业发展才能带动其他方面的振兴。产业振兴是乡村持续发展的动力,是农民发展的基石。产业振兴了,农业生产力提高了,农民才能更持久的进行乡村建设。产业振兴需要农民扎扎实实地奋斗,需要农民积极地投身产业建设,以满足日益增长的美好生活需要。当前,我国农业产业结构还存在很多问题,如农产品的阶段性供过于求、供小于求问题,需要逐步改善。

从"生产发展"到"产业兴旺"的转变,是乡村产业发展更深层的要求。在产业发展方面,产业兴旺要求农业产业不再是单纯的生产,而是要注重产业的发展质量,关注产业发展的持久性,可以源源不断地为乡村振兴提供经济上的支持,为社会提供更优质、可靠的安全产品。产业兴旺要求农村一二三产业同步发展、交叉融合,注重产业的整体发展质量,强调产业的全面发展,

产业兴旺在于充分调动乡村产业融合的积极性,形成产业合力,使产业发展

更有活力。为此,在乡村振兴的大环境下,当地应当积极进行乡村产业结构性改革,着力改变传统的产业发展模式,充分挖掘当地一二三资源,打造一批优势产业、特色产业,延长当地产业链,培育产业发展的新动力。同时,产业兴旺要探索当地乡村产业发展的新模式,借助互联网、新媒体等打造乡村产业经营的新业态。另外,产业兴旺要注重产业的多元化发展,打造产业综合体,突出产业发展的绿色性,注重产业的可持续发展。

2. 从"村容整洁"到"生态宜居"

生态宜居是社会主义现代化农村生活的新风向。经过改革开放40多年的发展,人民生活物质水平得到前所未有的改善,综合素质得到显著的提升,对生活环境的要求逐步提高。近些年,随着党中央对农村工作热的重视,社会主义新农生产建设取得了良好的效果,以往农村"脏乱差"的情况得到大幅度改变,但是,由于部分地区过于注重经济发展,忽略了对生态环境的保护,面临着严重的生态问题。因此生态建设也是乡村振兴的重要内容,符合人民美好生活的需要。

从"村容整洁"到"生态宜居"的转变,是中国特色社会主义现代化农村发展思想和发展理念的改变,是新时代广大农民对生活环境的新要求,符合社会发展的规律。

首先,生态宜居将农村地区的生态放在环境的第一位,生态比整洁更能体现居住环境的变化。生态宜居不单单要求将村容变得干净整洁,还要求将乡村打造成一个绿色可持续发展的绿色生态系统,使人能够享受农村的生活环境。

其次,生态宜居强调尊重自然、保护自然、发展自然,重视人与自然和谐相处。为此,乡村振兴要正确认识"绿水青山就是金山银山",处理好产业发展与生态保护的关系,在生态环境可持续发展的前提下进行经济发展,保护群众的生态生活环境。

再次,生态宜居重视乡村生态文明精神建设。中国特色社会主义现代化农村建设是中国社会主义现代化建设的重要组成部分,也是乡村绿色发展的必由之路。乡村要和谐发展、生态发展,必须提高人民群众的生态环境意识,引导人民群众合理利用自然,倡导人民群众保护自然。同时,为创造生态宜居的生活环境,乡村振兴中应当大力发展绿色农业,提高农业科技水平,提高农民群众使用科技产品的能力。

最后,生态宜居更加注重农民的生存质量。乡村振兴要求建设生态宜居的现代化农村,主要是为了让人们更愿意住在农村、享受农村、体验农村,缩小农村与城市居住环境的差距,实现真正的生态和宜居。同时,生态宜居也可以满足城市人群对乡村生活的向往,进而带动乡村第三产业的发展。生态宜居可以赋予乡村更多的文化情感,改变人们对农村传统的刻板印象,也是实现共同富裕的体现。

3. 从"乡风文明"到"乡风文明"

乡风文明在不同时代有不同的体现,体现了新时代中国特色社会主义现代化农村精神文明的与时俱进。乡风文明体现了人民群众整体的文化素养,丰富了乡村文化的内涵,同时也是乡村的软实力。在社会主义新农村建设和乡村振兴的过程中,乡风文明起着重要的文化滋养作用。中华文明源远流长,与农业有着不可分割的关系,而中华传统文化就是从农耕文化而来的,因此,必须重视乡村文明的发展。在经济发展的今天,城镇化速度加快,传统的乡村文化正逐渐走向衰落,乡村文明建设正是为了传承和发展乡村文化,让中华优秀传统乡村文化在新时代依然能够熠熠生辉。

从党的十六届五中全会到党的十九大,党中央始终把乡风文明作为工作的重要内容,将乡风文明贯穿于社会主义新农村建设和乡村振兴,但是,不同时期有其不同的内涵。在社会主义新农村建设阶段,乡风文明注重对传统文化的继承,注重对公共文化基础设施的建设,侧重文化的供给方面,避免文化与经济的发展速度不协调,造成乡村文化的落寞。乡村振兴中的乡风文明更加注重对传统文化的保护和传承,注重传统文化的创造性转化和创新性发展,重视用文化来提升群众的文化自信,同时鼓励发展文化产业,为传统文化赋予新时代的价值,倡导文明良好家风,使人民群众发自内心地对中华优秀传统文化认同。

另外,乡村振兴中的乡风文明还注重对乡村文化的复兴,形成乡村文化符号,发展特色文化产业。乡村文化是中华民族重要的文化遗产,中华五千多年的文明史对乡村文化产生了极大的影响。在我国城镇化进程加快的今天,尤其要重视对乡村文化的保护,使乡村文化能够在新时代焕发新的生机。工业化、城镇化可以看作是现代文明,对传统的乡村文明带来了很大的冲击,这就要求乡村文明要在现代文明发展的过程中进行创造性转化和创新性发展,既能够保持独特的文化魅力,又能够引领现代文明发展的方向。

4. 从"管理民主"到"治理有效"

治理有效是乡村振兴的基础。党和国家指定的政策需要乡村治理来保障实施,这是宏观政策落实到微观层面的表现,充分体现了国家治理。乡村治理可以保障农民们的权益和农村社会的稳定。乡村的管理和服务职能随着乡村社会的转型在逐渐地增强,政治建设和经济建设也随着乡村社会的转型也在稳步提升,但仍然存在着一些不足,举几个例子:党建和基层组织建设稍有不足,乡村治理体系不够完善，乡村治理能力过低等，这也使农民日益增长的社会需要和法治需求无法得到满足，也不能够促进乡村社会结构的转型。

管理注重的是管理人员的主导和被管理人员的服从，而治理则是指所有人都可以参与，强调多元的参与性，这也是乡村治理与乡村管理的不同之处。乡村的治理有效，相比于乡村的管理民主，在方式上更加完善，在内涵上更加丰富，在效果上也有明显的提升。在方式上，从"管理民主"到"治理有效"强调完善治理的结构和体质；在内涵上，从"管理民主"到"治理有效"强调广大乡民的参与，以期实现农村各阶层人民共同治理的转变。这是因为坚持自治、德治、法治相结合是治理有效的中心，乡村的治理有效有利于乡村社会和谐发展。

从中华人民共和国成立以来，通过施行一系列制度来解决"如何治理乡村"的重大问题，这些制度中，村民委员会制度、人民公社制度、基层群众自治制度在当时的社会背景下取得了可观的效果。乡村在不断地发展，乡村人民的价值理念、乡村政治经济的关系也在发生着变迁，伴随着的是乡村中各类矛盾的出现，如利益分配、集体产权所有等问题。此时只依靠管理民主并不能解决这些矛盾。在这种背景下，党和政府提出乡村"治理有效"的目标原则，要求建立自治、德治、法治相结合的治理体系，并提出治理主体和方式的多元化，强调加强治理体系的现代化发展以增强治理效果。从手段的角度上看，自治、德治、法治相结合易于被广大群众接受并认可，而且体现了可持续发展。从制度安排的角度上看，在自治、德治、法治相结合的治理体系中，作为乡村"治理有效"的重要制度基础，自治是乡民们自主参与治理工作的前提和制度安排；德治是较为柔和的一面，属于自治偏向和非正式制度的制度安排，而法治是较为强硬的一面，属于他治偏向和正式制度的制度安排，将德治与法治相结合可以达到刚柔并济的治理效果。

5. 从"生活宽裕"到"生活富裕"

生活富裕是乡村振兴的根本点、出发点和落脚点。随着经济的发展和科技的进步，我国人民的生活水平不断提高，其中农业的发展也在加快，农民的收入不断提升，但是仍然与城镇人口的收入有很大的差距，农民的生活水平仍待提高。

和乡村振兴一样，我国新农村建设时期也是以提高农民的生活水平为出发点和落脚点，不同的是，新农村建设时期提出的"生活宽裕"，指的是使农民的收入持续增加，这个阶段我国经济发展刚有起色，达到总体小康，解决了温饱问题，现阶段的中国的人民生活水平较以往大幅度改善，农民的收入也有了较高的提升，所以，乡村振兴提出了"生活富裕"是乡村发展层次和发展重点的提升。只有做到了生活富裕，才能真正踏上中国特色乡村富裕之路、全面建设小康社会、打好

"精准扶贫"攻坚战。

在乡村发展的层次方面，广大农民的生活水平和收入要有较大幅度的提升，使农民们的生活水平由"宽裕"走向"富裕"；在乡村发展的重点方面，强调国家"三农"政策的最终目的是使农民们生活得更美好、更满足，将生活富裕放在了总要求的重点位置，突出了目标导向。

实现乡村农民们的生活富裕体现在物质生活和精神生活两方面。在物质生活方面，基于乡村现有产业的发展，提升农民收入，消除贫困现象，提升农民生活水平，拉近乡村人口与城镇人口在收入和生活水平上的差距，从而促进乡村物质上的"生活富裕"；在精神生活方面，满足乡村人口的公平、正义等精神方面的需求，促进农民在乡村社会的建设中有更多的获得感，实现乡村社会精神文明的建设，从而促进乡村人口精神上的"生活富裕"。解决乡村人民最关心的现实利益问题是实现生活富裕的着力点，是实现乡村富裕的必由之路。所以可以得出，乡村振兴战略的终极目标是"生活富裕"。

从乡村整体发展维度来审视乡村振兴的内涵，可以得出，"乡村振兴"战略就是与全面建成小康社会和中国特色社会主义发展战略安排相衔接，实现"产业兴旺、生态宜居、乡风文明、治理有效、生活富裕"的目标和要求，让乡村人民的生活得到保障，促进乡村民生的发展，以期达成农业农村现代化的目标。

十九大党章修正案将乡村振兴战略写入党章总纲，协调科教兴国战略、人才强国战略、创新驱动发展战略、区域协调发展战略、可持续发展战略和区域协调发展战略，推动经济社会的全面发展。乡村振兴战略是新时代做好"三农"工作的关键手段，实施乡村振兴战略是实现"两个一百年"奋斗目标和中华民族伟大复兴中国梦的必然要求，同时也是实现全体人民共同富裕的必然选择，具有重大现实意义与深远历史意义。在新时代新农村的建设背景下，乡村振兴战略反映了我国社会主义的鲜明特征，符合了时代的要求，是一项重要的国家战略。

第四节　乡村振兴与乡村教育的内在逻辑

乡村振兴涉及多个方面，包括经济建设、政治建设、文化建设、教育建设、生态建设等内容，是一项非常复杂的工作。而乡村教育是乡村振兴的最根本的任务，也就是通过教育使学生获得知识，使他们能够将知识运用到乡村建设中，成为乡村振兴需要的人才。

人力资本理论认为，依附于人体的体力和智力是构成人力资本的总和，包括了人力资源的数量和质量。人力资本的提升有助于经济的增长与社会的发展。人力资本的核心是人口质量，提高人口质量的关键举措是教育的实施，而乡村振兴战略需要大量的人才，这就需要在乡村地区大力发展教育事业。大力发展乡村教育，为乡村振兴战略提供有力保障，是实现乡村振兴战略的必然选择。可以说，乡村振兴与乡村教育的内在逻辑是乡村振兴需要提升乡村人民的知识储备和生活技能，使人们更好地投入到生产生活中，推动乡村地区经济的发展，而乡村地区人民知识的提升需要教育起到指导作用，通过乡村人力资源的提升来使乡村地区人民的思想观念获得进步、乡村文化得到繁荣。

一、乡村教育是乡村振兴的重要组成部分

进入新时代后，在党和政府的正确领导与人民的不断奋斗下，我国乡村经济社会取得全面发展，基础设施不断完善，乡村人民的生活水平不断提高，乡村社会公共事业也在不断发展。但当前城乡基本公共服务和收入水平差距仍然较大，乡村发展整体水平亟待提升。在当前的社会背景下，党和政府应当坚持优先发展农村和农业，向乡村地区倾斜一部分公共资源，对农村的公共服务和公共设施优先安排，建立健全覆盖乡村全体人民的基本公共服务体系。《中共中央国务院关于实施乡村振兴战略的意见》提出，到 2020 年，"城乡基本公共服务均等化水平进步提高，城乡融合发展体制机制初步建立"；到 2035 年，"城乡基本公共服务均等化基本实现，城乡融合发展体制机制更加完善"。[①]

公共服务是在法定职责范围内，基于公民个人与社会的需求，国家通过介入和资源的投入为公民提供帮助、为其参与社会活动提供保障的行为。公共服务的内容包含公共事业和公共设施的建设，强调政府服务于公民。公共事业包含有科教文卫体多个方面的事业，其中的教育事业的发展有利于国家经济、政治、科技、文化等方面的发展，是公共事业乃至公共服务中的重要存在。教育事业的发展可以增加人力资源的数量和质量，为社会的发展培养人才，促进社会公平和社会阶层的合理流动，使社会全面、稳定地发展。作为公共事业中的重要组成部分，公共教育主要包括普惠性学前教育、义务教育和普通高中教育，公共教育的特性是普惠性、基础性和公共性。在我国的公共教育事业中，不论出生和家庭，每个公民都有受教育的权利和义务，乡村地区的人民也是如此，乡村教育是实现乡村振

---

① 中共中央.国务院.中共中央国务院关于实施乡村振兴战略的意见.2018 年 1 月.

兴战略的必要保障。在国家和社会的发展过程中,教育事业起到非常重要的作用,基于此,党和政府一再指出,农村地区的公共事业和公共设施的发展和建设是十分必要的。在农村公共事业中,教育事业的发展是要摆在首位的,推进乡村教育的现代化是实现教育现代化的基本要求。

现代政府主要职能的转向和公共教育、现代学校的发展促进了教育公共服务的出现和发展。作为在我国建设服务型政府的脚步逐渐加快和社会经济的不断提升的背景下出现的新的命题,教育公共服务一出现就受到社会各界的关注和重视。教育公共服务以公共利益、公共价值为指导,通过公开讨论、公共决策对所面对的问题加以解决,来对学生进行公共德性和公共精神的教育。教育公共服务强调每个人拥有无差别接受教育的机会,每个人拥有可以选择接受什么样教育的自由权。教育是公共服务的关键组成,乡村地区的公共教育可以分为幼儿教育、义务教育、高中教育、职业教育和成人教育五种,表现的主要形式为各级学校和幼儿园。乡村教育体系的发展离不开各部分的组成,其中,乡村义务教育更是重中之重,是促进乡村人口知识增长的关键。作为基本公共教育服务的主要组成部分,乡村义务教育在提高乡村公共服务水平方面尤为重要。为此,国家提出城乡义务教育一体化发展战略,加快发展乡村教育,办好人民满意的教育。

在我国施行改革开放的基本国策后,党和国家在公共服务的建设和推进的过程中,尤为重视教育公平,将城乡义务教育均衡发展作为发展教育的一项重要决策。在党和政府的领导下,我国实行的城乡教育一体化发展和城乡义务教育均衡发展政策促进了乡村地区教学环境、办学条件、人才队伍的提高,缩小了城乡教育之间的差距,一些落后地区和乡村地区的教育有了明显的进步,乡村儿童的教育问题得到了很大程度上的解决。即便如此,乡村的义务教育与城镇的义务教育相比,仍然还有很多的不足和差距,乡村学校的办学条件和师资水平还低于城镇学校,乡村学校的学生不能接受与城镇学生同等质量的教育,进而影响其升学和就业,影响其对现代农业、现代制造业、现代服务业的适应性,影响其收入状况和生活水平。基于这种乡村与城镇的教育发展不均衡的情况,党的十九大报告指出,要促进城乡义务教育一体化的发展,推动教育公平必须重视乡村的义务教育。推动教育公平进行是促进社会公平的重要内容,城乡义务教育一体化发展是以习近平为核心的党中央对我国教育事业的战略部署,有利于满足我国人民日益增长的美好生活需要。推动教育公平可以使乡村的学生受到公平的、有质量的教育,这是办好人民满意的教育的关键。教育作为公共事业重要组成部分应当首要地融入乡村的公共服务体系之中,这是因为教育是乡村振兴战略的重要内容,教育事业融入乡村中有利于促进乡村振兴战略的如期完成。

二、乡村教育助力乡村产业振兴

乡村产业振兴的目的是建立健全绿色环保、安全健康、优质高效的乡村产业体系，其内容包括夯实农业生产能力基础、提高农产品质量安全、加快农业转型升级、强化农业科技支撑、激发乡村创新创业活力、推动乡村产业深度融合、建立现代农业经营体系、完善农业支持保护制度、完善紧密型利益联结机制。乡村产业振兴的目的是推进城乡融合均衡发展，基于此，要以农业供给侧结构性改革、培育乡村发展新动能为主线，促进乡村农业增产、增值和农民增收。

产业振兴是乡村振兴的首要条件，只有发展好乡村产业，才能夯实乡村振兴的基础，真正推进乡村经济社会全面发展。要实现乡村产业振兴，必须从根本上解决乡村经济内生性发展和可持续发展问题，有效激活乡村经济发展的内在活力。产业是经济发展的命脉，只有乡村产业得到高质量发展，乡村经济社会发展才能跃上新的台阶，乡村振兴也才能取得突破。推进乡村振兴战略，首先需要乡村产业结构提档升级，大力发展包括传统农业、特色文化、乡村旅游在内的多类型、多样式乡村产业，延长乡村产业链，提升乡村经济价值链，完善与产业相关的利益链，通过产业发展促进乡村经济社会全面发展。《中共中央国务院关于实施乡村振兴战略的意见》提出，要"加快推进农业农村现代化，走中国特色社会主义乡村振兴道路，让农业成为有奔头的产业，让农民成为有吸引力的职业"。[1] 农业现代化是对传统农业的转覆式变革，是对传统农业进行的机械化、信息化、产业化、科技化改造。在我国传统农业向现代化农业升级的过程中，乡村教育承担着支撑农业现代化建设的时代使命。乡村教育，尤其是乡村职业教育联结着产业需求和劳动力供给，三者相互制约、相辅相成。而劳动力能否满足产业结构的调整升级、适应新业态新技术的要求，取决于乡村教育尤其是乡村职业教育的供给水平和培养机制。同时，教育水平和教育结构决定了劳动力供给的质量和数量，决定了劳动者的素质。在教育体系中，乡村教育尤其是乡村职业教育的社会服务、专业设置与人才培养紧密对接乡村经济社会发展和农业产业结构调整升级的需求，既可为农业产业振兴培养高素质新型职业农民，又可以动态调整乡村人力资源结构，优化一、二、三产业人力资源配置，是促进农业产业结构调整升级、激活乡村经济内生发展动力的重要条件。

乡村教育的发展在促进农业科技水平提升的同时，也可以推广现代农业技术。

---

[1] 中共中央、国务院.中共中央国务院关于实施乡村振兴战略的意见。2018年1月

前文提到，乡村教育不仅仅包含基础教育，也包含了职业教育和成人教育，基础教育中的义务教育和高中教育主要目的是讲授基础知识的教育，而职业教育和成人教育则是针对某一行业或专业，培养相应的人才，来促进乡村农业的发展。通过对乡村职业教育和成人教育的大力推进，一方面，促进乡村中职院校、高职院校和成人学校的发展，使其在农业科技上发挥科研的作用，将科研成果应用到农业生产中，促进农业现代化建设；另一方面，借助学校的示范基地、科研中心等设施对乡村农民进行技术示范和指导，让他们在实践中认识科技带来的好处，推广科研成稿，促进科学技术在农业生产中的普及。

三、乡村教育推动乡村人才振兴

经济社会发展需要人才，人才是一个国家经济社会发展的第一资源。乡村振兴同样离不开人才，没有充足的人才支撑，乡村振兴也只能停留在表面。人才强国是我国的一项重大战略，人才在国家的建设和社会经济的发展中具有十分重要的作用，党和政府在新时代对人才的培养十分看重。有了充足的人才资源和人才储备，才能更好地推进乡村振兴战略的实施。

破解人才瓶颈是实施乡村振兴战略的第一要务，积极开发乡村人力资本，将智力、技术、管理的下乡通道打通，培养更多的本土人才，吸纳更多的社会人才。

乡村人才振兴的第一要务就是要建设"三农"工作队伍和专业人才队伍，挖掘乡村地方人才，培养农业科技人才，培育新型职业农民，完善人才培养机制和激励机制，使他们能在乡村大显身手、大展才华、造福乡村，形成一支懂农业、知农村、爱农民的强大的乡村振兴人才队伍。只有有效运用公共政策、经济待遇、发展机会、社会评价等多种手段，驱使更多人才投入乡村建设的事业中，才能使乡村吸引到人才，留得住人才，才能使农民具有创新意识、集约化管理能力，较好地掌握农机与农艺结合的技能，实现农业生产方式的转变。

现代农业不同于古代的农业，已经有了多种分类，作为一个价值链很长的产业，现代农业需要的人才不仅仅要懂农业、知农村、爱农民，而且要有文化、懂技术、会经营。但是，我国农村尤其是贫困地区、民族地区农村的实用人才数量少，而农村实用人才下细分的农技推广人才更是少之又少，各个产业的人才都比较紧缺。这是由于，一方面，农村孩子们有了学识之后，大多数都会走向大都市，很难留住人才，另一方面，乐于在农村大干一场的年轻人少之又少。针对这种情况，中共中央、国务院印发的《中共中央国务院关于实施乡村振兴战略的意见》明确提出："大力培育新型职业农民，全面建立职业农民制度，实施新型职业农民培育工程。"① 而大力发展乡村教育是培育新型农民的必然选择,其主要作用的就是乡村教育中的职业教育和成人教育,对二者进行改革和创新,有利于促进新型职业农民培育工程的实施。乡村教育中的职业教育与成人教育具有入学门槛低、针对性强、实用性高、见效快等特点,基于此可以对农民进行专业教育和培训,将其培养为适应农业发展、了解农业技术、能够向其他产业转移的高素质劳动力,建立一支懂农业、知农村、爱农民"三农"工作队伍。通过乡村的职业教育和成人教育,对农村人民进行专业、系统的培养,使其不仅具有农业生产方面的现代化的知识,也要具有市场经济知识和经营能力,还要具备绿色生产和环保意识。

另外,可以不断加强乡村青少年的课内课外教育,不断跟进乡村老年人的社区教育,不断培育懂农业、知农村、爱农民的乡村工作者,加速构建起乡村振兴的人才支撑体系。通过乡村教育,尤其是乡村职业教育和成人教育,可以改变农民传统观念,克服小农意识,用先进的思想武装农民头脑,使其在农业生产中能够充分利用现代化思想,运用到农业生产和市场经济之中;职业教育与成人教育可以使科研成果、新的生产方法和工具应用到农业生产中,农民在掌握后,具备经营管理水平和市场竞争意识,改善农业生产条件,改变农业经营方式。

同时,将来要实现我国城镇化 70% 的目标,还需要有 2.5 亿—3 亿名的乡村人口转移到城市。而当前绝大多数乡村进入城市的人口由于受教育水平低,没有经过专门的职业技能训练,主要在劳动密集型产业中谋生,一些脏活累活和城镇人口不愿从事的工作中都能看到他们的影子。对于城市科技含量高、技术密集的产业,农民们则难以胜任。要提高乡村转移人口在城镇化进程中的适应能力,扩大就业范围,增加就业机会,就必须提高乡村劳动力的受教育水平,让他们学习和掌握新知识、新技能。通过乡村教育,尤其是乡村职业教育和成人教育,乡村人口的传统观念得到改变,思想进一步开阔,他们的目光不再局限于自家的"一亩三分地",不再满足于面朝黄土背朝天的小农生活,希望拓展自己的视野和生活劳作空间。乡村劳动力在接受大量教育后,掌握了更多的专业知识和生产技能,就业能力必然进一步提升,他们自身拥有的知识和技能不再仅仅局限于农业生产,而是能够快速适应非农的现代工业生产和城市生活环境,从而为他们在城市中寻找就业机会,从事第二、三产业尤其是现代工业生产奠定了良好的基础。

四、乡村教育助推乡村文化振兴

文化指的是人在社会活动过程中所创造的物质文明和精神文明的总和。文化

---

① 中共中央、国务院.中共中央国务院关于实施乡村振兴战略的意见,2018 年 1 月.

对于促进社会的发展有着十分重要的作用，同样在乡村振兴中，文化的力量也是必不可少的，文化振兴是乡村振兴的重要组成部分。

乡风文明是乡村振兴的保障。乡村文化的振兴就是要对乡村的公共文化和思想道德进行建设，具体途径如下：

（1）改善乡村风貌，建设乡村文明新气象；

（2）改善乡村人民精神面貌；

（3）发掘优秀传统农耕文化，将其融入新时代文化中；

（4）培养乡村文化人才。

通过这些措施，可以促进良好的民风、乡风和家风的形成。需要注意的是，文化中的物质文明和精神文明缺一不可，不能顾此失彼，只有将二者都结合起来，才能真正促进乡村文明的提升。

文化振兴是乡村振兴的灵魂所在，为了使乡村人民过上物质富足和精神满足的生活，乡村文化的振兴必不可少，所以要加强社会主义核心价值观和集体主义、爱国主义教育，树立社会公德和家庭美德，弘扬民族精神和时代精神，这样才能有效提升乡村人民的社会责任意识和建设意识，进而促进乡村文化的振兴、繁荣。

随着经济的发展和现代化的推进，一些人包括一部分乡村地区人民失去了对乡村文化的自信，对祖祖辈辈流传下来的文化不再珍惜和坚守，盲目地跟随在城市建设的身后，使乡村文化开始衰落、乡村人民精神观念失去"根"，他们忽略了乡村的客观实际情况、乡村历史文化和广大农村人民的诉求。乡村文化由于人们对其认知的偏差和乡村人民精神文化的短缺，使乡村文化如无根之木一般，如乡村经济一般同样落后于现代文化。农民们一整年都在忙碌，与其他人交流的时间变少，乡村文化交流也随之变少，相反的，一些不良的现象倒是日益猖獗，如黄、赌、毒屡禁不止，封建活动和不法宗教行为仍在进行和一些偷税漏税现象的出现。所以可见乡村文化振兴的重要性。要实现乡村的文化振兴，一是要做到发展有乡村特色和地方特色的乡村文化；二是要开展内容丰富的乡村文体活动，使农民更多地参与其中；三是要树立具体的榜样，让人物典范引领乡民们的行为；四是要培育良好的民风、乡风和家风；五是要保护好古村落、古建筑等物质文化遗产和乡间习俗、艺术等非物质文化遗产；六是要通过"文化牌匾"和"文化墙"等文化载体来宣传优秀的道德观念和社会主义核心价值观。

尽管乡村文化振兴可以通过保护大量的物质文化遗产和非物质文化遗产，开展丰富多彩的乡村文化活动，但更需要大力发展乡村教育，培育更多从事乡村文化活动的人，创新发展乡村文化。自原始社会以来，教育就自任着文化启蒙、传承、交流与创新的重任。乡村教育既能筛选、整理、传递和保存乡村文化，也能传播和交流乡村文化，还能更新和创造乡村文化，可见乡村教育在乡村振兴中的重要性。依托乡村教育培养出的人才，通过对乡村文化的管理、收集、扬弃等，促进乡村文化的不断发展。乡村的学校不仅是乡民学习的场所，也是乡村文化和精神文明的建设基地，更是乡村文化堡垒。乡村教育作为乡村文化振兴的重要一环，乡村学校可以与农家书屋、社区活动中心等一起共同成为农民文化活动的场所和传播优秀传统文化及新时代文化的前沿阵地。乡村学校在开展常规教学活动的同时，也在积极研究本土文化、开发地方课程资源、推进移风易俗等。通过这些活动的开展，乡村文化得到了传承和发展，乡村文化实现了现代转型和繁荣丰富。乡村教育还积极宣传爱国主义、集体主义、社会主义思想，加强社会主义道德建设，开展"讲文明、树新风"为主题的创建活动，倡导科学、文明、健康的生活方式，破除迷信，移风易俗，满足村民的精神需求，改变乡村人口的精神面貌和行为方式，推动形成与特色社会主义新时代合拍的乡村社会行为习惯、价值观念与理想信念，为乡村振兴提供有力保障。

五、乡村教育助力乡村生态振兴

生态建设是我国现代化的一项重要任务，同时也是人类生存发展的基础。人类社会的全面发展需要良好的生态环境作为保障。生态宜居是乡村振兴的关键，乡村振兴离不开生态振兴，只有乡村生态得到振兴，乡村得到绿色发展，乡村振兴才会有一个有力的支撑点。乡村生态振兴就是在树立和践行绿水青山就是金山银山这一理念的前提下，转变生产生活方式，统筹山水林田湖草系统治理，加强乡村突出环境问题综合整治，建立市场化多元化生态补偿机制，使乡村生活环境整洁优美、生态系统稳定健康、人与自然和谐共生。习近平总书记一再强调，只有强化乡村绿色发展，加强乡村环境问题综合治理，推动乡村生态振兴，将乡村建设成为农民安居乐业的美丽家园，才能最终实现乡村振兴。我们应牢固树立和践行绿水青山就是金山银山的理念，尊重自然、顺应自然和保护自然，加快生产生活方式转变，统筹山水林田湖草系统治理，实现乡村生态振兴，使乡村生活环境整洁优美、生态系统稳定健康、人与自然和谐共生。生态振兴是乡村振兴的基础，只有增强广大村民的环保意识，推进乡村人居环境整治三年行动计划，实施乡村"厕所革命"，完善乡村生活设施，改变过时的生活习惯，形成绿色的生活方式和人居空间，强化乡村环境综合治理和农业资源保护，减少农业生产中化肥、农药等物品的投入，提高农业废弃物的充分利用，形成绿色的生产方式和产业结构，才能建设好生态宜居的美丽乡村。

随着科学技术的进步，许多的技术被应用到农业生产当中，但同时也为乡村的生态带来了一定的危害。首先是农业生产中化肥的普遍使用，这使得土壤的团粒结构遭到了破坏，土壤的肥力降低，同时土壤中的有益生物也会受到影响，甚至导致食品安全问题；其次是农药的大量使用，使土壤中病菌和有害生物的抗药性增强，污染土壤和空气，同样也会危害人类身体健康；然后是乡村的人们有时将一些垃圾堆放在田间地头，这样会造成土壤污染和环境污染；最后是有的乡民将秸秆在田间燃烧，有的将家禽和家畜的粪便随意丢弃，同样也会影响空气、水和土壤的生态环境，而且粪便中的一些细菌也会对人体造成危害。

所有这些现象和行为都破坏了人与自然的和谐共处，违背了可持续发展的自然规律，不符合乡村生态振兴目标。

建设生态宜居美丽乡村除了要加强制度建设、运用法律手段保护环境外，还必须补齐教育短板。乡村教育作为传授知识、培养人才的主阵地，在推进乡村生态振兴进程中有着独特优势。乡村教育可以通过对广大中小学生及村民进行生态现状教育，让他们清醒地认识到我国所面临的严峻的生态环境问题，增强他们的危机意识，唤起他们崇尚自然、热爱生态环境的道德情操，让他们认识到生态文明建设关乎全民族的发展与福祉，使他们清醒地认识到破坏环境给人类造成的严重后果以及保护环境的重要性；通过开设系统化、综合性的生态文明课程和生态文明通识课程，并把生态文明教育具体融入语文、数学、英语、品德、体育、画画等课程中，扎实做到生态文明教育进教材、进课堂、进头脑，将生态文明教育贯穿中学教育的始终，对广大中小学生及村民进行生态科学教育，强化他们对生态基本理论知识和基本技能的学习，以丰富其生态基础知识，增加生态文明相关知识储备，提升生态文明理论素养，使他们可以通过技术来对生态环境进行保护，并把所学到的生态知识和理念外化为具体的生态文明行为，保障其更好地实践环境保护行为，提升保护环境的个人责任；通过引导广大中小学生及村民学习《中华人民共和国森林法》《中华人民共和国水土保持法》《中华人民共和国海洋环境保护法》等相关法律法规，对他们进行生态文明法制教育，以强化他们的生态法律意识，促使他们在日常生产生活中养成依法环保的行为习惯，并在现实生活中遇到危害环境的行为时自觉运用法律武器维护自己和公共的利益；通过对广大中小学生及村民进行生态文明观教育，将绿色理念融入整个教育教学活动之中，将"美丽中国""构建人类命运共同体"等重要论述作为重点授课内容列入教学环节中，确保他们对"人与自然和谐共生""人类命运共同体"有深入性的认识，逐步引导他们树立人与自然和谐共生的发展理念。

六、乡村教育助力乡村组织振兴

乡村组织是乡村发展的基本单元和基石,是促进农民增收和乡村振兴的坚强堡垒。实施乡村振兴战略,必须推进乡村组织振兴。乡村组织振兴就是要打造服务型政府,建设村民自治组织,壮大乡村集体经济组织,构建新时代乡村治理体系,建设一批优秀的农村基层党组织,培养一批优秀的农村基层党组织书记和党员,推动乡村振兴。习近平总书记指出:"要推动乡村组织振兴,打造千千万万个坚强的农村基层党组织,培养千千万万名优秀的农村基层党组织书记,深化村民自治实践,发展农民合作经济组织,建立健全党委领导、政府负责、社会协同、公众参与、法治保障的现代乡村社会治理体制,确保乡村社会充满活力、安定有序。"[①]

组织振兴是乡村振兴的保证,没有组织的振兴,乡村发展缺乏引领和保障,乡村振兴也就难以实现。要推进乡村组织振兴,就必须加强农村基层党组织建设,建立健全组织制度,完善和优化组织结构,提升组织能力,积极发挥组织引领保障作用;必须大力培养一批优秀的农村基层党组织书记,建设好党员队伍,增强党员意识,发挥党员的凝心聚力、示范带头作用。只有这样,才能保障乡村振兴健康有序推进。当前,乡村组织目前存在着诸多的问题,首先,在管理中采用的是"干部指挥,群众出力"的方式,这就导致了干部与群众之间的矛盾频发,甚至出现乡村组织成员在工作时互相推诿,不愿毫无保留地去工作;其次是乡村的条件一般较差,而且工作强度大,使一些全能型的人才不愿意到乡村组织工作;然后是乡村组织中的某些基层干部不求上进,安于现状,在工作上不敢面对困难,只图自己的稳定;最后是乡村组织中的一些年轻人受到当前社会一些不良思潮的影响,只想着发展经济,不愿意向党组织靠拢,这就使得乡村组织队伍老龄化严重,组织后继无人。

乡村组织振兴是一项复杂的系统工程,影响因素较多,涉及面较广,既要深化农村过硬党支部建设,推动乡村各类组织健康发展,优化提升村党组织带头人队伍整体水平,培育乡村组织振兴骨干力量,又要加强制度建设,健全党组织领导的村级工作运行机制,建立乡村组织和基层干部激励关爱机制,完善村级财务管理制度,强化乡村组织规范有序运行,还要大力发展基础教育,加强成人教育、

---

① 习近平.以强有力的政治引领推进乡村振兴.光明日报.2018年10月.

社区教育工作。借助乡村教育，整合中小学校、县乡党校、农民学校、职业中学等教育资源，积极对后备干部进行教育培养，加强基层党组织带头人队伍建设，大力培养一批能带富、善治理的村级组织带头人；对聘用的党务工作者进行专业学习教育和培训，积极培育"三农"管理工作队伍，不断提高队伍整体素质，打造一支经得起事业考验、能得到老百姓信赖、让组织放心的乡村干部队伍；大力进行普法活动，增强包括中小学生在内的乡村人口的法律观念，激发公民法制意识，提高全体村民的法律素养，推进基层依法治理，形成"党建引领、法治为基、自治为本、德治为先"的现代乡村治理格局。

第二章 乡村教育的价值取向与发展启示

乡村教育对促进我国教育均衡发展有着重要作用，本章主要内容乡村教育的价值取向与发展启示，分别介绍了乡村教育的价值取向和乡村教育的发展启示。

第一节 乡村教育的价值取向

由于城乡之间发展的不平衡，我国开始实施乡村振兴战略。为了实现城乡一体化的发展、美丽农村和社会主义新农村的实现，党和政府颁布多项政策来解决"三农"问题，为努力实现农业现代化而奋斗。在乡村振兴战略实施的过程中，出现了诸多问题，如乡村经济边缘化、乡村社会空心化、乡村教育荒芜化和乡村文化城市化等现象，这些都不利于乡村的健康发展，同时不利于统筹城乡一体化工作的进行。通过乡村教育的有效展开，可以缓解和解决这些问题，这是因为乡村教育在乡村社会发展中有着无与伦比的凝聚力。但是在实际中，由于处于社会发展转型期，乡村教育在乡村文明和城市文明之间出现了错位的问题，导致乡村文化出现了断裂，从而使乡村社会的发展受到阻碍，这就是乡村教育价值的有关问题。只有厘清教育价值、教育价值观和价值取向、乡村教育价值，才能促进乡村教育稳步地前进，保障乡村振兴战略的有效实施。

一、乡村教育价值取向概述

只有理解了乡村教育价值取向所包含要素的概念和含义，才能准确地指出乡村教育价值的取向，使乡村振兴战略更好地实施。

（一）教育价值

在不同的研究领域，价值有着不同的内涵。对于从事商业往来的人们来说价值是他们买卖商品的价格，对于在政治方面有一定理解的人来说更倾向于价值就是人们劳动的产物。当然，这两种理解对于价值来说在哲学角度都是有一定的关联的，但毕竟彼此的角度不同，内涵与外延都是不同的。马克思在《资本论》等经典著作中，创造性地运用了从具体到抽象、从个别到一般，再从抽象到具体、一般到个别的唯物辩证的思维方法，也就是历史的与逻辑的相结合的科学思维方法，从政治经济学的观点讲价值，指出劳动的过程是为了人的需要而利用使用自然物进行的活动，即为创造和使用价值的过程。价值问题在所有领域都是基本的研究对象，将各自特定的学科和在各自特定领域的"价值"进行总结，提炼出共同的基本含义：即价值是指客体的属性与功能满足主体需要的状态和程度，它是主客体关系的一种结果，一种现实效应。价值实质是客体的属性和功能能够满足主体需求所产生的效应。正确理解价值、主体、客体及其相互作用之间的关系，是把握价值本质的关键。价值不是实体类别，它不代表主体和客体对象之外的第三个实体。价值并不是属性范畴内的，而是一个关系范畴，是主客体之间特定关系的统一状态，二者缺一都不能构成价值。价值的主体是对象性行为中的人，客体是对象性行为中的对象，主客体相互作用的过程中一般有两个，分别是主体客体化和客体主体化，前者指的是客体作用在主体的影响，后者是主体对客体的作用，后者"客体主体化"就是价值的本质。

主体根据个人的判断标准对客体进行实践和改造，使客体出现主体的特征，具有主体的本质，来实现主体的发展，这叫作客体主体化。客体主体化具有三个显著的主题特征，分别是为我性、需要性和效益性。首先是为我性，按照人的标准和尺度接触时，物才能与人采用相同的方式来与其他的物接触，发生关系。这说明主体与客体在建立联系时，主体对客体进行符合自己标准的改造，从而让客体成为"为我"变化的客体。但是并不是主体必须要在客体的内在标准和尺度下建立联系，为我性并不是没有约束的。只有人才能作为主体，因为动物不能按照它所属之外的类别的尺度和标准进行接触和改造，但是人却可以按照不同类别的尺度对物进行实践和改造，而且这种改造拥有一定的规范性，并不是随意的。只有作为客体的人才能将客体的尺度、标准与主体的尺度、标准有机统一起来，这样才能在符合规律的情况下对课题进行实践和改造。其次是需要性，客体主体化中的"需要"促使主体对客体在符合规律性的前提下发生作用，同时主体对客体的"人化"也用来满足人的"需要"。需要表现为主体人在发展中外部环境和内部因素的依赖性，是从主体自身与外部密切相关的联系中产生的。而目的体现的是主体的需要与客体的特性之间的关系。需求的现实化和具体化就是目的，目的可以有效地推动客体主体化的进程，促进主体施加在客体上作用的发挥。最后是效益性，当主题的目的实现后，需求也就得到了满足，此时客体主体化的进程基本完成，主体作用在客体上的影响又会反作用到主体上，实现价值，体现了效益性。所以可以看出，价值就是客体的存在、属性和合乎规律的变化与主体尺度相一致、相符合或相接近的性质和程度。

对于教育价值，马克思主义强调将客体属性说和主体需要说有机联系并统一，在主客体关系之中理解价值，可以分为两个方面，一是价值是一种主客体关系，价值是主体与客体之间的一种特定的关系，与主体和客体双方都密切相关，价值是主体由于某种需求而对客体产生的一种反应，同时价值指的也是客体对主题的效益。二是价值这个主客体关系并不处在一个平衡的状态，在其中价值占据着主导地位。在主客体关系中，应该着重从主题的方面来作为价值问题的突破点，主体的需要是价值的重要内容，相对于客体，主体的需要更是应该被关注的方面。通过对价值的研究，类比到教育中，教育价值可以指教育的一系列活动满足教育主体，也就是学生的需要，同时，教育价值也可以指教育本身作为一种客体满足社会中的主体的需要。所以，价值学说对于教育而言是十分重要的，他强调主客体之间主体的地位。基于对价值的研究和认识，教育价值同样也是一种关系范畴。

将对价值的主客体关系迁移到教育价值当中后，再理解价值中的主客体关系。作为一种关系范畴，在教育价值中，主体不仅是受到教育的学生与教授知识的老师，还包括其他与教育活动相关的人和社会关系，而客体则是教育活动，通过教育活动来满足教育主体的需要。基于客体主体化，教育价值的实际过程为：与教育相关的主体从行为、观念和活动方面出发，根据自身的标准和需要等来对教育活动进行影响，通过对教育活动的改革让其体现教育主体的本质和特征等，然后促进主体与客体的协同发展。与价值相似，为我性、需要性、效益性也是教育价值的特征。在教育价值中，为我性指的是作为客体的教育活动需要按照主体的要求、发展规律、认知过程来进行发展，但是，基于自身的内在标准和尺度构成教育活动的客观规定性。与价值的为我性相比，教育价值的为我性更强，其对教育活动这个客体的改造和实践活动更为突出。教育价值的需要性指的是主体为了实现个人的发展，通过教育活动来满足主体的需求，使主体可以在教学活动中得到知识的满足，使主体在教育活动中得到满足，进而在社会活动中奉献力量。教育活动为社会培养更多的人才，让主体成为对社会有用的人，实现人类社会的美好发展，满足个人与社会的统一、协调发展的需求。教育价值当中效益性指的是教育活动实现教书育人的目的，满足个人与社会的发展，具体来说就是根据个人的知识、技能需求和社会的人才需求，通过教育活动为社会培养需要的人才，人才们可以通过实现自身价值来满足个人需求和社会需求，教育价值中的主体对教育活动的效益性就在其中展现。

（二）教育价值观

主体的特点影响价值特点的形成，而且价值主要体现的是主体的规定性和主体的标准，而且价值的本质是客体主体化，这就使其在认识上变现为价值观。所谓价值观，本质上是一种"观念"，是人们认识世界的相对稳定的判断标准和思维模式，是意识作用于存在的具体表现。正是因为人类社会对一个事物没有绝对正确的判断标准，才有了"观"。"观"是主体思维的产物，脱离了主体讨论"观"是无本之木。特定的"观"是特定的主体对事物相对稳定的、自认为正确的判断标准。主体们根据不同的需求和不同的环境来对客体进行一定标准的判断。人们对善的肯定，对美的选择，对一事物的向往和追求等，都可看作是价值观的外显。价值观不同于价值，与价值相比其至少在两个方面呈现出不同的特征。一是价值观具有高度的主体性。二是价值观具有历史性与相对稳定性。不同的主体对于同一客体所表现的价值观是不同的，在某一价值中，主体可以是某一个人，可以是某个社会群体、某一社会阶层、同样也可以是全体人类，这些主体根据自身的需要不同对统一客体所表现出的价值观不同。而同一主体的不同方面对同一客体的价值观也是不同的。主体一般存在很多方面的需求，而一个特定的客体往往只能满足主体的某一方面的需求，不能将其多方面的需求全部满足。主体价值观的立体性体现在主体的不同需求和主体需求的不同方面。这里还需要提到一点，在不同时间，同一主体对不同客体表现的价值观也不相同，这是因为主体是在不断发展的，其需求也会随着时间的变化而变化，一是在某一方面的需求可能不变，但紧迫程度可能会改变，二是需求可能存在着不同方面的变化，所以同一主体对同一客体的价值观也会发生变化。由以上的分析可以看出，价值观因为主体的变化和需求的不同而呈现出多元性、动态性和丰富性的特点。

由于教育活动是人们创造的活动，其目的是为了满足受教育者的成长，而且教育活动中参与者众多，包括但不限于学生、教师、家长、校长等，他们都具有突出的主体性和能动性，这就使得教育活动比其他实践活动具有更多的主体性，在教育价值方面展现的是复杂的主体性。同样的，我们将价值观的知识迁移到教育价值观中，可以发现教育活动中的主体有学生、教师、管理者、家长、学校、社会、国家等方面，这些主体对于教育活动有着不同的需求和目的，基于需求和目的的不同，这些主体对于教育活动的判断和标准就会发生变化，这就导致了这些主题对于教育活动所表现出的价值观是不同的。与此同时，同一主体的不同方面对同一客体的价值观也是不同的，这在教育价值观上也同样适用，这也是教育主体价值观的立体性体现，举个例子，在教育价值中，通过教育活动能满足社会这个主体的不同方面的需求，如经济生产方面、政治建设方面、文化传播方面、意识建立方面等，社会这个主体的不同方面通过教育活动，其满足的程度也是不同的，导致各个方面对教育活动的判断不同，也就使教育价值观不同，从而形成立体性的教育价值观。另外注意的是，不同时间的教育价值观念也不尽相同，对于个人这个主体来说，在幼儿、儿童、青少年和成人时期对于教育活动的价值观是不同的，比如在义务教育阶段教育价值是为了积累知识和技能，在成人后是为了辅助工作，不同的是成人阶段即使不需要系统的教育活动也可以正常地生存下去，这就说明成人的教育价值观是可以被替代的。

（三）教育价值取向

价值取向是价值的下位概念，是价值哲学的一项重要范畴。基于主体的价值观，在面对问题和处理问题时，主体的价值态度、立场和观念的倾向性就是价值取向。价值观是主体价值取向的基础，而价值取向则是主体价值观的直观体现。主体在面对自身不同的需求而产生矛盾和问题时，由于自身特有价值观的影响而展现出来的自己的态度、行为和立场等。价值取向受到社会文化的影响并倾向于社会文化，对主体的行为具有一定的导向作用。价值取向具有一定的定向功能，举几个例子，如唤起态度、评价事物、指导行为等，因为主体认可的某些具有主导地位的价值观念指引其思想和行为，甚至主体将某一文化的主导观念纳为自身的价值取向、人格等，这些都影响主体在价值方面的判断和标准。另外需要注意的是价值取向不同于价值意向，因为价值取向更加明确，它是指导主体付诸实践，而不是仅仅停留在理论方面。主体的价值选择取决于价值取向，价值取向体现在价值选择上，价值选择是价值取向的外在表现。主体自身、价值主客体关系等受到价值选择的作用。

主体性、制约性、先在性、稳定性等是价值取向的主要特征。首先来看主体性，价值主体的观念在价值取向中发挥着最主要的作用，主体预设的行动目标和方向也是价值取向的组成要素。价值取向主体性主要指主体对客体的认识，对客体记忆自身利益进行是否具有价值、具有哪方面价值、具有多大价值的判断，这是主体价值取向产生的核心点，只有主体价值观念生成并稳定以后才可能有针对性的为客体设置目标，并采取相应的行动。价值取向的主体性也决定了主体的价值偏好等。举个例子，在外界影响下进行的强制性的价值选择中，价值取向的主体性会使价值主体控制价值选择的方式。价值取向的制约性指的是主体的价值取向并不是无所拘束的。由于人们并不是随心所欲地对历史进行创造的，他们创造的历史都是继承了前人的成果，在一定的背景下进行的，还有主体的价值取向不仅仅受到自身因素和外界条件的影响，也会与其他主体发生冲突，这种情况下主体的价值取向在满足自身需求的基础上同其他主体协调。这些都说明了价值取向收到其他因素的制约。价值取向的先在性指的是主体的价值取向在形成后会与主体融合为一体，一直影响着主体的行为和思想，从而做出符合自身需求的价值取向和价值选择。作为主体价值的检察官，价值取向具有一定的强制性和支配性。价值取向的稳定性表现为主体价值观念的连续性和一致性，而且会保持相当一段时间，这是因为价值取向的稳定性是主体在长期的活动和实践中所形成的特性，不是一蹴而就的，具有一定的惯性。

价值取向决定价值选择，基于此将教育价值取向定义为根据主体的教育价值观，主体在教育活动中由自身的需求对教育活动选择时表现出的一种立场、观念和态度。这种观点值得肯定的一点是明确了教育价值选择是教育价值取向的核心，不足之处包含方面，一是这种观点认为的功能通常只是客体外在，不能明确表现事物的本质，二是教育价值取向在某种意义上更是观念和认识层面问题的体现。所以要重新对教育价值取向进行界定，首先要把握主客体关系、主体需求和客体属性等内容，再根据教育价值与教育价值观、价值取向来构建教育价值取向的定义，最后对定义进行一些微调，从而形成完整的教育价值取向的定义。教育价值取向是基于教育活动这一课题的客观属性而实现的。所以，我们在这里将教育价值取向定义为在教育活动中，主体根据自己的教育价值观，在处理教育活动中的冲突和矛盾时所持的态度、立场等。相同的主体在不同时期的需求、不同方面产生的需求和不同主体产生的需求都是教育活动中的冲突和矛盾。价值选择是价值取向的具体表现，而教育价值选择是教育价值取向的具体体现，教育价值取向的核心功能决定了教育价值如何选择。所以，与教育活动有关的不同主体，从自身的需求出发，在所处时代背景、社会环境和自身条件的教育活动中形成的主导教育价值观。

主体性、制约性、先在性、稳定性不仅是价值取向的特征，也是教育价值取向的特征。教育价值取向的主体性主要指的是主体具有很大的自主性、自觉性、自由度等。教育价值取向制约性的意思是教育价值取向受到多方面因素的限制，不是无拘无束的。教育价值取向的先在性指的是主体的价值取向一旦稳定下来，将保持一定的惯性，会指导人的行为和思想，对主体的实践活动有一定的支配性。教育价值取向的稳定性与价值取向的稳定性相同，都是经过相当长的一段时间的实践形成的，主体的教育价值取向确立后，将很难更改，会对主体有延续性的影响。教育价值取向并非不可改变的，举个例子，在一些特殊的情况下，主体的教育价值观经过较为波折的矛盾后，如果对教育的认知产生了比较大的落差，那么就会促使教育价值取向发生本质上的变化。通常情况下，主体的教育价值取向发生本质变化的过程是艰苦且难熬的。

教育价值与价值相同，都可以看作主体客体化的过程，在教育中的主客体与实践关系的基础上，教育价值的主体从自己的需求出发，展现出其主体性，使教育活动满足其需求。主体的教育价值观在参与长期的教育活动中形成自身的教育价值取向。

（四）乡村教育价值取向

在行政区域划分时，乡村这个概念是相对于城镇而言。乡村指的是分散的村落，人口一般比较稀少，以农业为主要产业，乡村地区包含多样的村民居住场所。乡村教育指的是与乡村村民有关的教育，主要包括乡村学前教育、乡村义务教育、乡村职业教育、乡村成人教育等，乡村教育的核心和侧重点是乡村学校教育。乡村教育价值指的是与乡村教育有关的主体从行为、观念和活动方面出发，根据自身的需要来对乡村教育活动进行影响，通过对乡村教育活动的实践让其体现乡村教育主体的本质和特征等，然后促进主体与客体的协同发展，这个过程主要体现了客体主体化。同样的，乡村教育价值的主体性也是多种多样的，可以是乡村的学生、教师、家长，也可以是乡村社会和国家等，根据不同主题的需求的不同，他们对乡村教育价值有不同的认识，需要乡村教育活动满足其不同的要求，从而造成了多种多样的乡村教育价值观的不同。乡村教育价值取向指的是在乡村教育活动中，主体根据自己的教育价值观，在处理教育活动中的冲突和矛盾时所持有的态度、立场等。在乡村教育活动中的冲突和矛盾是根据主体在不同时期的需求、不同方面产生的需求和不同主体产生的需求产生的。乡村教育价值的选择是乡村教育价值取的外在表现，乡村教育价值取向是乡村教育价值选择的本质，乡村教育价值选择引领着乡村教育活动中主题的行为和认知。主体性、制约性、先在性、稳定性同样也是乡村教育价值取向的特征，乡村教育价值取向的这些特征具体表现为个案化和典型性，举个例子，我国历史绵延数千年而不间断，就是因为乡村在我国古代社会中发挥着的重要作用，乡村作为基本社会的组成单元，在乡村文化、文明的继承和发扬方面,其教育价值取向表现得十分稳定。

(五)乡村教育价值取向的时代境遇

想要对乡村教育价值取向进行分析,必须先要弄清当前宣传教育发展的社会条件和时代背景。首先,教育价值取向会反映社会发展阶段和历史的特征,乡村教育价值取向也不外如是,其原因就是乡村教育价值取向是被大多数社会成员所认可的。其次,乡村教育需要在乡村教育价值取向的引领下进行发展。这两点可以有效地对"为什么乡村教育价值取向会是这样"进行有力的回答,同样也可以对乡村教育价值取向的真正发展方向进行了解和研究。当前经济全球化的角度在不断发展,国内的社会经济和乡村人民的生活水平在不断提高,乡村教育价值取向面临着国家现代化、新型城镇化、人的生存与发展等现实需求,需要关照这些重大的现实问题,为了这些方面的可持续发展而引领乡村教育持续、健康地发展。

近代以来,由于清政府的腐败无能,中国饱受列强的侵略和欺辱,在这种背景下,有识之士便开始了探索解救中国道路,其中的经济发展便是其中的重要内容。自鸦片战争之后,现代化就成为我国的历史主题,而实现现代化,教育必不可少,可以为现代化提供强大的力量。为了实现现代化,在清朝末期开始发展工业,"洋务运动"就是其代表。在经历了两次鸦片战争的失败和国内太平天国运动之后,清政府的一些先进人士意识到了西方的先进,便开始学习西方的工业技术,以期实现"自强""求富"。进入二十世纪之后,除了推动以工业化与城市化为核心的现代化,面对中国广大的乡村社会,按照现代化的要求改造乡村就成为现代化的一个重要组成部分。在新的社会背景下,乡村社会需要乡村教育价值取向甚至教育价值取向为之服务,晏阳初和梁漱溟所倡导的平民教育运动和乡村建设运动就是代表性的做法。中华人民共和国成立以后,以经济现代化为核心的四个现代化,要求教育价值取向主要推动经济建设,在以工业建设和城市建设优先发展的需求之下,乡村教育价值取向是在服务于农业现代化的基础上,优先服务于工业现代化和城市建设,向城市输送人才。改革开放以后,逐步形成经济建设、政治建设、文化建设、社会建设和生态文明建设"五位一体"的现代化总体布局,这种全方位的现代化使得乡村教育价值取向是通过促进城市与乡村协同发展而培育社会主义现代化建设需要的建设者与接班人。进入21世纪之后,在第一个现代化尚未完全实现,第二个现代化将要到来的背景下,由工业经济走向知识经济,也就是由工业时代走向知识时代处于两次现代化发展叠加的关键转型期,乡村教育价值取向就需要引导乡村教育有效地服务于这两种现代化。综上所述,现代化是中华民族孜孜以求的伟大理想，而乡村教育必须对保持了几千年的乡村社会进行改造，对工业化、城市化等的诉求进行满足，在新的发展时期满足农业现代化，这样才可以实现中国现代社会化的理想。

在长期的先城市后农村、先工后农和重工轻农的经济社会发展过程，农村成为工业发展的原料提供基地和为城市发展输送劳动力、市民和人才的大后方，使得城市与农村在经济社会发展水平上差距非常大，尤其是主要处于农村边缘地带的乡村，这种差距就更加明显。在城乡各方面的差距都很大的情况下，党和政府针对性地提出了社会主义新农村建设、城乡一体化、新型城镇化等发展方略，出台了一系列的政策，以期在新时代通过城市对乡村的反作用，促进乡村地区的储蓄发展，以实现城乡差距的缩小。在国家的政策下，乡村教育价值取向需要由服务于城市向服务于乡村转变，需要发挥乡村社会中乡村教育的更多作用。

以人为本的观念自古以来在我国就深入人心，在现代社会更是如此，随着社会的发展，以人为本的观念被放在更加重要的位置上，甚至已经走向了社会发展的核心地位。从某种角度上来说，在改革开放的过程和现代化的发展过程中除了使物质生活和物质文明更加先进之外，也使人类的精神文明和文化越来越繁荣，实质上人的解放程度越来越大。同时，这样的变化也发生在教育的领域，在国家改革开放政策实施以来，20世纪80年代时我国主要以经济建设为基础，到了90年代，微观教育领域中对人作为主体的发现，在21世纪后，确立对教育公平的追求和关怀生命的教育价值取向，都是教育领域以人为本理念的体现。在这样的教育发展趋势和社会发展诉求的引领下，乡村教育价值取向需要赋予乡村人民乡土气息，重新服务于乡土，增加乡村人民对乡村的认同感，让广大乡民投身到乡村建设中去。

只有厘清乡村教育价值取向中的主体与客体，才能理解乡村教育价值取向中客体主体化特定的规定性。乡村教育价值取向中的主体可以是学生、教师、管理者、家长、学校、社会和国家等，我们从微观到宏观可以将其分为三类，首先是受教育者，指的是在教育活动中的学习者，学习者不仅是学生，只要是在乡村教育中受到教育的就是学习者，其次是乡村社会，乡村社会指的是乡村教育活动中的最直接、最现实的环境，最后是国家主体，包含有教师、学校、教育管理部门和民族等。教育活动的目的是为了培养人才来推进社会个人化和个人社会化，教育活动的本质是培养国家各行各业所需要的人才的活动。所以，从国家、乡村社会、受教育者三个层面，个体发展和社会进步相统一的视角，基于现实的时代境遇系统地分析乡村教育价值取向。

二、乡村教育国家价值取向

"少年强则国强"这句话从来不是一个空口号,一个国家的发展需要国家的年轻人去推动,而对于年轻人的教育,影响着这个国家的方方面面,从经济、政治、文化等众多方面来说,都是至关重要的。而教育的地区性平衡,也是十分值得关注的问题,要保证地区教育平衡,才能保证教育的长远性,乡村教育是现如今教育问题的重中之重,现代化、新型城镇化、国家安全等方面是我国对于乡村教育的重点关注问题。

(一)乡村教育的人化现代化价值取向

第一次的现代化的进程,大家的口号都是工业化、城市化、现代化。为了完成这三个目标,大家的努力目标都放在了物质方面,而教育的着重点也一样,教育人才的目标更加偏向物质化,为社会培养出更高工作效率的工作者、性价比更高的劳动力,通过这样的方法,使得社会的生产效率更高,可持续发展更加稳定。教育对于政治也有属于自己的影响力。我们国家是一个民主的社会,每一个人都具备政治参与的权利,教育对于政治来说,目的是培养人们的政治意识,使受教育者在社会上向上流动,根据物质财富的多少,来判定社会地位的高低。教育影响最大的还是在科技方面,科技发展的基础是知识,但是不仅仅需要基础知识,还需要在某一个方面深入研究,研究的都是这个行业最先进的知识,这样的研究就更依赖教育,高等教育培养科研人才,使得科技得到创新,这才是教育对于科技的影响。乡村教育相较于城市教育来说,一直处于一个劣势的地位,在教育当中,乡村教育的水平就相当于是"木桶最低的一块板",只有乡村教育的大幅度提升,才能让整个教育行业大提升,乡村教育的经济、硬件设施方面资源相对落后,乡村在整个社会地位也不高,这就导致村民对于教育的态度是希望教育能够改变贫困局面,这种情况会导致乡村教育物质化的程度更严重,乡村教育的物质化显然不是教育现代化的本质,实现人化的教育现代化,才是乡村教育的本质。在一定程度上来说,乡村社会教育是和乡村社会物质化相悖的,因为教育是一个培养过程,而培养是需要投入物质的,这与社会物质化需要得到物质利益是刚好相反的。所以现如今,迫切需要物化的乡村教育现代化发生转向,实现人化的乡村教育现代化。

在农村人口大量涌入城市,农村学校被陆续关闭的现实情况下,乡村教育价值的现代化取向出现消极趋向,许多人认为改造乡村教育没有必要,甚至有人认为可以用城市教育代替农村教育,就像是物种进化一般,优胜劣汰,在教育界,乡村教育这种落后分子就应该承受被淘汰的命运。这种说法就能大大简化乡村教育价值问题，既然是应该被淘汰的部分，自然也就没有讨论价值的必要。但农村社会是不能真正消亡的。现实是，乡村社会在逆向城市潮流、新型工业革命、中华文化传承等方面表现出了特有的生机。根据国际经验，"逆向城市潮流"在许多发达国家出现，人口流动方向由人口密集的城市向人口稀少、环境清新的农村。新型工业革命指依靠发掘乡村资源、依托绿色能源、构建生态文明的现代工业生产方式，而不同于之前的依靠生产要素集聚、以环境污染为代价的传统工业生产方式。新型工业化、新型生态农业、旅游观光农业以及现代农村社区服务业的崛起，将引导人口向乡村的回流。原来中国社会是以农村为基础，以农村为主体的。一切文化都起源于农村，为农村而建立法制、奴役、工商业等。农村社会基础上建立的中国社会中，农村文明是中华传统文化的重要体现，作为城市文化，割断文化源头的农村文化是不可取的，以现代化的精神，改造农村文化的现代化，农村文化的建设应和农村文明相对应。现代化进程中，乡村社会的特点和趋势需要农村教育来延续，农村教育一旦消失，村民就难以接受现代化发展的要求，不能真正符合农村融入城市的要求，在整体社会当中的地位就难以上升，农村文明的传承就无法很好地被保留。因此，要防止农村教育现代化的消极取向，带入正确的价值取向，才能跟上时代发展的步伐，尤其要着眼于农村教育现代化的人性化。

（二）乡村教育的新型城镇化价值取向

城镇化以土地资源置换、大规模造城、农村人口简单聚集于城市或城镇等为特征，城镇化是我国现代化发展的必经之路，与此同时，它也是我国现代化进程的重要标志。因为社会的发展，乡村的居民就会来到大城市发展，也就会造成城镇化的出现。而城镇化的出现，也导致了教育资源的流动，原来乡村的教育资源会流向城镇或城市，而社会的发展更让人们认识到了教育的重要性，人们对于下一代的教育投资逐渐增高，促进了城镇和城市的办校热情，大量学校建起，教育资源也就跟着靠拢。在这样的背景下，城镇和城市的择校情况也就变得越来越严重，家长总是追求更好的教育资源，就无形中提高了校际的竞争，学校为了得到更好的生源，做出更漂亮的成绩，就更加努力地寻找好老师，教育资源被抢夺，乡村教育资源就更加单薄。

新型城镇化的特点有很多，有人认为新型城镇化还是和原来的城镇化一样，把经济发展看作最重要的目标，但是实际上，新型城镇化除了以经济发展为中心之外，还包括了生态化发展、文化治理等多方面的要素。过去的城镇化发展，与其说是发展，不如说是一味地扩建，只贪图地方的扩大，经济数字的攀升。而新型城镇化却不仅仅是盲目的扩大规模，而是在意城镇化质量，老百姓的居住幸福感是主要考虑的条件。在之前的城镇化过程当中，大多都是以工业化产业为主，是以牺牲生态环境为条件的经济发展。但是在新型城镇化当中，更多的是发展文化旅游产业、轻加工产业等。可见，新型城镇化相对于原先的城镇化发展有了很大的改进，通过资源相对集约和有机组合，提高城乡内容，实现了城镇化的高效可持续发展，也保护了周边的生态环境，为子孙后代留下一个更好的未来。为了实现新型城镇化，乡村教育的价值取向要进行相应的调整。第一，乡村教育的价值导向要更加贴合新型城镇化发展思想，不能在发展的过程当中以牺牲环境作为代价并且没有一个固定的价值中心。而且，我国在长期的以农村为中心的农业资本主义和以城市为中心的资本主义的影响下，农村教育价值取向和城市与城镇之间形成的价值选择存在悖论，农村教育的发展，在农业资本主义基础上，发展目标却是支持资本主义。因此，农村教育的价值取向应该回到在新型城镇化的引领下，以乡村儿童能够身心健康发展为主旨，在教育当中传递正确的价值观，培养乡村儿童作为社会主义的接班人。第二，乡村教育不仅仅在于乡村人才的培养，还应该注意人才培养的方向，现如今农村的根基还是农业的发展，乡村人才的培养应该是为了促进乡村农业的发展，振兴乡村农业。乡村人才的培养可以使得农业现代化的发展迈进一大步，知识就是生产力，文化才能使农业走得更长远。这表明，农村教育的价值取向是促进农村可持续发展，进而注重服务城乡协调发展。

（三）乡村教育的国家安全价值取向

农村空心化是城镇化过程中农村人口流失后的一种特殊现象。在教育资源大量集中到城市的背景下，进城家庭将子女带进城接受教育。特别是在许多乡村学校被拆毁后，学校都集中在城市里，而在许多远离城市的偏远乡村没有学校，因此，乡村孩子不仅转移到以城市为中心的学校，更加剧了农村空心化。由于这些因素的叠加，乡村学校无法有效地整合乡村教育资源，乡村社会在中国现代社会中的地位日益衰落，这在一定程度上影响了国家安全。第一，农村的空心化阻碍了国土安全。如果农村教育弱化，严重的农村空心化导致农村社会大面积消亡，人们不居住在乡村，大片的农村地区就会无人看守，给巩固边疆、保护国土带来困难。在极端情况下，部分边境地区的村庄因学校不足而成为"空空如也的村庄"，村庄里只剩下留守的空巢老人，为其他国家的居民提供非法越境生产和居住的机会，妨碍国境国土安全等。边疆地区各族人民是建设边疆、巩固边防的重要力量。

只有将边境乡村的教育质量提上去,才能让儿童留在乡村,乡村的空心化才能得到有效的遏制,国家就可以利用边境原住民的力量守护边疆。第二,乡村人口的大量流失会导致农村的耕地无人耕种,而且从农村跑出来的人口基本是青壮年,在村中留下的人基本也没有很强的生产力,这就导致大面积耕地荒废,国家的粮食安全受到威胁。因为作为人口大国,国家的粮食安全保障方式应该是有底线的,决不能以工业化的成果在国际市场上取代农业的成果,用经济向他国换取粮食。因此,农村教育的价值并不仅仅是为了留住农村人口,还应该加以引导,考虑到国家安全问题。乡村教育是乡村社会的核心,能够凝聚和稳定乡村社会,保障国家安全,尤其对巩固边疆,保障粮食安全具有重要意义。

三、乡村教育社会价值取向

如果乡村教育总志向的价值是乡村教育的整体目标方向的规定,那么对乡村社会存在的乡村教育问题,除了要在整体方向的指导下,还得与乡村社会的实际情况结合,找到与实际情况最为符合的方法,解决乡村教育的问题,这就涉及乡村教育价值的社会取向问题。在现实中,乡村教育是乡村社会的一个部分,其存在价值就是满足乡村社会发展的特定需要。也就是说,乡村教育的发展要以乡村社会的需要为准绳,而乡村也是一直在发展的,在改革开放的那个年代,可能乡村社会的需要就是人们能够认字就行,但是到了如今这个社会,乡村社会的需求也大大提高,乡村教育的目标自然也就会改变。因此,现如今的乡村社会建设包括了乡村社会现代化、新城镇化和社会主义新乡村建设等。目前,基本按照时代的要求,实现乡村社会的要求,乡村教育需要提出更高的要求,相对应的,对于教育资源的需求也大大提高。

(一)乡村教育的社会聚合价值取向

不可否认的是,与日益繁荣的城市社会相比,现在的乡村社会的吸引力衰退了,村民缺乏必要的吸引力,纷纷离开乡村。农村社会人口流失严重。坚守农村的村民主要是少量农村老龄人口,极少数没有机会、没有能力的青壮年等。特别是在西部地区、革命老区、边疆地区、贫困地区尤为突出。由于长期的城乡二元结构,农业的"高投入低产出",导致了经济效益低,农村社会公共服务资源不足,村民社会地位的下层化趋势严重,所以只要有机会,村民们就会离开农村涌入城镇。因为对村民来说,生活才是他们唯一关心的问题,在农村生活有许多不方便的地方,无论是医疗、卫生,还是教育、出行,城镇的条件都远远好过乡村。在强大的工业文明和城市文明面前,传统的农业文明和乡土文明十分脆弱。农村文化生态呈现如下状态:农村文化价值在物化要求中普遍贬值,直接导致乡土文化的异化。以传统的农村绅士为代表的农村知识分子与村民相结合而构成的农村社会结构的解体,使目前有知识和素养的农村知识分子全面逃离了农村。整个社会文化事业产业化和接受农村精英文化能力的缺陷,直接导致农村社会整体缺少精英文化的传播。这种传统农村文化结构的破坏,使农村社会失去了内在的文化吸引力,村民失去了必要的精神支柱,纷纷离开了农村。由此可见,农村社会总体上是处于一种异化状态,一种解体状态。

但是,中国社会的基层是乡村。我们的国家从几千年前就是农业国家,农业是我们国家的基础,而乡村则是社会的基石,乡村农业文明在中华民族发展的几千年中,深深地烙印在每一个炎黄子孙的精神里,虽然现如今的工业文明受到追捧,但是中国社会的基本形式仍然是乡土社会。乡土社会在中国的现代化和新型城镇化的过程当中,发挥着独特的作用,乡村社会的文明主基调还是乡土文明,在工业文明不断发展的过程当中,乡村教育能够让他们完成转化,对乡村社会的发展程度、发展速度等方面都有不可替代的位置。从而在新的时代背景下获得新的生命力,更有力地推动了中国社会的持续发展。

教育的发展从来不是独立存在的,它受到许多因素的左右,社会环境当中的政治、经济、文化等因素都会与教育的发展有关,只有这些因素都适合的时候,教育才能稳步发展,在教育的发展当中,人才占有很大的一部分原因,要培养人才,首先应该明白培养什么样的人才才是教育发展所需要的,通过人才在社会上发挥的作用,推动教育的发展而教育发展迅速又可以为社会带来更多人才,教育与社会发展也是相辅相成的。乡村教育的发展也是这个道理,因为乡村发展凋敝,导致人才缺少,人才的缺失反过来也会导致教育发展困难。

"中国社会从基层上看去乡土性,中国的文字并不是在基层上发生。最早的文字就是庙堂性的,一直到目前还不是我们乡下人的东西。……不论在空间和时间的格局上,这种乡土社会,在面对面的亲密接触中,在反复地在同一生活定型中生活的人们,并不是愚到字都不认得,而是没有用字来帮助他们在社会中生活的需要。……如果中国社会乡土性的基层发生了变化,也只有在发生了变化之后,文字才能下乡。"这是费孝通先生指出的"文字下乡",代表着"文字下移"的乡村学校远离了乡村而进入城市或城镇,使得"文字不再下乡"或者"文字上移",这些上移的学校就如悬浮于乡村社会之上的孤岛。这些孤岛及"飞地"在心理上和精神上切断了乡村教育与乡村社会的连接,出现了这种奇特的现象:"农民群众的话说得更直白：学校迁走了，孩子荒了，婆姨荒了，土地荒了，老人荒了！有这样一句打动人心的话：一个村庄没有了学校，就如同一个家庭没有了孩子。"如果乡村社会的人都已经走完了，就不用再提什么发展。这更加说明了乡村教育的重要性，只有教育才能够为乡村社会培养人才，留住人才。从这里我们能看出来，乡村教育特定的聚合力是乡村社会改造与重建的关键所在，通过对于乡村下一代——乡村儿童的教育问题的解决，把村民的心留住，有血脉的传承，就有文化的根。通过乡村教育促进乡村社会的稳定与发展，这就是其价值所在。

（二）乡村教育的社会发展价值取向

村民离开乡村的根本原因是乡村社会缺少必要的吸引力。农村社会坚持农业文明，在强大的工业文明的冲击下，失去了强有力的社会竞争力，农村社会原来的政治、经济、文化等结构被工业文明冲垮了，而工业文明的吸引力又使得农村的原住民向工业化的城镇与城市迁移，导致乡村文明无法传承、重构。在这样的环境下，乡村原住民选择离开乡村是情有可原的，工业化的城镇与城市能给他们带来更好的生活条件与更加优厚的工资待遇。由此看来，要使得乡村原住民回到乡村，最重要的就是乡村社会也需要有更好的发展，能够给居民提供工作的机会，这样才能让已经出走的村民有再回来的可能。

社会主义新农村建设中，要实现农村社会的生产和发展、生活水平升级、文明有序的乡风、民主的管理等等方面，要让乡村教育在经济、政治、文化等方面发力，促进农村社会的发展。第一，乡村中小学要结合地方课程和校本课程，利用好农村周围资源，构建好社会教育与学校教育互相扶持体系，促进农村社会经济发展；第二，在传统的农村当中，教师是十分受人尊敬的对象，是乡村里德高望重的存在，他们把控了农村的政治生活、文化生活，所以说，乡村教师不应该只是囿于三尺讲台，应该走出校园，将教育带到乡村的各个地方，在乡村的政治文化宣传、村民道德规范上发挥作用；第三，根据农村自身发展的实际，建立农民教育机构和农村职业教育学校，培训农民的生产技能，生活技能等，只有掌握了在乡村安身立命的本事，才能够让他们在乡村心甘情愿的待下去。比如，山西永济蒲韩社区创办了农民学校，为全区3800多农户每年免费培训种棉相关的技术，而且除了要养家糊口的农民之外，学校当中的学生也会在课余时间去学习农业方面的技能，学习种棉、纺纱、织布等技术。

四、乡村教育育人价值取向

乡村教育价值取向不是一成不变的,它需要根据教育主体来进行变换。乡村教育的教育主体有三个部分,分别是国家、乡村社会以及乡村儿童,这三个部分对于乡村价值导向的需求是不一样的,因此,我们首先要考虑的就是,在这三个部分当中,哪个部分是最根本的部分。在乡村教育当中,最重要的部分就是受教育的主体,也就是乡村儿童。教育的根本是为社会的发展贡献人才,从而推动整个社会的发展,根据这个目标,就可以推出乡村教育需要的是什么样的价值导向,其中决定的因素应该是农村社会需要什么样的人才,乡村儿童应该成为什么样的人,这样的农村社会的需求就是乡村教育育人价值取向。

(一)乡村教育的村民价值取向

在人们的观念当中,乡村似乎和先进没有办法挂钩,反而是落后的代名词,乡村里出生长大的人,有可能会被别人冠以各种各样的外号,在这样的环境下,村里面的孩子更加羡慕大城市的生活,等到他们长大之后,自然而然地也会奔向大城市的怀抱,而那些孩子在学校接受教育的时候,也往往会因为自己是乡村出来的人而感到自卑,现如今的教育都是因为工业文明而发展起来的,其实说到底,现代教育的根本目的就是为工业文明挑选人才、输送人才,那些来自乡村的儿童一旦接受了现代教育之后,就会不自觉地向往城市的工业化文明,对于自己生长的乡土文明,无论好坏都抛之脑后,而这样将乡村文明全都抛出脑后的同时,失去的并不仅仅是文化的根,而且还会成为工业文明撕裂的、异化于乡村的、片面发展的人,对于自我的追求也就变得盲目而没有思想。对于乡村建设来说,需要的从来不是被工业文化浸淫,完全失去对乡土文化热爱的人,如果没有对传统乡土文化的热爱,是没有办法建设美丽、生态文明、和谐社会的新农村的,只有从内心认可传统乡土文化,才能够将自己的心思放在建设和发展乡村上。从这里我们就可以看出,要振兴传统乡村文化,要从孩童的时候就开始抓起,在他们幼年的时候就应该教育他们文化不应该分贵贱。通过乡村教育,让乡村儿童在价值取向上形成接纳乡村、包容乡土文化的特点。促进乡村青少年发展的基础上,面对当下乡村少年生存的现实,引导他们更多地认识脚下的土地,建立个人与乡土的和谐联系,培育他们的文化自信,从整体上促进乡村少年健全人格的养成。

乡村人口占总人口的比例是和城市化发展息息相关的,随着城市化的发展,科技使农业现代化,现代化科技使得从事农业需求人口减少,乡村人口自然会逐渐向城市转移,从事农业的乡村人口也会转向非从事农业人口。乡村人口流向城市是工业化发展的必然趋势，如果乡村教育的目标仅仅停留在把受教育者留在乡村，这明显是不符合发展规律的，乡村教育的目标是应该让受教育者保留乡土情怀，让乡土真正成为他们心中的热爱，这样才能通过教育，将乡村文明继续传承。乡村教育最终的目标应该是让每一个接受乡村教育的乡村儿童能够有属于自己的乡土情怀，让他们知道乡村并不低城市一等，因为自己生于农村、长于农村，所以乡土在自己的生命中是不可磨灭的、不可或缺的，乡土给乡村儿童带来的品质是独一无二的，一份来自乡村的淳朴，可能给之后人生带来的价值是不可估量的。乡村教育的另一个作用就是唤醒乡村儿童对于故乡乡土的认同，热爱自己成长的农村，能够发现在乡村社会当中存在的那些美好品质，对于传统文化当中的精华，也要很好的传承，如孝敬父母、谦让兄友、尊敬长辈等等。乡村儿童在被激发乡土情怀之后，无论身在何处，都会时时刻刻关注自己家乡的发展，即使在受教育之后来到城市，也会为乡村社会发展出一份的力。还需要注意的是，在现如今社会高速发展的情况下，乡村社会原来那种几乎封闭的状态已经被打破，取而代之的是一种更开放的状态，在乡村社会转型的过程当中，可能乡村儿童对此并不能很好适应，乡村教育这个时候就要引导乡村儿童形成新型农村生活方式，让他们适应经济现代化和信息现代化，这样才不会与城市社会脱轨。而且还需要引导农村儿童了解自己是农村生活的主体，在农村生活的大部分时间都是在和自然接触相处，这可以提升他们与乡村社会的原始沟通。这丰富了他们对农村社会的生活体验，发扬现代农村社会生活方式，建设基于现代经济、科技等的新型农村生态文明。

（二）乡村教育的公民价值取向

长期的城乡差距使村民们被认为是社会底层的，"乡巴佬"这一类带有轻蔑意味的外号常常是乡村居民的代名词。出生在农村，在农村学校接受教育的孩子们自然会散发出乡土的气息。不断摆脱农村来到城市的过程中，农村的孩子们一般不断地隐藏乡下的生活习惯，甚至隐瞒自己是村里人的事实，以城里人的标准要求自己，去模仿城里人的生活习惯，适应他们的消费水平，只为了让自己看起来像市里人而不是村里人。乡村教育的关键不是旗帜鲜明的让乡村儿童受了教育之后留在乡村，而是应该通过教育，让乡村儿童明白，城市和乡村都是国家的一部分，并不存在高低贵贱一说，也不要盲目崇拜工业文明而完全丢弃乡村文明。为此，乡村教育的重心应该放在建立乡村文化自信上面，只有文化自信能够让乡村儿童真正热爱自己的故土，也能够在潜移默化当中，把乡村的文明传承下去。对于城市知识和城市文化的学校课程知识，要在农村儿童的认知特征、学习习惯等基础上进行重组，农村儿童才能在农村生活的基础上更好地了解。此外，农村教育还需要培养农村儿童成为一个好公民的素养，包括知识文化素养、法律素养、道德素养等。特别是让农村儿童了解农村风土人情，文化传统，发展历史等地方知识，结合国家对公民素质的普遍要求，培养适合农村生活的公民素质。

五、乡村教育价值取向的实现路径

价值取向能够引领主体实现价值选择，这就是它的核心功能。价值理论研究应当指引人们正确的行动方向，应当提供给人们价值判断的正确标准，应当告诉人们什么样的价值观是正当的，是合理的，是高尚的，什么样的价值观是不合理的、不正当的、不高尚的，并鼓励人们坚持前者，抛弃后者。因此，乡村教育的价值取向就是乡村教育工作的重中之重，只有引导乡村教育主体——乡村儿童实现乡村教育价值选择，才能使得乡村教育取得真正的成功。

在现如今的社会当中，个人享乐主义大肆被宣传，但是这样的观念是错误的，要促进社会的进步，教育要坚持以下三点：第一，要坚持社会集体主义与个人享乐主义平衡。人生来就是有惰性的，人天生就会带有个人享乐主义，这无可厚非，但是要如何平衡社会集体主义与个人享乐主义，这就需要我们的努力。第二，坚持针对性和规律性统一。教育价值的取向性要按照一定的尺度，这种尺度是需要符合多方面内容的，最关键的是，尺度就是标准，是规范行为的一种制度，教育价值的取向性要按照这样的制度，才能符合历史发展规律和社会进步潮流。第三，要把理想追求落实到现实当中，这样才能有实现的可能。价值是涉及多方面的一个评估，价值主体也应该是落在现实条件上的。在价值导向的选择上，要提高主体价值选择的有效性。因此，只有着眼于发挥农村教育价值取向的核心功能，才能分析农村教育有效实现价值取向的基本原则和道理。

（一）明晰乡村教育价值取向的系统功能

在过去较长时间里，乡村社会自觉地模仿城市发展模式，而接受乡村教育的学生大多在接受教育之后都会选择留在城市，乡村就成为城市发展的人力与资源的输送地，这样一来，乡村的发展就受到了限制，虽然模仿的是城市现代化模式，但是由于人才的缺少，乡村现代化发展只能失败。受此影响，农村教育在农村农业现代化发展相对缓慢的过程中，呈现出明显的城市化倾向，从而使农村教育忽视了农村儿童发展的要求。为此，需要明确农村教育价值取向的系统功能。

首先，需要了解的就是国家价值取向。乡村教育的根本目的就是要满足国家的稳定发展，了解国家的价值取向就可以给乡村教育一个发展的明确方向。其次，要明晰乡村教育的本土价值取向。在乡村教育当中，一直走的发展路线都是模仿城市教育的，这对于乡村社会来说，在一些方面就会显得"水土不服"，使教育效果大打折扣。只有牢牢把握住乡村的本土文化，明晰乡村教育的本土价值取向，才能走上一条可持续发展、适应乡村社会、高效率培养人才的乡村教育之路。最后，要时刻把立德树人的教育观念放在心间。在乡村教育当中，乡村儿童就是教育的重点，是教育的中心。要根据乡村儿童的特点因材施教，让每一位乡村儿童都能够身心健康的长大，这样才能有效实现农村教育的国家价值和社会价值。

（二）提升乡村教育价值取向的科学水平

乡村教育价值要引领乡村教育走向，是需要一定方法的，在引领的过程当中，需要尊重规律性，也要考虑合目的性。那么，什么是教育的合规律性与合目的性呢？乡村教育的合目的性，就是要把握好乡村教育的主体，在乡村教育的过程当中，有三个方面的主体，那就是国家、乡村社会和乡村儿童。在这三方面的主体当中，对于乡村教育的需求方向不是完全相同的，甚至是有冲突的。但是在这三个主体当中，乡村儿童是根本，因为他们才是乡村教育的关键，他们既是受众群体，也是教育成果的最终表现；而乡村社会对于乡村教育的需求是促进；国家对于乡村教育的需求是引领。三类主体对乡村教育的需求整合起来，就形成一个对于乡村教育的总体需求。乡村教育发展、乡村儿童健全成长的内在属性，以及乡村教育促进乡村社会发展、国家进步的外在属性，这两种属性构成了乡村教育的客观属性。乡村教育的客观属性主体化的过程，就是乡村教育的合规律性，在乡村教育的发展当中，将乡村教育价值取向的客观规律与乡村教育的客观主体有效链接起来，才能发挥乡村教育的引领作用。

（三）设定乡村教育价值取向的合理限度

人们对于乡村教育的理想诉求在某种意义上，会体现在乡村教育价值取向上，这样的价值取向是有引领作用的，它能够指明人民美好生活的方向。但是这种美好生活的方向并不是空中楼阁，不是不切实际的瞎想，而是应该基于农村社会的现状，将农村的经济状况、生产能力以及乡村文化结合在一起，得出一个可以达到的美好生活愿景。乡村教育的价值取向不应该单单考虑乡村教育这一项，而是应该结合乡村社会，考虑到乡村教育主体生存发展需求、所处的现实境遇、所承载的历史传统等，将乡村教育主体价值导向扶正，也让乡村教育主体能够提高对乡村教育的满意度。

第二节 乡村教育的发展启示

一、乡村教育发展的基本规律

乡村教育有其自身发展的基本规律。它作为一种具有区域性特征的教育，拥有属于自己的发展，在发展的过程当中，根据一直以来的发展动向，教育的目标、过程、结果，都会有一定的客观规律，这就是乡村教育的基本规律。

（一）经济发展水平制约乡村教育发展

社会经济发展水平影响着人们的教育观念。我们常说经济基础决定上层建筑，乡村教育的发展也逃脱不了这个规律，乡村教育的发展，其实往细了说，最重要的就是人力和物力，乡村社会对于教育的投入，制约着乡村教育的发展。乡村社会经济制约乡村教育的发展，具体可以表现在这三个方面：第一，乡村社会经济落后，对于教育设施的投入匮乏，导致乡村儿童受教育的机会不多；第二，乡村经济落后，导致对于人才的吸引力不足；第三，乡村教师来到岗位之后，因为乡村社会经济的支持不到位，使得对于人才的培养匮乏。现如今的情况就是，教育投入与教育的发展成正比关系，在经济发达的地区，社会对于教育的投资较高，教育的发展程度也就较高；在经济较为落后的地区，社会对于教育的投资较少，教育的发展程度也就较低。在"以县为主"的管理体制下，县域社会的经济发达程度就基本决定了这个县域地区的教育发展程度。在乡村社会当中，对于劳动力的文化要求并不高，而在经济发达的地区，对于劳动人员的文化要求也就会对应上升，许多公司工厂需要的并不是卖力气的劳力，而更需要有知识懂技术的工人，因为社会的需求，发达地区对于文化的要求也就更高。从历史的角度来看也能证实这个观点，凡是在和平安定的时期，乡村的经济水平一旦提高，乡村的教育水平也会随之发展。但是需要知道的是，经济并非是制约乡村教育发展的唯一原因。乡村教育的发展与乡村社会经济的发展其实是相互依存的，乡村教育的发展能够提高乡村整体的素质，培养出更多乡村社会需要的人才，而这些人才会促进乡村社会的进步，进而带来乡村社会经济的进步。

（二）社会稳定是乡村教育重要保障

社会的稳定对于教育来说，是十分重要的保障。在动荡的年代，乡村想要发展教育是十分困难的，没有稳定的住所，教育的主体和客体都没有办法很好地完成教育这个过程，在动荡的社会当中，教育甚至还有可能倒退，因为教育其实就是一个连续的过程，如果在一个时期完全属于停滞不前的情况下，那么整个教育的发展是必然倒退的。在我国古代时期，每当王朝更迭，时局动荡的时候，教育都是停滞不前的，人民每日的追求只是吃饱穿暖，根本没有多余的心思来接受教育，发展教育。而在以农业为主的乡村，教育的意义就更加微小，民众食不果腹，生存都已艰难，就更别提受教育了。纵观我国乡村教育的发展，每逢战争和政治动荡时期，社会的稳定被打破，乡村教育的发展就会举步维艰，而只有人民安居乐业的时期，居民才能够接受教育，乡村教育才得到发展。

反过来说，一个时期的教育发展繁荣，也可以带动社会的繁荣发展。《礼记·学记》有云："建国君民，教学为先。"这句话的意思就是，如果想要国志民安，就应该教化民众，提高他们整体的素质。由此可见，乡村教育的发展并不仅仅是有利于乡村人民，也有利于整个社会，整个国家。通过人才对于乡村教育的发展，让乡村民众懂理知法，从而维护社会的稳定，只有社会稳定了，才能够让经济发展顺利，乡村教育发展顺利。

（三）传统文化的二重性

中华上下五千年，中华民族的历史传承十分悠久，这些传统文化对于教育来说有双重的影响：一方面，传统文化当中对于修身养性、做人做事方面有很多可以学习的大智慧；但是另一方面，许多传统的文化已经不适合现如今的社会，因为社会的快速发展，如果要将那些不适合的传统文化内容运用到现代生活当中，就难免出现错误。传统文化发展于传统农业社会，而现如今的社会正在朝着工业化发展，城市、城镇是最先走向工业化的第一批，而乡村因为地处偏远、交通不便，工业化程度不高，依然还是保持着原来的农业化社会，传统文化对于乡村地区来说，影响就更大一些。例如，在乡村就更讲究邻居之间的相处，常常吃了饭之后就去邻居家串门，而反观城市的邻居关系，往往是住对门四五年，甚至不知道邻居长什么样子；乡村对于人的信用也看得很高，诚实守信的人能够得到更多人的赞赏。在我国，农村人口数量还是占着很大一部分比例的，而文化对于乡村教育来说也是很关键的因素之一，只有厘清传统文化的二重性，才能够使得乡村教育发展得更壮大。

传统文化当中，也不完全都是好的，像是一些传统文化的封建糟粕，我们也要学会及时辨认出来，然后将其抛弃。举一个例子，在传统文化当中，一直秉承着重男轻女的思想，认为受教育的目的就是在考取功名，而在古代的时候，只有男子能够上朝为官，所以女子受教育是无用之举。这样的观念在现如今的很多乡村地区还是十分盛行，许多人家只让家中的男童上学，而女童则是在家干农活、做饭。这样传统文化的糟粕是不利于乡村教育的发展的，这样的不平等待遇只会导致乡村女童在长大后逃离乡村，也就失去了接受教育的机会。而且，除了重男轻女的糟粕思想之外，还有迷信的文化糟粕，很多村民在生病之后不相信现代科学的医疗技术，反而去烧香拜佛，贻误治疗时机。这一系列的事例都告诉我们，传统文化具有二重性，要选择好的一方面，不能留下糟粕。

（四）完善制度推动乡村教育发展

教育制度是一个很庞大的概念，它不仅仅是包括整个教育行业，还包括了管理整个教育行业的部分，当然也包括了其他的教育培训机构。除了这些之外，教育制度还包括了上述这些机构、部门、学校之间的关系，或是管理，或是竞争。

俗话说，没有规矩不成方圆，教育制度起的也是这个作用。在我国古代的教育当中，是有着一系列严密规章制度的，通过制度的约束，为社会选拔人才。但是到了近代工业文明的出现，原本的教育制度就显得有些难以为继，虽然人们为了适应工业文明，也制定了一些教育制度，但是由于没有无数实践来总结经验，文明的教育制度一直与工业文明磨合的并不是很好。在这样的情况下，就有很多教育界的有识之士提出教育制度的改革方法。例如，1931年，梁漱溟先生开展的"乡农学校"，就是想通过引进人才到乡村，促进乡村的教育发展。但是由于个人的力量还是微弱的，这对于我国当时的乡村教育，并没有产生根本性的改变。因此，乡村教育的改变需要整个制度的变化。

二、乡村教育发展的经验借鉴

乡村教育并不是近代才有的，在我国古代，历代君王对于乡村的教育发展都是有所推动的，因为我国的根本就是农业，只有乡村居民整体素质的提高，才能推动整个社会的发展。乡村教育对于社会的推动不仅仅是对于乡村而言的，对于整个社会来说，这种推动都是持续的。

（一）乡村教育与乡村发展相结合

我国古代对于农业的重视程度是很高的，甚至对于乡村的发展评价都是基于农业发展之上的，而乡村教育可以促进乡村社会的发展，从而使得乡村农业得以发展。《周礼》中曾记载："以土宜教稼穑。"这句话当中我们可以看出，当时乡村教育的重点是放在农业教育上的，教育推动社会生产，这在哪个时代都是人们的共识。中国古代也出现了许多重视农业教育的著作，如：北魏贾思勰的《齐民要术》、宋代秦观的《蚕书》、元代司农司的《农桑辑要》、明代徐光启的《农政全书》，等等。这些著作对古代农业生产经验进行了系统总结，同时也体现了作者的农业教育思想，对当时广大农业教育的普及具有相当重要的意义。例如，北魏贾思勰认为"田者不强，困仓不满，官御不励，诚心不精"，因此，需要"采捃经传，爱及歌谣，询之老成，验之行事，起自耕农，终于醯醢，资生之业，靡不毕书，号曰《齐民要术》"。在中国古代的时候，皇帝对于农业的重视是十分明显的，汉代的时候重农抑商，就是希望人民对于农业更加认可，民众的工作重心都转向农业。

在古代的时候，对于乡村教育的重视也是很明显的，这不仅体现在对于村民农业知识的教导，还体现在对于民众思想的教化上。

（二）乡村教育发展以地方教育为基础

我国古代对于乡村教育的重视不仅体现在思想教育上，还体现在教育制度上。秦国在统一六国之后，就在乡村区域设置"三老"政策，也就是有专门的教育人员对这片区域的文化道德进行管教，这就类似于我们现如今的基层自治。这一方面加强了秦国政权对基层农村的政治控制，另一方面促进了文化在农村的传播。在当时，"三老"会在农闲时召集民众实行宣讲、练习礼仪，及时对儿童进行启蒙教育。在这样的乡村教育之下，民众的素质得到了很大的提高。隋朝初期，大兴建立学校，在当时的社会下也具备了比较完善的州、县学校制度。唐朝继承隋朝的制度，更加重视地方的官学教育，拿现在的话来说，就是将经济投入到教育行业，创办多处公立学校。武德七年(619)，朝廷下令州、县、乡并办学校。乡村教育在唐朝得到了很大的发展，但是当时朝廷对于乡村教育的投入经费并不是稳定的，教师、学生、经费也没有统一的发放规定，有些学校的经费往往要依赖村中的捐款。宋朝的地方官学不仅有一般性质的地方学校，而且设有医学和县学等各种专门学校，设有专门管理地方官学事务的部门。元朝继承宋朝制度，创办社学，农村每五十至一百户为一个社，每社设立一所学校，通经书者为师，农户当中适龄的孩童入学为子弟。私学的学生都是普通农家子弟，这对发展农村教育有重要意义。明清时期是我国地方官学完备的时期，在这个时期建立了更加完善的地方官学制度。明代地方留学教育非常发达，学校种类有府学、州学、县学、社学、医学等，少数民族地区首次设立土司儒学，这是我国历史上第一次特意为少数民族设立的学堂。清政府在全国各地设主管教育的官员，代表朝廷管理地方学务。由此可见，中国古代统治者非常重视地方教育的发展和管理，古代农村教育大多以地方教育为主体，国家则是重视地方教育的管理。

（三）民办教育是促进乡村教育发展的重要力量

在我国古代，除了有国家出钱办的官学之外，各种大大小小的民办教育也是乡村教育的组成部分，如义学、私塾等，都是民办的教育学堂，这些民办教育在一些偏远乡村，可能会发挥主要的教育力量。

义学最早出现于宋代，原来是为种族内贫困孩子建立的教育机构。一些地方的世家大族，为了让同族穷苦的子弟们在社会上出人头地，将家族发扬光大，都由世家出钱出力，设置义田，创设义学来使得同族穷苦子弟能够受到教育，这样的设置也可以团结同族同胞。清朝将这种方式变为由国家提倡，在整个乡村地区当中，只要是家中贫困又想受到教育的，都可以来义学上课。在义学当中上课受教育是不需要出钱的，在学习过程当中表现优异的，还能参加乡试，有机会出人头地。义学的运行机制非常灵活，经费管理强调民主公开原则，发挥群众监督作用，防止各种势力的挪用。义学教师一般由当地的秀才或贡监担任，品行优良的学生也可以充当，但必须具备官学学生或预备官的资格。教师的录用遵循品学兼优的原则，大部分要经过理事、乡士的公议，报地方官审定等手续。义学有比较固定的上学时间和放假时间，这就比较类似于现如今的义务教育了。私塾是民间个人建立的基层教育机构，自春秋战国至19世纪末，一直得到历代统治者的承认和倡导。我国古代农村教育的具体运营主要靠私塾，在数量和分布上私塾远多于官学。乡约刚开始出现的时候，是村民自发形成的规定和规则，在宋代的时候兴起，到了明代的时候已经有了相应的规模，而清代的官府则把乡约当作教化村民的一项重要手段，乡约的作用并不仅仅是给乡村儿童有一个规范，对于乡村的成年人来说，也是一个约定俗成的规章制度，乡约可以培养村民的道德意识和整体素质，而且促进了封建道德在乡村的传播，起到了教化民众的作用。书院教育也是乡村教育不可割弃的一部分，相对于乡约来说书院教育更加规范，它的形成年代相较于乡约来说更加久远，从唐代开始就有了书院的教育形式，后来经历了1000多年，这种形式才渐渐消失。

从上面的这些例子我们就可以看得出来，在中国古代，民办教育的重要性不亚于公办教育。民办教育拥有丰富的教学资源和深厚的民众基础，要发展乡村教育并不仅仅依靠政府的力量，还需要民间自发多渠道的民办教育，这样才能够将乡村教育的发展进一步的推进。

第三章　乡村教育的内容和组织形式

本章的主要内容阐释了乡村教育的内容和组织形式，章节内容分为两个部分，第一部分是乡村教育的内容，第二部分是乡村教育的组织形式。这两部分内容完整地阐述了乡村教育的基础和要求。

第一节　乡村教育的内容

一、乡村基础教育内容

乡村基础教育的范围涵盖很大，他教育的目标既包括乡村那些适龄儿童，又包括一些需要接受基础教育的乡村民众，比如说父母外出打工，在乡村留守的年龄过大的儿童，或者是因为地处偏远而放弃基础教育的青少年。在乡村教育当中，基础教育是必不可少的。乡村基础教育在乡村教育当中的作用就像是盖房子时候的地基，如果乡村基础教育不普及的话，那么接下来的教育都是空中楼阁，纸上谈兵。而如何才能提高乡村基础教育的质量呢？这就需要实行乡村基础教育的师生，积极利用城乡的教育资源，将九年义务教育的基础打牢。

（一）乡村基础教育内容的定位

基础教育的办学方向应该是由基础教育的基本性质来决定的，而基础教育的内容定位，也应该考虑到基础教育的性质，基础教育的内容定位是应该让乡村的儿童拥有基础文化知识，能够了解作为基本公民应具备的素质与道德。而从另一方面来说，乡村儿童接受乡村基础教育，也是在履行公民平等受教育的权利。而乡村基础教育的内容也应该与时俱进，并不仅仅满足于教授乡村儿童技术文化知识，还应该结合时代要求，将新时代思想潜移默化的灌输到乡村儿童的思想当中。

1. 新型城镇化建设及社会转型中的乡村基础教育内容

（1）对本地区文化演进的辐射引领

乡村基础教育的学校，无论是在不同的地方还是在不同的时空，都是有相同性的，这种相同性体现在文化使命上，就是乡村教育的内容体现。乡村基础教育的内容体现，最突出的就是文化内容，不同于城市和城镇，乡村文化具有一定的传承性，在不同的乡村地区，传承下来的文化内容也是不尽相同的，乡村基础教育应该以当地的传统文化为基础，完成地区文化传承、创新。尤其现如今的中国是在社会转型期，对于乡村文化来说也是尤为重要的一个时期，要通过乡村基础教育，将乡村文化自然地与社会过渡衔接，才能让乡村社会与整个社会更好地接轨。例如，在社会转型时期，应该将生态保护放在重要位置，而乡村因为经济不发达，有许多活动都是以牺牲环境作为代价的，这个时候就需要乡村教育加以引导，使乡村社会走上生态文明的道路。

乡村基础教育正处于社会转型期当中，这个时候更应该发挥其引导的作用，让乡村社会更好适应城镇化发展，将农耕社会逐渐向工业化社会引导，传统的农耕社会需要的是劳力，而社会转型期过后的乡村社会更需要的是脑力工作者与科技工作者，只有掌握技术、掌握知识的人才，才是被社会需要的人才，社会道德方面也才会有巨大的转变，对于他人能够有更加宽容的态度，社会的发展才会趋向于文明。这样新社会的要求，对于乡村技术文明就提出了更高的期望，乡村基础教育的发展是乡村文化的基点，只要牢牢把握乡村基础教育的方向，才能够掌控乡村社会的发展趋势。因此，在新型城镇化的背景下，要不断创造与开发更加符合社会期望的乡村基础教育内容才是重中之重，只有这样才能够将乡村基础教育继续发展下去，才能使乡村社会的发展更加符合时代要求与时代文明。比如说，可以在乡村基础教育的过程当中将科学发展观、"三个代表"重要思想以及以习近平总书记为代表的新时代发展观念潜移默化地影响村中受教育者。在这样潜移默化的过程当中，可以保证乡村文化的进步，也可以逐渐引导乡村社会能够符合新型城镇化建设以及社会转型的预期，在先进思想文化的引导之下，乡村社会才不会掉队。

（2）对乡村学校特色发展的内涵支持

新型城镇化建设是非常重要的一条路径，它牵扯着社会的进步，社会结构需要转型、人民生活水平需要提高、经济增长也需要有持续性、城乡需要统筹发展，这些都是实现全面小康必须完成的条件，而实现全面小康，就必须要走新型城镇化建设这条路。而要推进新型城镇化建设，其中最关键的一点就是人才的培养，新型城镇化建设需要的人才并不仅仅是墨守成规的读书人，而是具有创新能力和实践能力的人才，要培养这样的人才，就需要乡村基础教育以人为本，根据学生的特质因材施教，只有这样才能够让学生实现个性化发展，找到自己擅长的领域，发挥创新与实践的能力。乡村基础教育要形成自己的特色，要平衡乡村与城市的教育资源问题，结合乡村学生的日常生活，创办具有乡村特色的乡村基础教育。乡村基础教育的特色化发展，其实就是一个不断完善优化的过程，乡村基础教育的师生根据乡村教育的特点，不断调整教学方法、教学重心，来达到特色化办学的目的。

对于乡村教育和城市教育来说，也有属于它们自己的优势。乡村学校所处的地理环境大多是在乡村，周围的民风较为传统淳朴，学生也大多成长在一个单纯朴实的环境当中，耳濡目染的影响，使得乡村学生的本质更加纯真，教学过程中也不会遇见太多的阻挠，而相对于乡村学校来说，城市当中的学校会有更多的干扰因素，有许多来自物质的诱惑。只有发现了属于乡村基础教育的独特优势，才能够发挥自身的特色，从而摆脱盲目跟随城市教育的脚步，创建出只属于乡村的特色化办学。

2. 新一轮基础教育课程改革体系中的乡村基础教育内容

（1）乡村基础教育内容是国家课程地方化的重要载体

促进学生基本素质的养成并得到大力发展，是国家课程主要强调的问题，充分体现了国家对公民素质的基本要求。国家课程是城乡学生的一门必修课程，它包括了体现共同基础要求的各学习领域的所有学科课程。由于我国幅员辽阔，民族众多，地方文化丰富多彩，因此，国家课程地方化的实施显得尤为重要。实际上，国家课程的地方化是针对乡村基础教育的范畴而言的，能够反映国家课程实施的课程调试取向和创生取向，具体来讲，国家课程的地方化是指乡村中小学校及其教师，在以课程标准为依据的前提下结合本乡、本村和本校的实际，对国家教育内容进行地方化和校本化落实的过程。由此可见，国家课程地方化实际上就各地方根据自身实际情况对国家课程进行的一种创造性执行活动，也是基础教育课程体系改革的重要组成部分。只有将国家规定的教育内容与乡村实际的生产生活相结合，才能确保新一轮基础教育课程改革在乡村中小学落到实处、发挥实效，从而推进新一轮基础教育课程改革更好地实施。

国家课程的地方化过程在乡村基础教育领域来讲，是国家课程与乡土接轨的重要路径，必然能够带来教育内容的变化。具体来讲，我国乡村处于不同的区域，其发展水平也存在差异，因此对于乡村的中小学来说，在实施国家课程地方化的过程中，其价值取向和实施的途径必然存在差异。举例来讲，国家固定教育内容是针对大部分乡村学生的，但由于地区差异，乡村学生的学习基础和学习特点是不尽相同的，因此，要针对乡村学生的具体情况对国家固定教育内容的难度进行调整，对于学习基础好的区域乡村学生可以适当将教育内容做适度加深或者拓展，而对于一些教育条件稍微落后的地区，其学生的学习基础比较差，可以适当将国家固定教育内容变浅或者简缩。在对国家固定教育内容进行乡土化调整时，要注意严格按照国家课程标准，在这个前提下再根据本地区和本校的实际情况，对教科书进行编写或者重新组合原有教育内容的结构顺序，从而实现对教育内容的结构化处理或原有教育内容的内容呈现形式进行适度调整的目的。

（2）乡村基础教育内容是综合实践活动课程实施的重要依托

综合实践活动课程之所以能与乡村基础教育发展相辅相成，在乡村中小学校得到很好的发展，其前提是对乡村种类多样、数量丰富的教育资料进行了有效利用。乡村教育资源是实现乡村教育内容多样化的重要依托，对乡村教育资源的开发利用，使得乡土教育内容与乡土生产生活情境更加亲切生动，教育内容与生活实际贴切，符合学生发展的需求。通过综合实践活动课程，促进学生了解家乡、亲近社会，实现书本理性世界与生活感性世界的沟通，从而提高师生对乡村资源的研究兴趣，提升综合实践活动课程的实施效果。

（二）乡村基础教育内容的类型

1. 功能分类

为城乡社会发展与乡村学生成长奠定扎实基础是乡村基础教育的核心功能，乡村教育发挥自身功能的重要载体就是乡村基础教育内容。下面我们将按照乡村基础教育的功能，将乡村基础教育内容划分为社会发展促进类和学生成长促进类两种大类，而这两大类又可涉及多个次生类别，具体分类如下所述：

（1）社会发展促进类

社会发展促进类乡村基础教育内容可衍生出以下三个次生类别：第一，新型文化引领类。这类内容是在遵循国家课程标准的前提下，根据城市和乡村社会实际发展情况开发的基础教育内容，具有明显的时代特征，例如得社会主义核心价值观或"互联网+"等新文化融入乡村学校教育内容和社会发展实践活动。第二，乡土文化传承与保护类。这类内容是对各地独具特色的乡土文化的继承和发展，例如乡土传统节日、传统习俗等。第三，新型生产理念、方式与技术传播类。例如，乡土传统手工艺等相关内容。

（2）学生成长促进类

学生成长促进类乡村基础教育内容可衍生出以下三个次生类别：第一，文明习惯与学习、生活方式养成类课程。这类课程是指在遵循国家课程标准的基础上，通过国家课程的乡土化来达成相应教育目的。第二，学习方式与思维发展类。例如设置与乡土自然情况相关的研究性课程等。第三，乡土知识学习促进类，例如引导学生学习现代农业基础知识和基本技能等。

2. 形态分类

按照乡村基础教育的呈现状态，可以将乡村基础教育内容分为教科书形态内容和活动设计形态内容两类。

（1）教科书形态内容

这类内容必须通过书面材料来掌握，具体是指，按照国家课程标准中的要求，使学生通过书面材料对基本技能和基本知识进行掌握。这类基础教育内容有很多优点，当然也存在一些弊端，下面对其优缺点进行详细论述：教科书形态内容的优点主要表现为其教育目标定位准确、内容的科学性有较好保障，另外还表现为整体结构编排逻辑性较强、方便学生学习，教学效果评价相对明确等方面。教科书形态内容的缺点在于，容易将真实复杂的乡村生产生活情境变得过于书面化和抽象化，从而使乡村生产生活情境缺少了其本身的丰富多样性与生动鲜活性，这样不利于学生对乡村基础教育内容的真实情感体验。

（2）活动设计形态内容

这类内容是指按照国家课程标准的要求，学生应该养成的道德习惯与正确的思维方式等，是学生在教师的引导下，可以通过体验等活动方式习得的内容。自国家新一轮的基础教育课程改革以来，国家、地方和学校都在基础教育内容的呈现形式上做了众多努力，其中活动设计形态内容就是国家、地方和学校三级课程都努力凸显的内容呈现形式，也是乡村基础教育可以展现出资源优势的突破口。不同于传统的教育内容，这类教育内容不需要以教科书为依托。它更加注重精心设计和策划乡村基础教育活动，以此来达到学生对相应内容领悟学习的目的。

一般情况下，这类内容的教育活动情境可通过主题展示场馆和真实的生产生活等途径进行展现。其中主题展示场馆是主题鲜明、内容集中的一种人为创设的途径，它的呈现方式设计精妙，教育性较强，例如，农产品展览厅等。而对于真实的生产生活这一途径来说，其特点是情境具有主体复杂多样、情境动态变化等。这类教育内容情景能促进学生体验乡村、研究乡村、思考乡村。教师在使用这类教育内容时，要对内容进行精心筛选，对活动方案进行细致的设计，例如，可以介绍本地投身农业的知名人士的事迹，激励学生养成爱乡、爱农、爱国的品质。

需要注意的是，教科书形态内容和活动设计形态内容这两类内容的划分不是绝对的，在实际中，我们要根据乡村基础教育的实际情况，将两者相互补充、相互融合。

3. 谱系分类

乡村基础教育内容按照谱系不同，可分为学科类乡村基础教育内容和跨学科类、综合类乡村基础教育内容两类。

（1）学科类乡村基础教育内容

这类教育内容是指立足学科基础知识，通过对乡村教育资源的充分利用来拓展相应学科内容，并且将乡村生产生活因素渗透、融入学科教学内容中。由于受学科结构及内容的限制，此类教育内容能利用的专门性乡村教育资源较少，因此其内容范畴较为狭窄。

（2）跨学科类、综合类乡村基础教育内容

跨学科类、综合类乡村基础教育内容涉及的主要概念、核心观点与表现形态具有明显的跨学科性。这类教育内容的特点是立足地方化、校本化乡村教育资源特色，根据这一特点，将与这一地区的乡村教育资源相关的学科知识点融入教育内容中，力求最大化地实现乡村教育资源的有效利用。另外，对乡村生产生活资源的充分利用，能够有效实现乡村基础教育的内容拓展。

（三）乡村基础教育内容的开发路径

在介绍乡村基础教育内容的开发路径之前，我们先来了解一下乡村教育内容开发的含义，它是指立足乡村社会的经济、政治和文化等发展特色以现代教育理论为指导，以国家基础教育相关政策与价值为导向，以城乡建设的实际需求及其对人才的要求为条件，综合运用教育内容开发技术和手段，形成以乡村教育资源为支撑的教育内容。实际上，乡村基础教育内容是区域教育内容建设中的重要组成部分，这一特殊身份使得乡村基础教育内容的开发不是毫无限制的，而是要遵循教育内容开发的一般规律。

1. 乡村基础教育内容开发的基本原则

（1）基础性原则

基础性原则是乡村基础教育内容的首要原则。乡村基础教育内容的基础性主要可体现在两个方面：一方面，乡村基础教育内容要符合学生身心发展的基本属性，能够为学生成长所需知识和能力奠定基础，即知识基础性；另一方面，乡村基础教育内容的基础性还表现在要突出乡村社会发展的基础，即乡村基础性。兼顾这两种基础性，就是满足国家基础教育内容要求的同时，根据乡村社会发展的特点，将一些极具乡村特色的基础性内容加入乡村基础教育中，从而使学生一方面能够掌握国家基础教育内容，另一方面还能使学生深入了解自己家乡的乡村情境，养成爱乡、爱国的品质。

在对乡村基础教育的内容过程中，往往存在一些误区。尤其是"脱农教育"的误区。为了有效避免这一误区，在对乡村基础教育内容开发的过程中，要坚持围绕学生的生活经历和经验，严格遵循乡村学生自身及其生活环境的特点来进行乡村基础教育内容的拓展。与此同时，还要积极寻求基础知识学习与乡村经济的衔接点，在保证和反映民族主流文化特征的基本内容的前提下，确保乡村基础教育内容的发展符合各项基本要求。

（2）本土性原则

本土性原则是乡村基础教育内容开发应坚持的第二个原则。本土性是乡村基础教育内容的"根"，这一点我们可以从乡村基础教育内容的资源和乡土、源于乡土的特征中得出。乡村基础教育内容的本土性原则要求依据乡村的实际情况，对乡村基础教育资源内容进行开发。因此，无论是责任指向方面还是适用范围方面都有鲜明的地域性。根据这一特性，在乡村基础教育内容的开发过程中不仅要对乡村所处地区的历史条件和现实情况进行充分的研究，还要对该地区可利用的乡村基础教育资源进行充分的挖掘。这些乡村基础教育资源包括自然环境、乡土风光、风俗习惯、旅游资源、名人轶事等。只有设计出极具乡村地域特色的基础教育内容，才能让学生在自己熟悉的环境里学习成长，更有利于学生对乡土知识的掌握以及乡土思维的养成，这样一方面能使学生的审美情趣和健康、乐观向上的品质得到提升，另一方面还能提高学生的科学和人文素养，从而激发学生爱家、爱乡、爱国的情感。

（3）体验性原则

体验性原则是乡村基础教育内容开发的第三个原则。体验性是乡村基础教育内容之"魂"，这一点充分体现了"在乡村中"的乡村基础教育特征。乡村基础教育内容的体验性原则主要表现在以下几方面：第一，乡村基础教育内容核心要素是学生的乡土实践；第二，乡村基础教育的活动范围为教师和学生的城乡社会生活；第三，乡村基础教育以体验性实践活动作为其主要活动过程；第四，乡村基础教育以丰富学生学习活动方式、倡导自主体验、积极参与、团队合作和主动探究作为乡村基础教育内容的主要实施方式；第五，乡村基础教育以促进学生获取丰富的直接经验、熟练的实践技能和积极的情感体验为主要目的。

（4）综合性原则

综合性原则是乡村基础教育内容开发的第四个原则。它是在国际基础教育内容的基础之上以国家教育内容为载体促进基础教育内容的乡土化，并努力消除国家教育内容与乡村实际不符、乡村基础教育内容实施效果不理想等问题。乡村基础教育内容的综合性主要表现在以下方面：

第一，乡村基础教育内容的开发范畴不受国家基础教育内容的限制。一方面，在开发乡村基础教育内容时，要强调知识的综合运用。根据乡村实际情况将各种知识进行融合，使之以整体的形式在基础教育中呈现出来，从而使学生能更全面地了解和认识世界，有助于良好、健康的人格养成。

第二，乡村基础教育内容开发的综合性原则还体现在注重学生的综合发展方面。中小学生是乡村教育内容的直接服务对象，因此为学生终身发展奠定扎实的基础是乡村教育内容的宗旨。对于学生来说，乡村基础教育的目的是帮助乡村学生完成与全国其他地区学生一样的基础教育学习，同时，引领乡村学生了解和热爱家乡，培育其家乡情感。

2. 乡村基础教育内容开发的实践路径

乡村基础教育内容构成是基础教育课程结构中地方课程的重要组成部分。它除了是国家课程的有机补充外，同时也是乡村基础教育的核心和灵魂。课程是教育内容的重要支撑，乡村基础教育的内容体现在乡村基础教育课程体系中。因此，乡村基础教育的内容开发应立足中小学的课程，通过筛选、改编、删减、扩展和整合将学校课程与城乡资源特别是地方资源进行有机结合，这样可以使教育内容的开发更符合本地学生、学校和社会的要求。

乡村基础教育内容开发的实践路径包括以下方面：

（1）促进国家课程的地方化和校本化

关于乡村基础教育的内容开发，关键要把握好两个方面，即"校本"和"发展"。具体来讲，要立足乡村和学校的实际，充分发挥教师和学生的主体作用，以满足学生的实际需要，促进学生的个性和特长发展，从而使乡村学校形成自己的办学特色，促进乡村基础教育的发展。国家课程的地方化和校本化是国家课程与乡村学校教育在基础教育内容上相互调整与适应的过程，也是乡村基础教育内容开发的重要途径，在开发过程中必须注重基础教育内容的乡土性和实用性：第一，乡土性是指开发的乡村基础教育内容要极具乡村气息，课程基本知识所依托的材料和案例等要选取本地区范围内的，这样能使学生更真实地感受知识的现实意义。与此同时,国家课程中融合了乡村特色之后,会让学生产生亲切感,能吸引学生学习的兴趣,从而教师能更好地引导学生领悟知识的关键点和要点。第二,实用性是指国家课程在进行地方化和校本化组织的过程中,必须充分结合课程中原有的知识与当地实际的生产生活,另外要在基本技能部分增加一些必要的劳动技能,使学生通过对国家课程的学习,可以深入地理解其内容,并能在今后将所学的技能运用到生活实践中。

目前来看,部分乡村学生"升学无望、就业无路、致富无术"已成为乡村基础教育亟待解决的问题。具体来讲,许多乡村的中学毕业生有 50% 以上要回到乡村,在以种植业为主的农业地区和中西部贫困地区,这个比例还将更高,个别地方甚至达到 80%。[①] 但由于以往的乡村基础教育内容没有很好地结合乡村农业生产经营以及城乡经济发展的实际需要进行开展,许多学生在接受完基础教育后又升学无门,毕业后的中学生只能回到乡村,但由于缺乏相关技能,使他们无法融入乡村生活中,因而导致了乡村劳动力的巨大浪费。

基于此,国家课程的地方化和校本化的过程中,要结合城乡发展的需要与村民致富的需要,探索一条极具乡村特色教育内容开发道路,使学生能够学有所成,只有这样,才能使乡村教育的发展实现良性循环,一方面能促进学生升学,另一方面也能为部分学生务工或者务农奠定必要的基础知识以及技能等。

(2) 推进乡村基础教育校本课程开发

我国幅员辽阔,风俗文化众多且极具地域性,从而使得教育资源类型丰富多样,但也良莠不齐。一些本地资源操作程序复杂,要求高,学生很难掌握。这些内容可以从继承的角度保留下来,但不适合基础教育阶段的学生。因此,乡村基础教育校本课程开发过程中要考虑以下因素:第一,乡村基础教育校本课程的开发要符合本乡、本土、本校的实际情况。第二,乡村基础教育校本课程开发之前要考虑学生的实际情况,了解学生已有的生活经验和知识水平,根据学生认知心理特点选择内容,以利于学生主动学习和进行知识体系构建。第三,乡村基础教育校本课程的开发要反映乡村社会化文化发展的方向,能够有利于促进乡村发展。具体表现在教学内容贴近生活,教学情境为学生所熟知并引起学生兴趣,蕴含的知识、技能等要准确且合乎科学逻辑。第四,乡村基础教育校本课程的开发,其对学生的教育影响能经得起时间的考验。综上可知,乡村基础教育校本课程的开发是一项复杂的系统性的工作,需要乡村教育部门、教师和课程专家的合作,以确保开发的校本课程能充分满足农村基础教育的需要。

---

① 项蓓. 论农村教育与"三农"问题 [M], 贵阳:贵州教育出版社, 2007.

在整合乡土资源、集合各方力量的基础上，乡村中小学校校本课程开发是一个动态、连续的过程，一般涉及六个步骤：

①乡村学校建立校本课程开发的领导机构，以明确乡村基础教育校本课程开发的各个主体的职责以及任务。

②在乡村基础教育校本课程开发时，要对本地资源和本校课程的现状进行分析，对学校的培养目标和课程目标进行明确，充分评估学生的发展需要、学校和乡村的发展需要，以及教师的能力储备，通过这几方面的分析梳理出学校以及其所在乡村或附近城镇的课程资源。

③对本校课程的总目标以及阶段性目标进行确定。

④编制校本课程计划，确定校本课程的结构和类别。

⑤实施校本课程计划，建立健全校本课程管理体系，开展教师培训，编写校本教材等。

⑥评估方案的实施情况，修订课程内容，以便进入下一个开发过程。

（3）建设乡村基础教育课程资源库

乡村基础教育内容发展的广度和深度受到乡村课程资源的丰富程度制约，因此缺乏足够的乡村基础教育课程资源，乡村基础教育内容的开发就会成为一棵无根之树，无法构建具有地方特色的课程体系。此外，乡村基础教育在课程建设、教学设计、教师培训、学生成长等方面也需要课程资源的保障和完善。在把握城市教育的优势和问题的同时，积极探索乡村教育的劣势和优势，尽可能尊重和突出乡村教育的优势，使乡村青少年更愿意感受、发现和利用乡村世界独特的教育资源。因此，为了有效促进乡村基础教育的内容开发和可持续发展，避免乡村学校在教育内容开发过程中孤军奋战、各自为政，从而导致乡村基础教育课程资源分散、重复、低效和浪费，在国家重视乡村教育发展的背景下，建设乡村基础教育课程资源库是必要的，也是可行的。

二、乡村职业教育内容

乡村职业教育结合现代化农业和相关产业的知识与技能为主要授课内容，因此其基础是乡村知识和技能。乡村职业教育的目的，一方面是为乡村发展培养第一产业技能突出的人才，另一方面是为乡村经济发展提供足够的技能型后备人才。因此，乡村职业教育实际上是为提高乡村生产力而充分发挥自身优势的一种教育形式。我国是农业大国，因此乡村职业教育在职业教育中占有相当大的比重，乡村职业教育的根本目的是促进乡村社会经济的发展，为我国城镇化建设提供支持，要想达到这一目的，乡村教育内容的改革与完善是重要途径。

当前，我国倡导新型城镇化和新农村建设，旨在提高人们的生活水平。在城乡二元社会结构的历史条件下，提高村民生产技能、推广农业新技术是乡村职业教育的重点。具体来讲，只要有利于乡村发展、能够提高村民经济收入和文化素质的职业教育内容都可以成为乡村职业教育的重点内容，比如乡村剩余劳动力转移培训内容，其实就是乡村剩余劳动力转移的专业培训内容，是乡村剩余劳动力进出城镇进行经商或务工的准备教育内容，能够服务于乡村人力资源的高效利用，有助于乡村收入的增加，也是乡村职业教育的重点之一。

（一）乡村职业教育内容的功能

鉴于乡村农业生产知识落后，因此推广农业生产新技术，促进农业现代化进程成为乡村职业教育的核心职能。同时，面对乡村大量剩余劳动力的产生，乡村职业教育的内容也应该有助于解决农民工职业素质和技能缺乏等问题，为其进城经商或务工提供支持，以达到乡村剩余劳动力高效转移的目的。

1.为提升乡村职业教育学生的职业素养搭建平台

当今世界随着现代科学技术在生产中的普及和应用，发生了翻天覆地的变化。现代社会对从业人员的文化素质和综合适应能力的要求也越来越高。科研机构和企业对人才的需求不再是只注重理论知识，而是转向理论知识和实践能力并重并且具有创新精神和能力的人才。这一转变对乡村职业教育提出了几点要求，具体来讲，第一，要注重学生实践操作能力的培养；第二，要提高学生的职业素养；第三，要注重学生创新精神和创新能力的培养。其中，提高乡村职业教育学生的职业素养也是新型城镇化建设中乡村剩余劳动力有效转移的根本前提，这也是乡村职业教育内容必须承担的重要职能。

职业素养是指社会上从事某一职业的人的基本素质和职业能力。为了提高学生的专业素养，必然要以相关的教育内容为平台。而教育内容的重点也必然是提高学生未来进城务工的职业意识。这里的职业意识，是指人们对职业的认知、意向和主要观点，具体包括人们对自己所从事职业的总体认识、自身的职业价值取向、自己对未来职业的期望以及对职业现状的评价，另外还包括人们对自身工作角色的认知等。职业意识实际上是指人们处理职业问题时的心理活动。具体来讲，人们在进行职业选择和定位过程中，会对自己职业的现状有一个自我认识，对未来自己的职业规划有一定的期望和愿望，这对职业现状的认识和对未来职业的期望反映了人们对自身职业的评价、情感和态度。职业意识在很大程度上影响着学生的就业心理、就业态度、就业模式和就业效果。乡村职业素质教育的内容应在职业教育实践过程中，认真研究进城务工人员在不同工作性质和不同工作环境下的特点，向学生展示现代职业素养观念、道德、知识和技能。让学生真正了解现代职业的性质和工作状态，从而帮助他们适应相应的工作。因此，乡村职业素养教育内容的开发能够对受过教育的个体劳动力产生积极意义，具体体现在以下方面：第一，使学生掌握一定的职业素质知识；第二，帮助学生调整职业心态，有效应对职业挑战；第三，使学生充分把握未来在乡村或城市工作后的职业机会。

2. 为发展现代农业培养"普转专"专业型人才奠基

如今，我国城乡社会经济发展已进入新时期，工业化也已进入新阶段，随着科技的进步，信息化建设逐渐出现在大众视野中，使得现代农业推进速度不断提高。新时期，随着生产的发展和科学技术的进步，我国的社会经济结构已经从劳动密集型向技术密集型和知识密集型转变。生产过程中的智力成分大大增加，由此对村民综合素质的要求也不断提高，尤其对农业专业人才的需求更加迫切。村民是否掌握了农业新技术，直接影响到乡村社会经济的发展。农业科技应用的主体是村民，村民只有具有了较高的农业生产专业技术，他们才可以积极应用农业知识和技术，迅速接收、吸收和消化农业新成果和新技术，从而充分实现其效益。相反地，他们如果不敢或不愿轻易接受新知识、新技术、新品种，对新技术反应迟钝，缺乏消化和应用能力，那么将会严重阻碍农业技术的推广和农业科技的进步。

长期以来，人们都是在"三农"发展服务的范畴内对乡村职业教育功能进行界定。纵观我国乡村职业教育的发展历程，这一定义的界定方法在特定时期是合理的。从中华人民共和国成立初期的恢复农业经济发展，到改革开放后的乡村经济建设，再到新世纪新村民的培养，可见，乡村职业教育的服务内容始终围绕着"三农"发挥作用。在新的历史背景下，建设社会主义新农村、推进新型城镇化具有更深远的意义和更全面的要求。具体来讲，新农村建设是我国进入以工促农、以城带村的新发展阶段后提出的新课题。这是时代发展的必然要求，也是建设和谐社会的必然要求。当前，乡村仍然是我国全面建设小康社会的重点和难点。乡村教育内容的功能是为现代农业的发展奠定人才基础，培养现代农业发展的专业人才，更新传统的生产方式，促进新的农业技术进入乡村，使乡村享受到农业生产新成果和新技术带来的乡村生活的改善。

3. 为城镇化建设中非农产业培养"农转非"技能型人才服务

从根本上讲，新型城镇化是非农产业集聚和发展的结果，必须有产业、能就业，使进入城镇的村民真正转为非农产业劳动者。从目前的情况来看，推进新型城镇化最为迫切的任务，就是要解决好进城务工人员就业问题，推动符合条件的农业转移人口在城镇落户并享有与当地城镇居民同等的权益。解决这一问题最主要的举措是提高村民尤其是青少年学生的专业技能，帮助其掌握一技之长。生产率较高的产业对劳动者的技能要求比较高，因为生产率较高的产业部门采用的生产手段和生产技术比较先进，而掌握生产手段与具备相应生产技术则需要专门的教育内容。乡村职业教育内容可以为学生提供相应的理念、知识和技能，使其掌握一定的专长和技术，增加其毕业进入城镇后获取就业岗位的机会，实现乡村剩余劳动力向非农产业稳步而有序的流动。同时，乡村职业教育内容还要为学生今后就业后实现致富奠定智慧基础，确保其职业更加稳定、生活质量持续提高，享受新型城镇化带来的社会红利。

（二）乡村职业教育内容开发路径

1. 明确乡村职业教育内容设置的原则

乡村职业教育内容设置应根据城乡社会经济发展的需要，立足村民剩余劳动力专业的趋势，结合村民自身特点，遵循适应性、先进性和实用性等原则有效落实。

乡村职业教育内容设置的适应性。乡村职业教育内容要适应时代的要求，适应新型城镇化和新农村建设的要求，适应教育对象的实际要求。乡村教育内容的适应性必须遵循以就业为导向，以地区社会经济水平、工作岗位任务为前提，并按照教育内容开发的程序筛选并整合达到职业标准所需要的知识与技能要素，建立以职业能力为核心的内容体系。

乡村职业教育内容设置的先进性。乡村职业教育内容要突出当代"三农"理论、科学理论、技术知识、管理方法和技术手段等，特别是对于乡村职业学历教育的内容，要在基础理论内容符合职业需要的前提下突出当代的新理念、新知识和新技术，抛弃过时的理论和陈旧的方法，突出现代农业技术、生物技术和信息技术等。

乡村职业教育内容设置的实用性。乡村职业教育的对象大都是村民子女，不论是农业教育内容还是非农教育内容，都要体现职业特点。

2. 完善乡村职业教育内容体系及结构

其一，秉持综合职业能力的乡村职业教育内容观，强调教育内容的目标由知识客体转向乡村师生主体，乡村职业教育内容设置与优化要把握城乡职业岗位当下与未来对于其从业者的素质要求；乡村职业教育内容实施也要由传统的"教程"向"学程"转化，教育主体尤其是教师也是教育资源的重要因素，成为乡村职业教育的促进者和组织者。其二，乡村职业教育内容开发与完善以市场为导向。乡村职业院校普通文化类课程以培养村民的科学文化素质为主，将传统文化课程中那些与专业有较大关系的内容从普通文化课程中分离出来，以模块课程的形式有机地穿插到乡村职业课程中去，将普通文化课程的功能定位到培养村民的一般能力或素质上来，加强乡村职业教育中普通文化课程的建设，使学生具有扎实的文化基础，以适应乡村职业教育改革的需要，从而更有利于村民对职业教育内容的学习，从更深层次上为职业服务，培养学生的职业道德和岗位技能。其三，乡村职业教育内容结构形态的多元化。乡村职业教育内容的内涵相当丰富，因此乡村职业教育内容的结构形式也比较复杂。乡村职业教育内容与其他教育类型的内容有许多不同，一般可分为两个层次：一是全部教育科目的不同性质的教育内容（如文化课、职业基础课及职业课程）、不同类型的教育内容（如学科课程、综合课程及活动课程）在纵向和横向上的排列、组合结构；二是某一门课中具体的教育内容经何种方式、准则进行编排和实现的形式。

3. 更新乡村职业教育内容的领域及资源

由于乡村职业教育内容研究较为薄弱，相关人力、物力和财力的投入不到位等问题，导致乡村职业教育内容较为陈旧和落后。因此，结合城乡发展实际进行教育内容资源开发和利用存在较大空间，需要及时更新、不断优化乡村职业教育内容，多途径、多渠道、多领域开发可以利用的乡村职业教育资源显得尤为迫切。诸如，可以深入开展乡村职业教育学生、相关职业岗位的需求调查，明确乡村职业教育内容的定位和导向，将其转化为具体的课程目标；乡村教育内容的开发者和更新者要密切联系相关部门，深入了解乡村、新型城镇、行业以及农业科学技术发展的特点和最新动向，抓住新型城镇化建设和统筹城乡发展中各种机遇，充分开发利用各种乡村职业教育中网络、村落、社区、企业等方面的各类资源，收集和整理相关资料，及时编写或修订相关课程，纳入乡村职业教育内容当中。此外，现代教育信息技术不仅是乡村职业教育的新兴手段，为偏远地区以及由于各种原因不能接受乡村职业学校教育的村民提供了便利，并利用广播、电视和计算机网络的优势，不断发展提升自身的能力，而且是乡村职业教育内容开发的重要资源和对象，现代教育信息技术可以向村民推荐一些积极健康、有利于乡村生产、生活进步的电视节目和网络资源，扩大乡村职业教育内容的范畴。

第二节　乡村教育的组织形式

一、乡村基础教育组织形式

（一）班级为主的教学组织形式

班级是基础教育最基本的也是最广泛的教学单位，也称之为教学班。班级之所以成为乡村基础教育最基本的教学组织形式，其原因主要在于班级的效率较高。班级通常按照学生的年龄、认知水平等所构成的，因此班级内的学生通常在认知水平上具有较大的同质性，从而使得教师在教学过程中可以采用相对稳定的针对班内学生的教学方法，组织学生学习同样的教学内容。这种一对多的教学组织形式能缓解教师人数少、学生人数偏多的问题。尤其是在中华人民共和国成立后教师队伍极度短缺的时代，班级的存在为提升人民群众的基本文化素养起到了积极的推动作用。相对城市教育而言，乡村教师的师资较为短缺，因此，以班级为主的教学形式符合乡村基础教育发展的需求。尤其是国家的二孩政策以及城镇化政策将会推动乡村人口的回升，因此班级为主的教学形式仍会是未来我国乡村基础教育教学的主要形式。此外，我国的管理体制与乡村基础教育发展的水平也适合以班级为主的教学形式。我国是教育集权管理的国家，在国内教育资源分配不平衡的背景下，以班级为主的教学单位有利于国家对课程、教师与教学资源的调控，尤其是乡村教育资源较为贫乏，这样的教学组织形式有助于整个教育管理体系的正常运转。教学班建设的初衷源于传统的工业化对大批量人才的需求，事实上它仍属于粗放式的教育组织形式。乡村基础教育组织要突破这种粗放的教学组织形式，需要高水平的教育环境与高素质的师资为保障，这样乡村教育才能在乡村社会环境中自主发展。然而，就目前我国乡村基础教育而言，无论经济文化环境，还是社会意识等都无法支持超越班级规约的自主式教育的发展，因此未来乡村基础教育教学组织形式仍将以班级为主。

（二）体验为主的教学活动方式

教学组织形式讨论的是管理方面的问题，而教学活动方式讨论的是教学如何实施的问题，它指的是教师为完成教学任务而采用的主要方法所表现出来的外在形式，具体包括教师教的方法与学生学习的方法。根据师生在教学活动中的地位和作用，教学活动方式主要包括自主式、合作式、探究式、开放式与体验式等。

就乡村教育教学活动方式的发展趋势而言，以体验为主的教学活动方式是其主要的发展方向。理解何为体验为主的教学活动是分析乡村教育教学组织活动中体验式教学的前提。体验既有"领悟""体味""设身处地"的含义，又有"实行""实践""以身体之"的含义。前者强调的是内心的理解与接收，后者强调的是外在的行动，换言之，其含义即为通过亲身的经历来认识外在的事物。体验式教学即指教师根据学生的认识特点与规律，结合教学的实际内容，通过创设实际情景，呈现、再现或还原真实的场景，学生通过身临其境的活动，从而建构知识、发展能力，并生成有意义的教学活动形式。

二、乡村职业教育组织形式

职业教育的内容具有其针对性，主要以特定的生产知识与技能为主。细致地说，它包含了职业道德教育、职业技术教育、职业交往教育三个方面。在教育目的上，职业教育与非职业教育就呈现出了明显的差异。职业教育的目的往往是授人以谋生的手段。从这个目的出发，职业教育对受教育者生产或工作技能的掌握、提高颇为看重。

根据职业教育的内容，将职业教育与乡村结合起来进行分析，则不难发现，乡村的职业教育可以直接提升乡村人民的生产技能，以社会经济视角看，其可以直接推动乡村的经济发展。

我们所熟知的九年义务教育，属于非职业教育的范畴，因此，当下乡村职业教育的受众，多为成年人。可以说，乡村职业教育的目的，就是提高乡村成年人的生产技能。

因此，我们可以大胆地预见，乡村职业教育的形式将是小班教学，对合作探究的强调也会成为其主要内容。这是我国当前乡村经济发展的现状决定的。

此外，值得说明的是，本书所探讨的乡村职业教育，其目的是受教育者再接受教育之后将所学内容回馈给乡村，因此在教学内容上也要以乡村的需求为导向，这与普通的中职教育是不同的。中职教育的落脚点在城市，学生所学习的技能大多为城市服务。中职教育的教学任务由专门的中职学校来承担，并且中职教育本身也已形成了一套较为完善的教育体系。

（一）小班制为主的教学组织形式

当下，乡村职业教育不乏授课平台，例如，各种对口专业的培训中心、农业技术学校、社区学校、农民腋下、成人学校等。但是，在农村的职业教育过程中，实践的环节更为重要。一切的教学理论，最后都会落在生活实践中，因此，必须要有相应的教学实践将二者相连。

乡村职业教学实践的形式有两种。其一是一对一的形式，这种形式多用与职业技术方面；其二是一对多的形式，这种形式多用于理论课程、职业道德方面。但这并非是绝对的标准，在实际教学中，教师应当根据综合的教育情况来选择教学方式。

例如，在乡村，基础教育与职业教育的形式就有着显著的区别。乡村的基础教育，即中小学教育，其学生众多，且多为理论课程，以班级为单位开展教学活动。而乡村的职业教育，如若采取这种授课模式，则教学成果会大打折扣。

因此，乡村的职业教育具体要选用何种形式，需要进行多方面的综合考量。通过调查总结，我们可以发现，有三方面因素对农村职业教育的教学形式影响巨大。

1. 职业教育的目标与内容

职业教育的目标与内容，可以细化为三个方面：职业教育技术、职业教育道德、职业交往。而在农村的职业教育中，唯有前者被关注，后两者却不被重视。这是教育环境、生活节奏、师资力量等客观因素共同决定的。

因此，农村职业教育的目光更加聚焦于使受教育者对知识尤其是技能进行学习掌握。可以说，农村职业教育的内容，充满了技能性。也正因如此，演示模拟、现场讨论、小班教学等关键词，在我们研究农村职业教育时，逐渐跃然纸上。

小班教学在农村职业教育中之所以被强调，有两方面原因。其一，职业教育蕴含着大量的示范类教学内容，而小班教学直接保证了学员的视野，使其能够对教师所做的示范看得一清二楚，有助于学员对知识技能的理解。其二，职业教育与现实工作挂钩，因此会涉及诸多问题，而课堂是无法将生活中的所有问题包罗进来的，因此需要师生之间的直接交流与讨论，而小班授课，无疑是有利于师生交流的。

2. 受教育者的人数

乡村职业教育受教育者人数，与该地的产业分布是密不可分的。尽管乡村多以农业和畜牧业为主要产业，但在这之中也可以进行细分，例如，同样是农业，但粮食、蔬菜、水果、花卉的种植各有不同；同样是畜牧，但猪、牛、鸡、鸭的养殖也各不相同。

之所以提及这些分类，是因为，农村的资源是有限的，若大量村民从事同一职业，则农村的资源会不堪重负。因此，乡村的职业要进行分类，相应地，乡村职业教育的课程也要进行分类。而课程的分类细化，将学院进行分流，也将直接导致每门课程都进行小班授课。

以贵州省黔东地区的某镇为例。该地区对山羊的养殖进行职业技术培训。客观条件是，若进行规模化养殖，则当地的草场只能满足数十户的需求。因此，当地开展的山羊养殖技能培训，将学员控制在了十余人。这既是客观筛选的结果，也是主观控制的结果。

当下，我国的乡村农业已经愈发多样化、产业化、规模化，因此，各职业的学员数量也会愈发减少。从这个角度看，乡村职业教育的小班授课模式是大势所趋。

3. 受教育者相关的知识与技能基础

当下，我国农村居民的文化水平普遍偏低，这一现象在西部或其他偏远、贫困的地区更为突出。这一现状为乡村职业教育带来了挑战，在教学过程中，如何保证学生理解教师所讲的内容，就成了教师所要面临的首要难题。

因此，在授课中，教师需要抽出相当一部分时间，与学员进行交流，了解其思维方式、表达方式，并对不同的学生进行有针对性的指导。这种"精准"的教学方式是教学质量的保证，也是小班教学模式发展的重要推手。

综上所述，随着乡村人口的逐渐减少和乡村产业的不断发展，乡村的职业教育也将逐渐专业化、精准化，小班授课的模式将占据主流。

当然，小班教学是大趋势，而大班授课也会在特定条件下发挥作用。以重庆市巴南区的二圣镇为例，该地区的雪梨种植规模庞大，从事这一行业的农民也很多，有时参与培训的农民甚至能够达到上百人。在这种情况下，虽然实际操作的课程仍采取小班教学的模式，但对知识理论的传授就会选择通过大班进行。

（二）探究式为主的教学活动形式

所谓探究，其目的在于调动学员对学习的主动性，培养其思维的创造性，使其逐步养成对问题进行发现、分析、解决的能力。在探究式教学的理论中，教师需要对学员进行组织引导，使其主动地对问题进行学习探讨，从而解决问题。

探究式教学之所以重视对学员主动性的培养，是因为，主动性是课程教学效果的保障，是学生学习习惯的内核，是教师教学活动的根基。

简单来说，探究式教学，就是引导学生主动思考、发现问题、解决问题的教学。

当然，探究式教学并非是"放之四海而皆准"的。想要进行这种教学活动，需要满足一定的条件。若是脱离了客观限制而强行"探究",则难以实现教学目标。具体而言,探究式教学活动的限制条件包含了四个方面。

(1)探究式教学对学习者的知识储备具有一定的要求,探究式教学活动要以学习者的相关知识技能储备为前提。

(2)探究式教学活动对学习者的判断力具有一定的要求,因此应用在成年人身上会更为合适。他们凭借成熟的思维和判断力,在探究时,既能够保证探究的方向,也能够保证探究的深度。

(3)探究式教学的内容不易过大,也不宜抽象,而需要与生活结合。探究这样的问题,才能保证探究的效果与意义。

(4)探究式教学离不开对学员合作精神的培养。在探究式教学开展之前,首先要培养学员的合作意识和集体精神。

乡村教育的最终目的,是提升村民处理问题的综合能力,而不仅限于传授某一解决特定问题的方法。村民通过职业教育,不仅可以直接学到当下所需的知识和技能,还可以收获相应职业的意识、能力、习惯,在日后的生产生活中,遇到新的问题时,也能够坦然面对。这种能力根植于村民的内心,即使其日后转变了职业,也可以将新的工作做得得心应手。探究式教学活动,恰恰能够满足这一需求。

当下,乡村职业教育的教学方法主要以讲授和示范为主。在工业领域,这是两种最为常见且行之有效的手段。一方面,通过讲授,学习者可以习得理论知识,把握其中要领;另一方面,通过示范,学习者可以明白技能的具体操作。

之所以要将这两种教学方法限制在工业领域,是因为,工业生产和农业生产所处的环境的截然不同的。工业生产有其标准的程序,一环与一环之间紧密相连,工人只需保证自己所负责的程序不出意外,则整个链条就能够顺畅地运行。同时,随着工人熟练度的提高,生产速度也会加快。但农业活动并无定式,无法"按部就班地务农"。在不同的地点,受到不同气候的影响,从事不同的农业生产,所需要的方法自然也会不同。

我们不妨将工业中的水泥生产与农业中猪的饲养进行比较。在水泥生产的过程中,若想收获预期的产值,工人们只需要按照程序对原材料进行加工生产,其过程少有变数。而猪的饲养则不同,若按照程序对猪进行机械化的喂养,则会对猪的生长起到阻碍作用。同时,猪的情绪、疾病等,都是不稳定的因素,很难对此加以固定的程序。

正是由于这种差异性,故而农业与工业之间的教学方法不可生搬硬套、一概而论。在乡村职业教育的过程中，需要将知识与实际问题相结合，在学员掌握了一定的基础知识后，引导学员进行实践，通过实际活动面对实际问题。如此，学员在离开学校之后，也能够在面对问题时积极探索出解决问题的方法。

此外，值得注意的是，职业教育中的探究式，与基础教育中的探究式，仍有一定的区别。职业教育的探究是在解决现实问题，而基础教育的探究往往是验证预设结论。

乡村职业教育采取探究式教学法，除了前文所述的必要性，也存在着可能性。

从授课规模上来讲，乡村职业教育的各班规模不大，这为课堂探究提供了便利的条件。教师可以将小班里的学员组织起来，共同对实际生产中可能遇到的问题进行分析与解决，充分培养学员在实际生活中探究思考问题的习惯。

从授课对象上来讲，乡村职业教育的授课对象大多为成年人，他们大多具备一定的生产知识或经验，即使缺乏知识经验，也具有一定的思辨力和判断力，能够更好地对知识进行吸收。这样，在对问题进行探究时，既可做到行之有效，又可做到快速高效。

在农民的实际生产活动中，合作探究的意识不是可有可无的，而是十分必要的。它可以帮助农民解决现实中的"不测风云"。以贵州省某农村为例，在2013年，该村的稻谷遭遇了罕见的疾病，凭借寻常的经验无法解决，仅仅通过购买农药的简单方式也无济于事。此时，几位村民结成了研究小组，他们一方面对此进行研究，一方面请农业局的技术人员进行研究指导。终于，这片稻谷的病症被解决，村民们保住了收成。

第四章 乡村振兴战略下乡村教育之教师发展

本章是全书第四章,从乡村教师专业发展规划、乡村教师教育教学实践、乡村教师自主研修与校本培训三个方面阐释了乡村振兴战略下乡村教育之教师发展。

第一节 乡村教师专业发展规划

一、乡村教师专业发展规划的重要性

(一)教师专业标准的要求

2012年教育部正式颁布《小学教师专业标准(试行)》《中学教师专业标准(试行)》。[1] 它们提出了"合格教师专业素质的基本要求",具有里程碑的意义。它包含"专业理念与师德""专业知识""专业能力"三个维度,在"反思与发展"部分,提出教师要"制定专业发展规划,积极参加专业培训,不断提高自身素质"。因此,不断提高自身素质,促进自身的专业发展,是每个教师必须达到的要求,也是每个教师义不容辞的责任。

(二)乡村教师专业发展的要求

对于"乡村教师的专业发展",不同的人有不同的看法。有的人认为,这是"乡村教师的专业成长发展的过程",也有人认为,这是"促进乡村教师专业进行成长发展的过程"。无论是哪种理解,乡村教师都是自身专业发展的主体,都要为自身的专业发展负责。乡村教师作为自身专业发展的主体,要对自己的专业发展进行自我管理。

教师对自己的专业发展进行规划,就是一种最直接的自我管理。具体而言,它包含以下方面:确定目标、拟定策略、评估、自我监控、调整策略、提升水平。

---

[1] 教育部关于印发《幼儿园教师专业标准(试行)》《小学教师专业标准(试行)》和《中学教师专业标准(试行)》的通知.2012年9月.

乡村教师专业发展必然是乡村教师自我导向、自主驱动的结果。因此，乡村教师专业发展要求乡村教师对专业发展的环境、个人的专业需求和发展水平进行深入而全面的剖析，并在此基础上进行专业发展的自我设计、自我规划、自我管理。

二、乡村教师专业发展规划包括哪些内容

乡村教师专业发展规划包括了解自己、环境分析、目标设定、策略拟定等四个方面的内容。

（一）了解自己

教师在制定自我专业发展规划时的第一步，是要对自己进行反思与认识，即明确自己的常规信息，对自己的兴趣、能力、需要等个性因素做出评估。

1. 个人信息

在专业发展中，教师个人信息是进行规划的重要依据。个人信息之所以被重视，是因为，专业发展规划本身是因人而异的，不同的教师在进行制定的时候，不可生搬硬套，而要符合自身的情况。唯有这种"量身定制"的专业发展规划，才能真正发挥作用，促进教师的自我管理和专业发展。

这种个人信息主要是指教师的工作岗位情况。而工作岗位又包括了诸多内容。其一是教学岗，在此之下又细分为任教学科、任教年级、任教年限、教学历程等；其二是管理岗，包括职务、级别等。只有明确了诸如以上岗位的个人信息，才能根据自身实际情况制定符合自己的专业发展目标。

另外，还需要特别指出的是，教师要能够明确描述自己的任教年限和任教历程。比如，对于任教 15 年与 20 年的乡村教师而言，任教年限对确定日后专业发展重点的作用不突出，但对于任教 1 年与 3 年的乡村教师而言，指出任教年限对于确定日后专业发展的重点有非常大的提示作用。又如，对于一位已有多年教学经历的乡村教师，那么在制定专业发展规划时，就需要回顾自身的教学经历，并将其进行描述，从而发现自己专业发展中的不足，从而把克服不足设定为日后专业发展中的重要目标。

2. 自我评估

教师的自我评估，需要涉及兴趣、能力、需求、个性等多种因素，以此来评析自身的特长与短板，寻找自身所存在或面临的问题，并对问题的产生和难度进行分析研究。可以说，自我评估具有自我反思的成分。自我评估包括以下方面的内容。

(1)兴趣

在制定自我专业发展规划时,要能够找到自己的专业发展与兴趣的契合点。兴趣是最好的老师。如果教师能在兴趣所在的领域内规划专业发展,那么,他将更容易获得专业发展,在以后的职业生涯发展中也更容易获得职业成就感、满足感和幸福感。

(2)能力倾向

能力倾向即潜能,是能力发展的前提和专业成功的保障。在制定自我专业发展规划时,要选择一个自己有相应能力倾向的领域,即选择一个自己感觉有发展潜能的领域。通过扬长避短,教师得以将自己的潜能进行激发,推进专业发展。否则,只会为自己徒增许多障碍,不利于自身的专业发展。

(3)已有的专业发展水平

在制定自我专业发展规划时,教师首先要思考,自身需要在哪个或哪些方面进行发展,在这个或这些方面,自身又已经取得了哪些成果。这是对自身已有的专业发展水平的考量。

教师如何明确自己需要发展的方面,以及在这个(些)方面的已有专业发展水平?教师可以对照《教师专业标准》,根据其指出的对教师的要求,从专业结构、专业素养、发展层次、能力水平等方面,对自己进行剖析与评判,明辨自身的优势与不足。

(4)当前的专业问题

教师明确了自己需要发展的方面,以及对自己在这个(些)方面的已有专业发展水平做出评判之后,要来分析自己在这个(些)方面当前到底存在什么问题,要分析:

是自己独有的,还是和同事共有的;

是环境条件决定的,还是自身因素决定的;

是理论学习不够,还是实践技能不足;

对乡村教师来讲,认清某方面的问题"是自己独有的,还是和同事共有的"非常重要。因为如果问题是自己独有的,可能会感到不安,这会影响专业发展目标大小的确定;而如果问题是与同事共有的,至少不会感到非常不安,而且也会因有同伴可以互相讨论解决问题而感到安心,当然也可能会"向大家看齐",得过且过。

(5)专业发展需要

在自我评估的过程中,教师对专业发展需要的明确,就是对两个问题的回答。

①我们专业发展的需要是什么？

②这种需要对我们的专业发展有多重要？

这两个问题，不论对于教师专业发展规划中的单项规划，还是整体规划而言，都是极其重要的。就单项规划而言，确定的需求领域可能成为教师应当规划的成长领域；就整体规划而言，教师应当在多样的需要中做出选择，确定优先的发展需要，进而确定专业发展的优先领域。

教师要明确自身的专业发展需求，需要注意两个方面。一方面，教师需要进行自我评估，发掘自身的潜力，明确自身的专业发展方向，做到"术业专攻"。另一方面，教师也需要积极采纳领导、同事、学生的意见，通过他人的眼镜，对自己有一个更为全面的认识。

需要注意的是，自我评估并不是一个起点，而是一个过程。教师在专业发展的过程中，应当不断对自己进行评估，并随时对自己进行规划与调整。

（二）环境分析

教师在制定自我专业发展规划时的第二步是进行环境分析。这里的环境，包括了三个方面：乡村教育发展的环境、乡村学校的环境、乡村学生的需求。

1. 乡村教育发展的环境

乡村教育发展的环境包括国家和地方的乡村教育政策、乡村的社会经济文化环境等方面。

（1）国家和地方的乡村教育政策

近年来，一系列政策相继出台，不仅推动着乡村教育的进步，还促进着乡村教师的发展。乡村教师要能够敏锐地捕捉到这些政策，并分析这些政策对于自身的专业发展规划的制定有何影响。有的政策对乡村教师的专业发展提出了要求，而这些要求中就包含了乡村教师发展的方向，以及发展过程中需要重点解决的问题，乡村教师的专业发展规划必须要与政策的要求相致；有的政策直接支持乡村教师的专业发展，在多方面为乡村教师提供便利和资源。所以说，乡村教师分析国家和地方的乡村教育政策，对自己制定专业发展规划非常重要。

（2）乡村的社会经济文化环境

乡村的社会经济文化环境，是处在乡村社会的乡村教师专业发展的社会大背景。乡村社会良好的经济发展水平和人文环境，不仅可以吸引教师来到乡村，更能够将教师挽留在乡村，甚至会让教师爱上乡村，从而提高授课的积极性与水平。可以说，乡村的社会经济文化环境，直接影响着教师的专业发展规划。此外，从人文环境的角度来说，当一个地方有着浓郁的尊师重教的社会氛围，则教师也会收获强大的心理支撑。

《义务教育学校校长专业标准》（2013年）中要求校长要"调适外部环境"，具体内容如下①：

①优化外部育人环境，努力争取社会（社区）的教育资源对学校教育的支持。

②充分发挥家长委员会支持学校工作的积极作用，引导社区和有关专业人士参与学校管理和监督，接受改进学校工作的合理建议。

③建立健全家校合作育人机制，建立教师家访制度，通过家长学校、家长会、家长开放日等形式，指导和帮助家长了解学校工作情况和学生身心发展特点，掌握科学育人方法。

④积极发挥学校在社区建设中的作用，鼓励并组织学校师生参与服务社会（社区）的有益活动。

2. 乡村学校的环境

要探讨乡村学校环境对教师专业发展的影响，首先要明白乡村学校环境所包含的因素。具体而言，它包含了乡村学校的历史优势传统发展规划、物质资源、文化资源、教师教育资源等。可以说，这些复杂的因素共同作用，在专业发展的目标、策略等方面，对乡村教师产生了深刻的影响。教师在专业发展规划的制定中，必须对这些因素提起重视并审慎分析。

此外，学校本身的发展规划，也是乡村学校环境中的一个重要因素。一方面，乡村学校的发展规划，不可忽略乡村教师的意见；另一方面，乡村学校的发展，也会对教师不断提出新的要求。当二者的目标相互契合时，自然会收获良好的教学成果。

《义务教育学校校长专业标准》（2013年）中要求校长"引领教师专业成长"，具体内容如下②：

①建立健全教师专业发展的制度，推行校本教研，完善教研训一体的机制，落实每位教师五年一周期不少于360学时的培训要求。

②关注每一位教师的发展，指导教师根据自身发展特点制定专业发展计划，加强青年教师培养，支持教师轮岗交流，推进信息技术在教师专业发展中的应用。

③扎实开展师德师风教育，落实教师职业道德规范要求，严禁教师体罚或变相体罚学生，严禁教师从事有偿补课。

---

① 教育部义务教育学校校长专业标准.https://www.enaea.edu.cn/news/gxzc/901.html.
② 教育部义务教育学校校长专业标准.https://www.enaea.edu.cn/news/gxzc/901.html.

3. 乡村学生的需求

"乡村教师专业发展"其终极目的是促进乡村学生的发展。所以,乡村教师专业发展规划的内容应当与乡村学生的发展息息相关,如果不能有效地促进乡村学生的发展,不能使学生从中受益,那么任何"教师发展"都是无意义的。

这就意味着乡村教师在制定自我专业发展规划时,有必要将乡村学生作为一个关键的考量,在专业发展规划中要充分考虑乡村学生的需求。

乡村教师在制定自己的专业发展规划时,既要关注个人的发展需求,也需要关注学校、学生的发展需求,要将自己的发展需求和学校、学生的发展需求结合起来,做出权衡。

(三) 目标设定

对于不管是作为过程还是结果的乡村教师专业发展规划而言,设定恰当的目标都是极其重要的。对于作为过程的规划而言,目标是每一个阶段的风向标,它指引着我们朝着目标的方向努力;对于作为结果的规划,也就是规划的文本而言,目标是文本中最为核心的内容,如果没有目标,那么我们的规划就是不完整的,就不能称其为规划。

乡村教师设定自己的专业发展目标,需要考虑以下几个方面。

(1) 设定的目标应该与自我评估相匹配

专业发展目标要基于自己的兴趣、需要和优势,要基于自己已有的专业发展水平,有一定的挑战性,经过自己的努力能够实现。维果茨基的"最近发展区"理论,对教师专业发展目标的确定具有启发价值。乡村教师专业发展目标的设定也应该符合"最近发展区"理论,即目标应该在已有的发展水平和需要通过努力才能达到的发展水平之间,这样的目标才具有挑战性和可实践性。

(2) 设定的目标应该与教师专业发展的趋势、学校的发展目标相一致

作为教师群体中的一员制定自己的专业发展规划,自己的专业发展目标就必须符合教师专业发展的趋势,不能逆势而为;作为学校的一名教师,当自己的专业发展目标与学校的发展目标相一致时,能更容易地从学校的发展中获得有益的资源和支持,比如获得参加进修培训的机会,获得申报课题的机会等等,进而自身的专业发展之路会比较顺畅,专业发展目标也会更容易实现。

(3) 设定的目标要有利于促进乡村学生的发展

教师必须明确,自身专业发展的终极目的是促进乡村学生的发展,设定的专业发展目标应该关注学生学习、发展的需求,要对学生的学习和发展产生积极的影响。

（4）处理好短期目标与长期目标的关系

尽管在某些时候教师只需要一个短期的规划，但一个长期的目标能够为教师的专业发展提供有效的引导，有助于教师把握专业发展的方向感，也是必不可少的。长期的目标是通过许多短期目标的积累而实现的，如果只有长期目标而没有一个个短期目标的积累，教师会看不到目标实现过程中的进步。因此，需要对长期目标进行拆分，分成阶段性目标，从而形成目标系列。

（四）策略拟定

自我评估回答了"我是谁""我在哪里"的问题，目标设定回答了"我要去哪里"的问题，那么策略拟定将要回答的是"我如何去那里"的问题。

目标确定之后，就必须考虑实现目标所要采取的行动策略，即制定由具体的措施和活动构成的行动方案。教师在制定具体的行动方案时，首先要非常清楚自己当前的专业发展水平与自己期望的专业发展水平之间的差距，明确达成期望目标所需要的条件，确定达成目标所需的特定的专业发展内容，进而确定完成专业发展任务可能的活动。教师可以选择的专业发展活动的种类十分丰富，比如可以根据自己的特点、目标和可能条件进行选择：

课堂观察；

同伴互导；

专业阅读；

教学经历撰写；

案例开发；

加入专业学术组织；

参加培训；

进行行动研究；

寻找一名教练或者导师；

学区联盟；

与县区的骨干教师名师建立联系；

……

当然，教师可以选择的专业发展活动不限于上述内容，也可以自己制定属于自己的专业发展策略。同样，还可以分析成功同伴的专业发展历程，借鉴他们所运用的专业发展策略。

教师在拟定自己的专业发展策略时，应注意以下几点：

（1）符合自己的特点。特别要考虑自己的认知方式，对于不同认知方式的人而言，学习新知识的有效方式是不一样的，比如场独立型的人适合独立学习，场依存型的人适合与人合作学习。

（2）符合自己的目标。策略是为目标服务的，策略或活动必须针对着目标的实现。比如目标指向科研能力的发展，那么课堂观察、同伴互导就可能不是很好的策略，相反，专业阅读、案例开发、寻找导师等方式可能会更有效。

（3）具有可行性。特定的专业发展策略通常需要特定的条件，而有些条件可能是教师个人无法争取到的或者需要付出较大代价来交换的。如果选择不具有相应条件的专业发展策略，那么这些策略即使不是无效的，其成效也肯定会受到较大的局限。要使专业发展策略有可行性，既要将专业发展活动镶嵌于日常教育教学实践之中，也要关注并充分利用学校专业发展规划中提供的条件和支持。

三、乡村教师如何制定专业发展规划

乡村教师专业发展规划是乡村教师为自己的专业发展设计的一个蓝图，它能够为教师自身的专业发展提供引导和监控，也能为教师自身对自我专业发展的反思提供参照。通过前面两节内容的学习。我们已经了解了教师专业发展规划的含义和作用，明确了乡村教师专业发展规划应该包括哪些内容，但是到底如何制定专业发展规划，还需要更具可操作性的实施步骤，以下将介绍制定教师专业发展规划的步骤。

（一）基本步骤与操作

（1）搞清楚我们所在的学校是否有需要我们遵循的规划模式或要求

一些学校有专门的专业发展规划的要求。在运用下列专业发展规划模板或者指南之前，要清楚这些特定的要求是什么。

（2）回顾良好的专业发展的构成成分

满足教师个体改善实践的需求，同时使这些需求与学生、学校的需求之间保持平衡。

将学生的发展作为专业发展的最终目标，并将教师个人的目标与学生的需求统起来。

它反映了学校、县（市、州）的教育行动。

将反思作为获得专业发展的主要途径。

包括了对专业发展活动结果的记录。

专业发展标准作为开发和实现个人学习目标的指南。

（3）运用下列问题来澄清自己的目标，开始规划

我希望通过教学让所有学生获得什么？

我如何评判工作的质量与成效？

我的实践如何影响学生的成就？

从现有的资料中，关于学生的需求我知道些什么？

学校的目标和改善计划如何影响我的目标？

我怎么样改善或加强自己的实践？

我如何与他人共同工作以实现自己的目标？

我怎么知道我是否实现了目标？

当学生没有掌握所学内容时我要做什么？

我如何将所选择的专业发展策略贯穿、渗透到教育教学活动中？

（4）确定实现目标所需要的活动或策略

选择活动时必须记住规划不能只围绕短期的在职培训而没有或少有后续活动。专业发展应当以学生学习为焦点，贯穿、渗透到工作之中，有持续对专业发展的评价。此外，与他人共同工作会加强学习并促进所在学校的持续改善和变革。

可以考虑以下这些活动和策略：

参与课例研究；

检查学生作业；

实施行动研究；

找到师父或担任师父；

进行专业阅读；

养成记日志的习惯；

加入专业组织；

学习运用新技术。

（5）评价我们的规划

即使不必向学校递交规划，也当向自己提出下列问题：

目标是否反映了我们自己学生、学校的需求？

我们的规划是否反映了新的学习和成长，而不是只有时间和努力？

我们的目标清晰吗？

我们是否基于资料来确定目标？

我们的规划是否反映了如何加强学生的成就？

我们的规划中是否包含了合作活动？

我们的规划中是否包含了对结果的反思和适当的调整？

是否将评估的方法包括在内？

我们是否明确了要收集的证据？

（6）及早反思且经常反思

不要等到完成了规划中的活动才来反思。考虑记日记，找一个教师作为反思性伙伴，或者参加在线讨论小组。

（7）创建记录成就的档案袋

无论学校是否要求建立档案袋，从收集关于自己所实施的活动的证据的过程中，教师都能受益。档案袋应是有组织的，与规划有清晰的联系，包括最好的材料，并包括陈述自己的学习的反思性部分。

当然，制定专业发展规划的步骤并不是一成不变的，下面再来介绍一种相对来说比较简单的步骤。

（二）简化步骤与操作

（1）确定专业发展的内容

回答清楚：自己要选择哪个方面做规划？为什么要选择该方面？

（2）自我分析

针对确定的专业发展的内容，做出自我分析。这里介绍一种简单的自我分析方法：SWOT 分析法。（图 4-1-1）

内部……个人因素	优势 Strengths 1. 2. 3. ……	机会 Opportunities 1. 2. 3. ……	外部……环境因素
	劣势 Weaking 1. 2. 3. ……	威胁 Threats 1. 2. 3. ……	

图 4-1-1　SWOT 分析法

（3）确定发展目标

确定发展目标可以从两个方面入手，要么从短板入手，要么从志向入手，可以是短期目标、中期目标，也可以是长期目标，不论是哪种目标，都必须是清晰的、具体的、可衡量的和可评价的。

（4）策略确定

策略确定就是为实现发展目标而开展一些活动，要确保采取的策略是可行的、具体的。关于如何确定策略,我们可以在步骤(3)的 SWOT 分析法的基础上,进行 SWOT 策略确定。(图 4-1-2)

优势 Strengths 如何发挥优势? 1. 2. 3. ……	机会 Opportunities 如何利用机会? 1. 2. 3. ……
劣势 Weaking 如何将劣势转化为优势? 1. 2. 3. ……	威胁 Threats 如何将威胁转化为机会? 1. 2. 3. ……

图 4-1-2 SWOT 策略确定

四、乡村教师专业发展规划如何实现

乡村教师的专业发展规划,若想真正实现,需要采取一系列实际的举措,将其落实在行动上。

(一)建立专业发展档案

这里的专业发展档案,可以理解为一个综合性、全方位的"工作记录"。乡村教师除了需要进行传统意义上的工作记录之外,在进行专业发展规划时,也要将其进行记录。这些记录积累起来,便形成了一个特殊的"专业发展档案"。这不仅有利于对发展过程的记录,还有利于教师进行回顾、总结与反思。

教师的专业发展档案,既是一种记录工具,也是一种评价依据。

从记录工具的角度来看,它记录了教师的专业发展历程,对教师个人的教学风格、教学思考、教学态度、教学成果等,也都进行了细致入微的描述。因此,教师可以通过它回顾自身的专业发展过程。教师通过对过去的反思,可以使未来的发展方向更加明确。

从评价依据的角度来看,由于它记录了教师在专业发展过程中的自我规划、落实过程、发展成果等信息,所以,在对教师的专业发展进行评价考核时,该档案也可以充当重要的依据。

通常而言,教师的专业发展档案,应当包含如下内容。

(1)专业发展规划

对这部分档案的完善,需要教师做到以下几点:

①记录专业发展历程；
②分析当下专业水平；
③制定专业发展目标；
④明确专业发展方式。

（2）专业发展过程

对专业发展过程的记录，涵盖了诸多具体的内容，例如：

①课程材料，诸如大纲、教材、教案；
②评测材料，诸如测验、试卷；
③反思总结。

（3）专业发展成果

档案中的专业发展成果，体现为多种材料，例如：

①专业研究与教学研究；
②公开课记录；
③取得进步的具体表现或案例；
④自我反思评价；
⑤师生或督导组对自己的评价。

建立专业发展档案的建议：

（1）根据不同内容，分别建立档案；
（2）尽量使用活页，便于补充修改；
（3）广泛收集材料，便于从中选择；
（4）进行教学思考，陈述教学认识；
（5）描述教学活动，记录教学成果；
（6）多加提炼总结，保证篇幅简短；
（7）常做自我反思，记录反思结果；
（8）持续建设档案；不断整理档案。

（二）进行持续反思

自我反思不是专业发展规划的起点，而是和专业发展规划相伴相生的过程。从内容上讲，反思的内容既包含自身的实践发展，也包括规划本身；从时间上讲，反思既要开始于规划前，也要贯彻于活动中，还要落实在活动后。

这其中，教师对于专业发展规划本身的反思，较为难以理解，现罗列部分参考，具体如下：

（1）自身的需求是否体现了出来？

（2）与学校的目标规划是否契合？

（3）个人兴趣与实践有无体现？

（4）是否反映了专业发展标准的要求？

（5）目标是否清晰？

（6）自己如何记录并评价自己的努力？

（7）规划是否体现了真正的学习？

（8）规划是否涉及学生学习的进步？

（9）规划是否涉及学生学习的进步？

（10）规划中是否包含了合作活动？

（11）是否有评估的方法？

（12）是否明确自己要收集的证据？

教师在经历了一定的发展阶段之后，需要根据这一阶段的成果与评价，对这一阶段的活动与实践进行反思。这种阶段性的反思，需要教师以规划中的目标为参照，结合实际的发展成效，进行以下思考。

（1）明确已经完成的目标和发展失败的目标；

（2）明确尚未进行的目标以及接下来要完成的目标；

（3）对已完成的目标进行经验总结；

（4）对发展失败的目标进行原因分析。

阶段性的总结反思，就像登山时的驻足回望，它不仅是对过去的回望，也是对未来的调整与分析。

在进行阶段性反思时，教师需要一定的客观材料作为支撑，否则就会使反思的过程过于主观化。这些客观材料，可以包含以下内容。

（1）学生的实际表现与进步；

（2）学生作业的样例；

（3）行动研究项目及其结果；

（4）所发表的论文等专业成就；

（5）大纲、教案等教学材料；

（6）学校领导、同班级学生的评价；

专业发展规划其本身并不是不容更改的。教师在阶段性反思时，不免会发现原定规划的不妥之处。例如，不能够满足自身的需求、与学校的教学需求存在出入、与学员的需求不够契合、超出了自身的能力范畴等等。因此，教师既要遵循规划，砥砺自我，也要灵活面对，适时调整。可以说，教师的专业发展，是一个动态的过程。

教师若能通过自身的努力，实现专业发展的目标，自然是值得称道的。但这并不意味着，在此过程中，教师不能够依赖外界的助力。通常来说，在专业发展的过程中，外界的帮助会为教师提供强大的动力，教师也往往会因此收获更好的发展成果。

例如，当教师向一名同事寻求帮助时，则可以通过他人的视角，对自己有一个更全面的认知。他人可以为教师提供的视角，包括了以下几个方面。

（1）他人可以从另外一个角度，对教师进行评价，增进教师对自身的认知。

（2）他人可以结合其自身的经验和思考，对教师所处的环境进行评价分析。

（3）他人可以运用其不同的思路，对发展规划的合理性、可操作性等方面进行评估。

教师可以借助他人的帮助，也需要借助他人的帮助。因为教师并不是孤立的存在，而是处于包括了学生、同事、领导、村民等构成的集体之中。因此，从可能性上来说，教师可以充分利用身边的众多资源；从必要性上来说，教师在制定专业发展规划时也需要充分结合周围人的意见。可以说，教师身边的人，与教师之间的关系是相互促进的，他们既是教师工作的目标，也为教师提供了发展的支持。

第二节 乡村教师教育教学实践

每一次教育教学实践，乡村教师都应该认真对待。一方面，教育教学实践，是乡村教师发展水平的展示平台；另一方面，乡村教师在教育教学实践的过程中，可以积累经验，获得教育教学智慧。所以说，每一次教育教学实践对乡村教师的发展来讲都是重要的。

开展教育教学活动是教师最基本的本职工作，通过教学活动培养学生"成才"，通过教育活动引导学生"立人"。

一、乡村教师教育活动的开展

对所有乡村教师而言，任何教育活动的组织开展，都需要从制定教育活动方案开始，而后组织实施。

(一)教育活动方案的设计

所谓活动方案,简单来说就是在教育活动中对具体活动进行的规划安排,无论哪种类型的教育活动,都需要有事先拟定好的活动内容与步骤,对每一次教育活动的"精心设计"是保证其顺利开展和取得教育效果的必备条件。

一份完整的教育活动方案是由活动名称,活动目标,活动时间、地点和人员,活动内容和形式,活动步骤,活动准备,活动总结和反思等要素构成的。其中,目标、内容和形式步骤是构成活动方案的"三要素",是活动方案的核心。在这一部分,教师一定要写清楚"为什么做"(目标)、"做什么"(内容和形式)、"怎么做"(步骤)。另外,为了表达清晰,活动方案的正文一般都要分条分项地写。现在,我们具体来看看乡村教师在设计教育活动方案的每一个构成要素时应该注意什么。

1. 活动名称

这一个好的活动名称能够让参与的学生在听到它的时候产生好奇,从而精神振奋、意气风发地参加活动。所以,取一个主题明确、响亮新颖的名称很重要。

教育活动命名要充满学生的成长气息,要反映活动的主题,要有浪漫气息和较强的感染力,要简练、醒目、朗朗上口等。

2. 活动目标

活动目标是构成教育活动方案的"三要素"之一,也是制定活动方案和评价活动的依据。乡村教师在制定活动目标时应该注意以下几点。

(1)活动目标要具体明确。

(2)不要盲目使用心理学的分类目标来制定活动目标。

(3)体现学生的主体地位。

(4)活动目标要可衡量、可评价。

(5)多个活动目标之间要有层次性,逻辑关系要清晰。

(6)活动目标不应过多,一般不超过三个。

3. 活动时间、地点和人员

时间、地点和人员是教育活动开展的基本要素。按照我们的分类,教育活动一般是以班级、小组或者学校为单位来开展的,教师在设计教育活动方案时应该根据学生的特点需求、知识水平以及学校的总体安排、教学日历等来确定时间、地点和人员。

4. 活动内容和形式

无论开展哪种类型的教育活动,都应该根据活动的内容来选择那些最能达到活动目标的活动形式,以求收到最佳的活动效果。

选择理想的教育活动形式的依据有四点:活动内容,现实条件,学生的年龄特点需求以及其他实际情况,教师自己的特长和优势。

5. 活动步骤

事先设计好活动实施的每一个步骤有利于保证活动的顺利开展。乡村教师在设计活动步骤时除了要明确提出活动的每步如何展开,还应该提出活动的注意事项,预测活动中可能出现的问题并设想可能的解决方法,只有这样才能确保教育活动有序顺利地开展。

特别是对于持续时间长、综合的教育活动,活动步骤的设计显得尤为重要。对于持续时间长的教育活动,一般按时间段对应活动具体目标、内容、形式和参与者来设计活动步骤;对于综合的教育活动,一般将综合的教育活动分解为有逻辑关系的目标或任务模块,再对应设计出内容、形式和号与者。

6. 活动准备

乡村教师在活动开展前,要对活动涉及的参与人员、活动场地、所用器材以及工具设备进行周密考虑,以确保所开展的活动能顺利进行。

对于活动涉及的参与人员,如校领导、学生家长等,教师要提前联系、沟通、协调,在活动开展前的三天内,应做最后的确认;对于活动场地,如果教师不熟悉,最好提前实地了解。

7. 活动总结和反思

教育活动开展完以后绝不意味着结束,对活动的总结和反思是必须要做的。通过对活动的总结和反思,可以使活动的效果得到巩固和加强,也为以后的活动开展总结经验,还可以延伸出拓展活动,使活动的教育目标得以延续和深化。对教育活动的反思,可以按如表 4-2-1 所示进行。

表 4-2-1　教育活动的反思

烦死的维度	成功之处	需改进之处	对以后活动的启发
活动方案	1. 2. 3. ……	1. 2. 3. ……	1. 2. 3. ……
活动过程			
活动效果			

(二)教育活动的组织与实施

对于所有乡村教师而言,无论哪种类型的教育活动,前面介绍的教育活动方案的设计都是适用的。为了方便起见,在教育活动的组织与实施部分,我们将按照乡村教师是否担任班主任,对其开展的教育活动进行类型的相对划分。

对于不担任班主任工作的教师(包括校长、学校中层领导、任课教师)而言,其所负责的教育活动类型主要有社团活动、校内大型活动、校外社会实践活动;而对于班主任教师而言,其所负责的教育活动主要是指班级活动,诸如劳动活动、学习活动、文体活动、心理健康教育活动、主题班会等。

1. 非班主任教师的教育活动

(1)社团活动

社团活动可以丰富文化生活、拓宽学生视野、促进学生交往、提升学生素质。乡村教师在开展社团活动时,需要注意以下方面。

①开展社团活动的原则

A. 社团活动与教育教学相结合。社团活动应该贯穿于整个教育教学之中,通过实行课程化的社团活动点燃学生学习和创造的激情让学生在活动中体验快乐。

B. 社团活动与主题教育活动相结合。结合重大节日、学雷锋活动月、新生入学教育、社会主义核心价值观教育等主题教育活动,将主题教育渗透到社团活动中去。

C. 社团活动与德育常规管理相结合。把社团管理纳入德育管理体系中,让学生社团参与德育日常管理,这样既可以让德育回归到学生的日常生活中去,也可以培养学生自己管理自己的能力。

D. 社团活动与社会实践相结合。积极地为组织开展的社团活动创造接触社会的机会,比如让音乐类社团参加校外文艺演出,美术类社团参加校外的书画比赛,文学类社团参加校外征文比赛演讲比赛,摄影类社团进行校外采风等。

E. 社团活动与乡土文化相结合。乡村社会民风淳厚、优秀传统文化底蕴深厚,它们都是社团活动重要的教育资源。可以根据本地实际组建具有乡土特色的社团组织,在开展这些社团活动时采用让学生走出校园、把优秀乡土文化人请进校园的方式,让学生有机会接受乡土文化的熏陶,体验乡土文化的魅力,传承乡土文化的精髓,发扬乡土文化的精神。

②组织开展社团活动的几种方法

A. 还社团于学生。社团活动是学生的社团活动,教师只是学生社团活动的指导者。把社团还给学生,包括还纳新于学生、还管理于学生、还活动于学生、还评价于学生。这种还社团于学生的方法能让学生学会自我经营和管理，走向自我教育与自主发展的道路。

B. 引入竞合机制。在组织社团活动时引入竞合机制，比如开展社团间的比赛活动或者开展需要社团间合作的活动，这种在竞争中合作，在合作中竞争的方法，有利于培养学生的团队合作意识和能力，能够激发调动学生参与社团活动的积极性。

C. 搭建展示平台。在组织社团活动时搭建展示平台，比如举办大型校内节日欢庆会、特色艺术展演会、综合艺术展演活动等。通过搭建展示平台，让学生尽显才华、张扬个性，培养，彰显学生的艺术创造力。

D. 鼓励创新创造。在开展社团活动时可以鼓励学生创新创造，让他们的奇思妙想尽可能地得到支持，这样可以培养学生善于创造、勇于创新的精神。

E. 注重综合实践。在组织社团活动时注重让学生进行综合实践，而不是只把社团活动局限于学校之中，比如除了组建校内社团外，还可以组建社区服务社团、社会实践社团等。让社团活动与学生的生活相关联，让学生在参加活动的过程中学会生活。

③评价社团活动的几种方法

在每学期末进行一次综合考评，这种考评可以使用由"社团成员互评—社团负责人推评—社团联合会考评—学校领导小组总评"组成的"四位一体"的综合考评方法。评价之后，进行奖惩，对于不合格的社团，设置"限期进行批评整改""撤销社团资格"等具有梯度的惩罚机制。

作为社团负责人的教师，可以设置奖励与惩罚机制，比如设定"日常活动的星级奖""主题活动的等级奖""综合考评的优秀奖"等适用于不同类型的不同奖励。

（2）校内大型活动

每个学校都会根据上级的要求、社会的热点、学生的特点开展大型的校内活动，比如全校读书会、校园运动会、校园科技展览会、校园文艺展。如何组织开展校内大型活动呢？以下是一些参考意见。

作为活动的总负责人，首先要做的就是要牵头制定出活动方案，关于活动方案的设计，前文已述。在活动方案的制定过程中，在活动的具体组织实施中，在活动的反思评价中，应特别注意以下几点。

①领会活动的精神

学校开展的大型活动不同于教师要开展的班级活动，教师要领会活动的精神，比如要明确学校想要开展什么主题的活动，想要达到什么样的活动目标，期望怎么组织此次活动，期望活动规模有多大，等等。只有领会了这些活动精神，才能通过理论学习、请教专家、咨询学生的意见等途径设计活动方案，顺利组织实施活动。

②发挥学生的主动性

作为活动总负责人，负责组织开展活动不是独自全程包办或者全程放手交给学生，应该在指导的基础上发挥学生的主动性。

A.让学生自主决定活动。可以给学生传达活动精神然后向学生公开征集本次活动的活动计划和活动方案，选择符合活动精神又有创意的活动方案后再广泛征求全体学生的意见，并修订活动方案。

B.让学生自行组织活动。学生是活动的主角，可以把活动方案的某些环节放手给学生去组织，这样既能让学生通过参与活动展示才华，又能增强其自信心。

C.让学生充分展示自我。在组织活动时，应该考虑尽可能地为学生创造参与的机会，让每一个学生都能有展现自我的空间，都能够发挥自己的聪明才智。

③创造性地开展活动

学生对于一成不变的活动形式是会厌倦的，所以在组织学生大型活动时，应该创造性地去开展。这就要求活动的总负责人要有创造性思维，要善于凭借自身的工作经验，学习借鉴别人的经验，创新活动形式，吸引更多的学生到活动中来。

④实现主动交流

A.与领导交流。在活动方案出炉之后，可以听听领导的建议；在组织活动遇到问题时，可以寻求领导的帮助；在活动结束之后，可以听听领导的评价。

B.与有经验的老师交流。要积极主动地寻求有经验的老师的帮助，毕竟他们是"过来人"，能提出些比较中肯的有建设性的建议。

C.与学生交流。学校开展活动的初衷是为了学生的发展。所以，在设计活动方案时就要广泛征求学生的意见，充分和学生交流意见，在活动内容、活动方式等的选择上要满足学生的需求。

（3）校外社会实践活动

校外活动很受学生的欢迎，是比较重要的一种活动类型。一般情况下，校外活动的主要形式是社会实践。

首先要做的就是要制定活动方案，关于活动方案的设计。活动方案的设计要注意以下几方面。

①校外社会实践活动的目标定位

在设计活动方案之前，教师首先要明确本次实践的目的。例如，有些实践是为了实地学习,有些活动是为了联络情感,不同的实践目的会直接影响实践方案的制定。

②地点选择和计划拟定

在实践地点的选择上,乡村教师既可以自己寻找,也可以充分发挥学员的智慧。学员作为当地村民,自然会对周围的环境更加了解。教师需要综合考虑多方意见,对相关的因素进行综合考量,最终确定实践的地点,并以实践的目的和地点为基础,制定最终的计划。

③实践活动的准备

在实践活动开展之前,教师还应当做好充足的准备工作。在做准备工作的过程中,还可以根据新出现的问题,对原有的计划进行适当调整。

A.提前勘查活动地点。实践活动不是轻松愉快的郊游,也不是简简单单的开会,实践活动带有其特定的目的,因此,不论活动场地的熟悉与否,教师都应当提前前往,进行实地勘察。在实地勘察的过程中,教师也会对实践的目的、流程等进行更深的思考,这不仅有利于实践活动更加高效地开展,还往往能够为教师带来灵感,使其思考到新的问题。

B.活动准备。乡村教师可以和学生一起设计校外社会实践活动的标志。可以将学生分组,向学生说明参加校外社会实践活动的注意事项,提醒学生准备好校外社会实践活动所需的用品,如水、食物、药品等。

④实践活动的延伸

实践活动并不结束于返校之时。当活动结束、师生返校之后,教师要组织并引导学员进行交流分享,让学员们表达自己的感受与思考。这是将实践成果深化的过程。

⑤实践活动的评价

在整个实践过程中,教师的任务并不随着学生活动的结束而结束。在活动之后,教师需要对整个活动进行反思、评估。评估的内容既要包含活动本身,例如是否达成了预计的目标,也要评估学生的表现,例如参与的积极性、秩序性。

⑥安全问题

在前文所述的一系列环节里,有一个问题,贯穿着实践活动的始终,即安全问题。当学生的主体是大人时,尚且不用过于操心,但当学生的主体是孩子时,这一问题则会异常瞩目。首先,面对校外的实践活动,学生势必会表现得很兴奋;其次,校外的实践活动从客观上就具备很多安全隐患,例如交通安全、活动安全、饮食安全等问题;再次,青少年学生本身充满活力,没有成年人的稳重,相比之下更容易出现安全问题。因此，教师从活动计划的制定开始，到完成活动学生返校为止，都要将安全问题放在首位。

具体而言，在校外的实践活动中，教师需要注意以下几点。

A. 教师需要排查所有与活动有关的物品，排除安全隐患。例如，车辆、设备、场地等。必要时，例如进行需要长途坐车的实践活动，还可以考虑购买相关保险。

B. 在活动开始前，要开展相关的安全教育，即使学生不厌其烦，也要做到三令五申，从而提高学生的安全意识。

C. 在实践活动过程中，需要对学生格外关注，谨防突如其来的危险因素。

D. 在进行活动规划时，需要对先关事情充分考虑，思考解决方法，制定相应的安全预案。

2. 班主任教师负责的教育活动

班主任可以负责的教育活动除了上述活动外，主要是班级活动。所谓班级活动，就是以班级为单位的学生活动。它具备以下特点。

（1）班级活动需要班主任进行领导组织。

（2）班级活动的目的，大多为组织管理或指导教育。

（3）班级活动是学生民主生活的重要形式。

班级活动的表现形式多种多样，例如，学习、劳动、文娱、心理健康教育活动、主题班会等。在此，我们重点介绍心理健康教育活动、主题班会。

（1）心理健康教育活动

由于乡村学生中有相当数量的留守儿童和困境儿童，他们的心理健康状况总体不容乐观，而且，大多数乡村学校没有专业的心理健康辅导教师，所以乡村班主任教师要承担起学生心理健康的教育工作。

在与学生沟通方面，班主任相较于其他任课老师，有着显著的优势。由于班主任与学生相处时间更多，对学生更为了解，所以结合班主任工作对学生进行心理健康教育，较为可行。下面我们来谈谈班主任开展学生的心理健康教育活动的途径、形式等内容。

①实施途径

A. 班会

班会是思想、品德、心理教育的主要阵地。一方面，教师要将班会课充分利用起来；另一方面，教师也要注意心理教育的方式和技巧，要让心理健康教育变得充实、生动，从而使课程内容深入学生的内心。

B. 各种仪式

学校中常常会有各种仪式，例如开学典礼、升旗仪式、入团入党仪式等，在这些场合，也可以进行心理健康教育。这些场合往往庄重严肃，因此即使教育内容较为轻松，但在教育方式上也往往是以简单的讲话教育为主。同时，也正是由于其庄重严肃的氛围，学生时常可以听得更加认真仔细。

C. 文娱活动

首先需要强调的是，学校的文娱活动，并不是简单的娱乐活动。文娱活动是"生活教育"的范畴，它本质上是带有一定休闲性质的教育活动。可以说，文娱活动是课堂教育的延伸。教师可以通过文娱活动，以轻松愉快的方式，对学生进行心理健康教育。这有助于学生消解疲劳、保持朝气、陶冶情操。

D. 社会实践

社会实践活动本身就是调节学生心理状态的重要手段。通过社会实践活动，学生可以开阔视野、活跃思维、增加学识，逐渐增加创新能力，形成良好的心理素质。

②组织形式

A. 游戏辅导

这是一种由"游戏治疗"发展而来的教学形式。它以被专门设计过的"游戏"为媒介，在这个媒介中，学生的内心将会在不觉间表露出来，教师可由此对学生进行辅导。这种教学形式在面对低龄学生时能够起到很好的效果。

具体而言，学生在游戏辅导的过程中，会进入另外一个被构造出来的世界。这个世界是由日常生活构成的自然情境。在这里，学生会流露出内心的情感与好恶，他们的喜怒哀乐会真实地表达出来，他们身上的闪光点能得到张扬，他们内心的缺点也会逐渐显露。

此时，就需要教师对学生进行指导。教师可以在游戏中纠正学生不正确的做法，也可以在游戏后让学生自发进行讨论与点评。通过这种方式，可以促使学生逐渐改进性情上的弱点，形成良好的品格情操，逐步进行人格上的完善。

B. 角色扮演

角色扮演的形式有许多种，我们所熟知的情景剧、小品、心理剧等，都是角色扮演的范畴。学生在角色扮演的过程中，会对不同的角色进行想象、模仿、体验，进而对不同的角色进行感受与思考。由此，学生会在不知不觉中开始理解他人，逐渐学会从他人的角度认识问题，这不仅可以帮助学生脱离狭隘的视域，更有助于推动学生人格的塑造。

在此过程中，教师需要以不同的方式，对不同的学生进行单独的设计。设计的内容需要符合学生的性格特点，做到"量身定制"，这样的角色扮演才能起到真切的作用，切实改善学生消极的心态与行为。

C. 主题讨论

主题讨论具有以下原因。学生对于社会乃至世界的认知都是有限的，碍于这种不充分乃至片面的视角，学生在看待问题时，也往往会陷入片面的视角。片面的视角会导致片面的认知，而片面的认知则会滋生一系列心理问题。

主题讨论具有以下内容。首先，教师引导学生进行人生与社会的思考。具体而言，这些思考可以包括对人生的想法、对社会的认识、对挫折的态度等等。其次，教师组织学生进行观点交流。在交流讨论中，学生之间的思想可以得到融合与升华。

主题讨论具有以下目的。其一，帮助学生了解他人的想法。其二，帮助学生开阔视野、增长经验。其三，为学生带来更多的体会与感悟。其四，使学生的心灵更加包容、开阔、明亮。

③乡村留守儿童的心理健康教育

针对乡村留守儿童和困境儿童的心理问题除了通过开展班级心理健康教育活动，对留守儿童进行心理健康教育以外，班主任还可以做这些事：

A. 建立留守儿童档案袋。班主任可以建立留守儿童和困境儿童档案袋，以便掌握他们的信息。可以随时根据了解到的情况和留守儿童的信息变化更新补充档案内容。这样，班主任不仅能动态掌握这些学生的信息和家庭状况，也可以此为参照，比较他们在学习、品德、习惯等方面的发展变化，有针对性地提供帮助。

B. 细心观察。班主任不但要传授知识，而且还要观察班上留守儿童和困境儿童的心理状态及思想状态，如果出现问题，就需要及时和他们进行交流，给予他们关爱。

C. 组织集体活动。由于父母不在身边，留守儿童内心难免缺乏安全感，感受不到家的温暖；困境儿童往往表现出自卑、冷漠、不合群的特点。班主任作为一个班级的"大家长"，应该多组积极有益的班集体活动，让他们从中感受到温暖，获得归属感。

D. 开展互助活动。班主任可以从陪伴方面入手，让留守儿童能够互相帮助，结成固定的伙伴关系。比如，班主任可以帮助困境儿童与其他同学结成互助小组，让困境儿童在与其他同学在互帮互助的过程中，走出困境，同时实现互助小组成员的共同进步。

E. 提供宣泄平台。很多留守儿童和困境儿童的心理问题是潜藏性的问题，不经过长时间的接触和观察很难发现。班主任可以为他们提供一个说心里话的平台，比如让他们写"真话日记"，把自己的心里话写出来，把所有的疑惑、不安都宣泄出来。

F. 加强家校联系。班主任要深入留守儿童和困境儿童的家庭中，了解他们的家庭状况、在家的表现，反馈他们在学校的表现，和他们的抚养者时刻保持联系，结成合力教育"联盟"。

G. 架起父母与其子女心灵相通的桥梁。班主任不仅要教育留守儿童和困境儿童保持和父母的联系、学会理解父母的辛劳，同时也应与他们的父母取得联系，告诉他们要多关心孩子，不要只关注孩子的物质生活，如果精神生活消弭了，物质生活再富裕也于事无补。

（2）主题班会

主题班会是班主任围绕特定的主题对学生进行思想品德教育、科学文化知识教育以及学生进行自我教育的有效形式。主题班会的最主要的功能就是德育，它是班主任对学生进行思想品德教育的重要阵地和载体。所以在这里不单独提到德育主题教育活动，而是把它放到主题班会中。

主题班会的类型多种多样，有思想道德类、学习类、生活劳动类、审美艺术类等，因为德育是主题班会最主要的功能，自然地，思想道德类主题班会便是其中最主要的类型。思想道德类主题班会的内容包括行为习惯教育，文明礼貌教育，道德规范教育，纪律教育，态度、情感教育，意志品质教育，集体主义教育，爱国主题教育，理想、信念教育，人生观、世界观、价值观教育等。

班主任应该如何设计、组织开展主题班会活动呢？

①主题的确定

选好主题是开好主题班会的前提。

班主任可以以小见大，从学生的实际中挖掘主题。"小"是指生活中的一些小事或者普遍现象，"大"是指这些事情背后隐藏的问题或者蕴含的道理。一个具有敏锐观察力的班主任，善于从学生的细微表现中捕捉到大的教育主题。

班主任也可以"以大见小"。"大"是指社会上的重大事件，"小"是指学生的具体思想与行动。班主任可以从社会热点中挖掘出教育主题。

班主任需要从"学生视角"选择主题。学生有自己的喜怒哀乐，有自己的思维方式，一个远离学生思想的话题很难引起他们的关注，只有贴近学生心灵的话题才能令他们产生共鸣。

②内容的选择

活动内容要有针对性。班主任应该根据自己所带班级学生的年龄、心理、生理发展等具体情况,来选择活动内容。

活动内容要有鲜活性。主题班会的活动内容要丰富多彩,要在变换中求鲜活,使活动内容既新鲜又富有时代感。

③形式的确定

主题班会的形式有很多,具体形式应由内容决定。班主任应该根据所确定的活动内容来选择恰当的活动形式,以达到最佳的教育效果。

④主题班会的实施

A.前期准备。其一,精神准备,即调动学生的积极性,让他们都自觉地投入到主题班会的各项准备工作中去。其二,物质准备,即把主题班会所需要的物质条件、工具设备及时准备好,如鲜花、气球、黑板报等。

B.具体实施。在此过程中,班主任需要注意三方面。其一,重视学生的自我体验,例如让学生担任主持人、让学生发表见解、让学生进行角色扮演等等。其二,凸显活动的动态生成,即不能完全受控于既定方案。其三,尊重学生的真实表达,教师要通过课堂上的一系列引导,使学生学会倾听。

⑤主题班会的评价与反思

评价与反思的方式主要有:班主任撰写班级主题活动案例、主题班会活动总结,选择班会的某个教育视点进行教育叙事,进行问卷调查、访谈等。班主任也可以通过让学生撰写活动心得、体会、日志,从班级网站、聊天群中搜集学生的活动心得,开展主题班会活动交流会、学生座谈会等方法获得学生层面的评价。

二、乡村教师的教学活动如何进行

教学是育人的主渠道,是教师的首要任务。现在介绍两种独特的乡村教学组织形式。

鉴于当前和今后一段时期里,我国的乡村学校中有大量的小规模学校的情况,学生人数少、教师数量不足、资源匮乏现象严重,我们在这里主要介绍两种独特的教学组织形式:复式教学和包班教学。

(一)复式教学

1.复式教学的定义

作为教学组织形式之一,复式教学有其自身的适用性,主要面向具有较少适龄儿童、较小教育规模的偏远地区教育。具体而言，就是将两个以及两个以上年级的学生进行合编，让他们成为一个新的班级，共用同一间教室，由同一名老师使用不同年级的教材对他们进行教学。而在教学过程中，教师对不同年级学生轮流采用"直接教学"和"布置作业"的教学方式，当一个年级学生写作业时，教师对另一个年级学生进行教学授课；而当授课完成后，再对他们布置作业，继而向前一个写完作业的年级开始新的教学。这样能够实现同一节课轮流教导两个或两以上不同班级。

2. 复式教学的类型

实践中，复式教学有着多种组织形式，而采用何种形式则取决于学校规模大小。具体来说，复式教学共有三种类型，具体如表4-2-2所示。

表4-2-2　复式教学组织形式

类型	概念	案例或编班形式
单班多级复式	当学校仅仅拥有一间教室时，则将所有年级学生都聚集在教师内，让一名教师对他们进行授课。该复式教学组织形式常被用于有着较多年级、较少学生的学校内（校内所有学生总数约为50—60人左右）。	四川省茂县的湖尔小学共两个年级，学生只有14人。因而湖尔小学将学生全部编入一个班，让一名教师在同一节课中，负责给这两个年级授课。
两班二、三级复式	当学校一共有两间教室时，让两名教师对4—5个年级的教学工作进行承担，这就是"两班二三级复式"教学组织形式。	举例如下：假如我们需要将四个年级重新编为两个班级，那么可以将一年级与三年级编为一个班，二年级和四年级再编为一个班；假如现在多了一个年级，需要将五个年级重新编为两个班级，可以将一年级、二年级、四年级编为一个班级，三年级、五年级再编为一个班级；或者让一年级到三年级在一个班，四年级五年级为一个班；又或者让一年级和二年级成为一个班，三年级到五年级再成为一个班。
一班单式两班二级复式	当一所学校有三个教室时，一班单式两班二级复式教学组织形式就是，让三名教师对五个年级的教学工作进行承担。	在学校的三个班级中，设置单式班级一个、二级复式班级两个。而三名教师中，由一名教师固定教授一年级，而其他两名教师则分别对二年级、四年级和三年级、五年级进行教授。（或者让他们分别教授二年级、三年级和四年级、五年级）

3. 复式教学的策略

乡村教师在采用复式教学的组织形式时，可以考虑使用以下几种策略：

（1）乡村教师可以采用"动静搭配"的教学形式。也就是说，当教师对一个年级进行直接教学时,其他年级最好安排自主学习(自动作业)。否则,容易造成教学秩序混乱,不利于课堂教学的顺利开展。

(2)在编班时可以让高低年级的学生搭配起来。比如把一年级和三年级编在一个班,二年级和四年级编在一个班,有利于学生之间"以大带小"互帮互助。

(3)复式教学中学生自动作业的时间"长",教师直接教学的时间"短"。因此,乡村教师可以"顾长避短",在直接教学中"精讲",在学生自动作业中让他们"巧练"。

(4)乡村教师对教学活动进行开展时,可以先保证某一个年级教学具有整体性、连贯性,再对时间进行巧妙安排、合理利用,兼顾好其他年级的教学。

(5)乡村教师要立足乡村教学的实际情况,综合考虑学生所处的学习环境,对学习所用的教材加以整合,实现"化难为易",让教学内容能够和大多数学生学习水平相适应,既不会太过复杂,也不会偏向简单。

(6)复式教学班的教学任务重,教学内容复杂,因此,乡村教师可以注意培养一批学习好、责任心强,又乐于助人的得力小助手,来帮助自己完成课堂教学任务。

(二)包班教学

1. 包班教学的定义

包班教学的教师应当对自己所包班级的所有工作任务进行负责,不仅包括教学工作,还包括对学生进行生活方面的管理,以及对班级进行常规管理等。

2. 乡村学校包班教学存在的原因

我国广大农村小规模学校采取"包班教学"的教学形式,无关先进的理念,就现实而言,是缓解目前乡村地区资源紧张的应然之举,其成因是复杂的。

第一,乡村地区师资紧缺。在偏远的乡村地区,由于条件艰苦,一所学校只有几名教师,学校师资力量紧缺,只能将一个班级的全部教学和管理工作分配给一名教师,"包班教学"由此应运而生。

第二,乡村小学具有小班化条件。首先,随着城镇化进程的加快,越来越多的乡村儿童更容易进入城镇,留在农村的儿童逐渐减少。其次,由于地理条件、交通信息、思想意识、经济水平等诸多因素的影响,很多农村学校无法"撤点并校"。很多偏远的乡村学校在校生数量不超过三十人,有些学校甚至出现了"一师一校"的局面。

第三,乡村地区没有城市那样丰富的物质资源。虽然近些年来,国家大力振兴乡村教育，斥巨资对乡村教育事业进行扶持，致力于对农村教育条件的改善，然而，部分偏远地区仍然有着落后的办学条件，硬件设施很是有限。因此，在这些乡村学校实行"包班教学"，能够有效地利用不多的教育资源，在一定程度上减轻对教育资源的依赖。

3. 乡村学校包班教学的策略

（1）乡村教师在思想上要认识到位

在一些乡村小规模学校，采用包班教学的教学形式，也是不得已而为之。所以乡村教师不要抱怨教学任务重、工作繁杂，这是由乡村学校的客观教育条件决定的。另外，乡村教师"包班教学"，为提升自身的专业发展也提供了较好的机会。因此，乡村教师要甩掉抱怨、抵触的思想包袱，轻装上阵。

（2）乡村教师要认真备课

包班教学就意味着对乡村教师的专业水平的要求更高，不仅要精通自己擅长学科的知识，还要掌握其他学科的知识。因此，在包班教学时，乡村教师要认真研读每一学科的教学大纲、教材、教辅资料，写好教案，准备教具等，总之要认真做好课前准备，以便顺利开展教学活动。

（3）乡村教师要灵活安排每门课程的进度及时间

毕竟是一个人带全科，教学工作量大。因此，乡村教师要做好课程规划，认真安排好每一门课程的时间和进度，不要这门课已学了一半的内容，那门课才上了两节课。

（4）乡村教师也要兼顾副课

培养德智体美劳全面发展的人是我国的教育目的，乡村教师不能因为自己包揽了所有学科的教学，就把时间都放在语数外三门主课上或者任意占用音体美副课的时间去上语数外的主课，而应该同时兼顾主课副课，齐头并进。

（5）乡村教师可以培养小助手。乡村教师包班教学就是一人身兼数职，工作确实不轻松。因此，可以在学生中寻找小助手、培养小助手，让成绩优秀、学有余力、乐于助人的学生在工作中帮助自己，做些力所能及的事情。

（6）乡村教师应注重平日里的学习。

一个人负责一个班的所有学科的教学工作，学生管理工作、班级管理工作对乡村教师的业务水平和业务能力提出了巨大的挑战。所以，乡村教师要注重平日里的学习，不断丰富自己的专业知识、提高专业能力。

第三节 乡村教师自主研修与校本培训

一、自主研修

（一）发展自我反思能力

乡村教师发展自我反思能力，坚持进行自我反思是非常有必要的。通过定期自我反思，乡村教师能够提高自身对各种教学要素的分析能力，能增强对自己的调控能力，也有利于发现专业成长当中存在的问题，从而一步步走向进步。良好的自我反思能力能够培养教师良好的思维能力。

（二）做好教育叙事

教育叙事，顾名思义，即叙述教育中发生的各种故事。教师做好教育叙事，就是要采用叙事方法，对自己在教育实践、教学生活中所经历的事情加以记录。通过记述事件，教师能够更清楚地表达自己心中所思所想，将在自身经历中对教育的感悟明晰化、理论化。某种程度上，教育叙事也是一种教育反思，教师通过叙事的形式，反思总结自己在教学经历中的经验教训。

1. 教育叙事的内容及分类

教育叙事的内容多种多样，与教师的工作、生活密切相关。它可以是教师上完一节课后的自我反思，也可以是教师对所教授班级测验结果的总结梳理，还可以是教师在教学过程中所遭遇的偶发事件，等等。具体而言，如果按内容对教育叙事进行分类，可分为如下三种：

（1）教学叙事

教学叙事所记叙的是教师的教学工作，也就是教师运用夹叙夹议的方式，对自己某个较为完整的教学片段或是某节完整的教学课堂进行记述。

学校对学生进行教育，最主要的方式就是通过"上课"，也就是课堂教学。同样的，课堂也是教师的"主阵地"，课堂教学是教师开展教育科研活动的重要形式。

当然，对课堂教学的记叙不是"流水账"，不用事无巨细样样俱全，教师要懂得抓住重点，有所取舍地进行叙述。例如，教师可以着重记叙如下内容：所选课堂教学中较为突出的部分或某个重点环节；课堂教学过程中教师处理、调整的部分教材内容；课堂教学过程中出现的偶发事件或者学生吵闹问题、教学冷场问题等，包括假如教师在教学时被学生提出的奇怪问题难倒，不知如何回答，也可以记录下来。因为每一节课堂都是崭新的，都是多姿多彩的。教师要有一双"慧眼"，能够抓住课上的闪光点，抓住那些突发情况，以此为出发点，书写好自己的教学叙事。

（2）生活叙事

课堂教学并非教师工作的全部内容，因而教师还要对一些课余的"生活事件"加以记叙，例如对班级的管理工作、对教师的管理工作等。或者我们可以给它起一些更贴切的名字："班级管理叙事""德育叙事"等。

（3）自传叙事

很多教师一看到"自传"，就觉得是要给自己写自传体小说，其实这是不准确的。教育叙事中的"自传叙事"并不等同于普通的自传，不是面面俱到地记录自己成长过程，它是有所选择的，只会以一些非常重要的节点为内容，记录的都是教师在自身成长与专业发展过程中的关键点。当然，教师也不是简单地罗列这些时间节点、事件内容，而是要对之加以梳理，同时深刻思考在这一阶段得到了怎样的体悟，回首过去，更好地展望未来，对下一阶段进行计划。

相较于"教学叙事"和"生活叙事"，"自传叙事"显然更受教师喜爱。因为在写自传的时候，教师会更加放松，一边回忆自身经历，一边尽情抒发感悟，而不必非要总结出什么教育"大道理"。实际上，在教师记录过去、反思自身的时候，其实教育理论已无形融入事件之中，融入这种思索之中，潜移默化地变为了教师自身的教育信念。

2. 写好教育叙事的方法

（1）写什么

如上所述，教育叙事的素材不是凭空想象的，更不是胡编乱造的，它来自于教师的教学日常，来自于教师的教学研修。因而教师在工作生活中要养成习惯，多多捕捉教学活动中的问题，哪怕一次偶发的冲突，都可以成为教育叙事的素材。教师还要对自己的素材收集渠道进行拓宽，如坚持写教学日志、写日记、写听课观察记录，避免遗忘一些重要内容，毕竟"好记性不如烂笔头"。

同时，教师还要勤于思考，不能每天一打铃上课、一打铃下课，机械地完成教学工作。其实，教师身边发生的事，哪怕只是平淡无奇的小事，其中也蕴含着一些规律与真理，或者能反映一些问题。教师要多观察、勤思考，抓住教学活动中隐藏的问题，总结教学活动中的潜在规律，同时对其加以分析，用理论知识进行研究。通过这样的反复锻炼，相信每一名教师都能在平淡而重复的工作生活中挖掘出有价值的事件，拥有更为敏锐的"触觉"。

（2）怎样写

①明确主题

落笔之前，教师脑海中需要先确定一个想法，自己到底要写些什么。如果主题不明确，那么最后写出来的只会是"一盘散沙"。教师可以从自己收获最多、启发最深的角度入手，对主题进行选择并最终确定下来。主题需要具有鲜明、深刻的特点，还应当具有现实意义。

同时，还有一点需要注意，教师应当在教育叙事中对主题时刻进行体现，但是不能简单直白地挑明主题，否则所写的内容比起教育叙事，更像是一篇教育论文了。

②组织材料

确定主题之后，自然就要选择丰富的材料围绕主题进行叙述。在选择材料时，教师要有所侧重，挑选那些最能体现主题的事件，详略得当地进行记叙。在记叙时，教师要时刻注意结构是否紧凑、情节是否生动、叙述是否合理，只有做到上述几点，才能确保主题被更好地体现。

③分析思考

有的教师写教育叙事，就只是对事件进行记叙，仿佛写了一篇记叙文，其实这和进行"教育叙事"的根本目的南辕北辙。教育叙事中最精华之处，就在于教师对所叙述事件的分析与思考。因此，在记录事件过程中或者结束后，教师要从多个角度出发，对其进行解读与评述，或是提出自己的见解，或是总结自己的感悟。还要注意的是，这种分析不能胡乱分析，而应当以理论为指导，以实践为依托，突出重点、实事求是的分析，这样才能真正实现"教育叙事"的价值。

总之，教育叙事分析，思想要大于事件。如果只有事件，而没有深刻的思想，也不能成为一篇好的教育叙事。相反，如果有深刻的内涵，即使事件不是那么突出，也照样能够感人至深。这就体现出了在教育叙事中思想为王的特点。

3. 提高写作水平的五项注意

（1）做好准备：工欲善其事，必先利其器。教师的书桌上要准备好笔和本，或者放一台笔记本电脑，想要写作的时候随时可以进行，避免灵感来了却无处可写的困扰。

（2）坚持训练：只要脑海中有想法，就将它记录下来，不要一拖再拖，到最后把捕捉到的问题与亮点都忘得干净，如果当时确实没有时间记录，那么晚上休息的时候也要抓紧补上。在最开始，教师可以给自己规定一些写作工作量，比如每周写四到五条事件记录等。

（3）掌握写作技巧：在写作时，写作内容一定要足够具体，不能简简单单一带而过，如不能写"今天课没上好"，而要写今天为什么课没上好，出现了怎样的问题，应当如何解决，如何避免以后发生类似情况等。

（4）轻松写作：不要带着负担写作，不要在写作时过于限制自己，只要牢记"我笔写我心"，写最真实的事件、最真实的体悟，不用过于深思熟虑，或是一边写一边纠结标点、语法等问题，导致写作停滞不前、难以继续。

（5）享受乐趣：享受写作带给自己的乐趣，享受记录教学工作的乐趣，享受抒发内心情感的乐趣，就算写得很糟糕，但只要自己能够懂得，就已经实现了"教育叙事"的意义。

二、校本培训

（一）校本培训的再认识

校本培训是一种校内培训活动，它由学校发起、规划并组织实施，一方面为了满足校内教师的工作需要，帮助教师更好地实现专业发展，另一方面也是为了促进学校自身发展。

校本培训的保障为"制定计划，严格执行"。通常来讲，如果学校想要组织实施校本培训，那么就需要做好准备工作，制定好有关校本培训的计划或规划，同时以此为依据开展培训工作。没有制度，不成方圆，只有"制度化"的校本培训才能更好地实现合理化与规范化。当然，凡事过犹不及，我们在实践中开展校本培训活动时，也要警惕培训流于形式。

（二）校本培训的价值

1. 校本培训是有效提高教师能力的培训

校本培训面向的群体为学校内的所有教师，而校本培训的目的即是在有限的时间、范围与条件下，立足实际，充分利用现有资源，对所有教师的学习积极性加以调动，保障培训高效优质进行。

不同层次的教师有着不同的学习需求，而由于校本培训面向的是全体教师，因而能够很好地满足这些不同的需求。校本培训既能够对中小学教师的继续教育质量进行提升，又能够助推学校的建设与发展。通过开展校本培训，能够更好地强化校方和教师之间的交流协作，让教师逐步实现从"教书匠"到"研究员"的身份转换。

提高全体教师的教学能力是校本培训的主要目的，因而，学校在开展校本培训的过程中，一切环节都要始终围绕该目标进行，特别是在对培训课程进行设计时，要体现出"面向全体教师"这一特点，保证每一名教师都能在培训过程中得到提升。同时，学校还要进一步对教师的校本培训意识加以强化，让教师认识到校本培训的意义，积极主动地参加培训。

2. 校本培训是有效提高教师素养的培训

教师身上肩负着社会和历史给予的重则重任，其工作既重要，又艰巨。因而，教师也必须做到"学无止境"，努力对自己的综合素养加以提升。步入新时期，社会物质文明、精神文明高度发展，社会对教师的综合素质也提出了更高的要求。以往可能有人认为，教师就是"教书匠"，上课教书就足够了，但在今天，教师承担起的是培育下一代这样艰巨的使命。所以，教师应当在角色上有意识地进行转变，不仅要对教学方法不断更新，着重培养学生的创造力，还要紧跟时代脚步，对现代教育技术手段能够熟练而灵活的运用。当然，教师最应做的还是不断学习，以学习让自身视野更加开阔，让自身业务素质得到不断提升。

校本培训正是一个面向全体教师的学习平台，通过参与校本培训，教师能够获得前沿知识，跟上时代步伐，更新自身教育教学观念，从而在课堂教学中引入科学的知识体系，让自己的综合素养得到全面提升。

（三）校本培训的方式

由于校本培训具有灵活性和丰富性的特点，校本培训的方式可以灵活多样。乡村学校之间由于具体情况不同，条件不一，不可能采取统一的校本培训方式；对同一所乡村学校，由于环境条件等因素的变化，不同时期也采用不同的方式。总之，各个乡村学校要根据自身实际情况，采取适当的校本培训方式。

从参与校本培训的乡村教师的角度，我们可以将其分为以下三种方式，这也是三种很常用的方式。

1. 集体备课

首先，我们要强调一点，此处的"集体备课"不是"1+1+1"这种简单直接的叠加汇总，而是强调教师在集体中交流想法、碰撞思维，从而产生更多智慧火花。集体备课有着如下程序：个人自备→集体议课→专人整理→总结修改。

（1）个人自备

在个人自备阶段，教师要对重点加以突出。例如，教师要更多地侧重对学生学习的指导、对教学的组织和设计、对变式训练的有效组织等。一方面，教师要对教学方案精心准备，另一方面，还要写好教学心得并进行反思，将自己所有困惑的、难以解决的问题记录下来，留待集体议课时与其他教师一起研讨。

（2）集体议课

集体议课也需要采取科学合理的组织形式，否则很容易出现"乱糟糟"或者"静悄悄"的情况。在进行集体议课时，应当采用"问—说—议"的形式，并且不能总是某一些教师说、某一些教师答，教师之间要动态地互换角色，轮流质疑问难，从而实现信息交流的多向化，通过积极的争论产生更多闪亮的思想火花。

（3）专人整理

开会的时候我们通常会有专人进行会议记录，集体议课也不例外，应当有专人对议课进行整理，梳理教师们的不同思路，总结出不同的教学方案，让教师自己选用。

（4）总结修改

教师在通过集体议课选出合适的教学方案后，也不能将其直接套用，而是应当从自己以及所教导学生的实际情况出发，对方案进行进一步修改，使其更符合自身教学实际，能够满足学生需求。这样，最终使用的教学方案不仅充满集体智慧，而且能展现出个人风格，真正具有科学性、实用性。

2. 互动研讨

互动研讨一般围绕某个典型课例进行。在互动研讨的过程中，参训教师能够更加直观地体验新理念的教学组织形式，还能够联系自身实际进行平等的讨论。同时，专家会对典型课例进行分析、点拨、启发教师，使其更好地理解典型课例中所使用的教学技能、蕴含的教育理念。

互动研讨通常采用如下流程：（1）选定典型课例；（2）集体听课；（3）分组讨论；（4）大会交流；（5）专家分析总结评估。学校还可以组织实战性研讨，也就是在课堂中直接进行培训，实现教、研、讨同步进行。

与其他培训方式不同，互动研讨并不着重于教导教师理论方面的知识，而是通过典型课例向教师提供"教什么""怎么教"的模式，其目的在于直接解决问题。因而在互动研讨中，参与者都是平等的，没有什么"教师"或是"学员"，这也能更好地对教师学习积极性加以调动。

3. 专题论坛

专题论坛是学校为促进教师专业成长而搭建的开放性、互动性的交流平台。这一培训方式强调的是名师培养，更多地起到专业引领作用。专题论坛又包括如下形式：专题研讨、名师沙龙、专家讲座等。

（1）专题研讨

学校会对教育教学实践中出现的疑难问题进行总结，从中选出最具代表性、亟待解决的问题，将其作为专题研讨的内容。通常，学校会提前公布这些内容，这样教师就能够提前钻研、做好准备，研讨时效率也会更高。在参加研讨前，教师需要针对研讨专题查阅大量资料，并结合自身教学经验进行思考、总结，需要的时候还可以开展走访调查。如果是主讲人，那么要做的准备就要更充分些，如在研讨过程中，针对自己所讲内容，有可能会遇到其他教师的质疑，那么就应提前考虑好如何应对。

互动研讨的具体操作流程如下：①提出问题；②查阅资料、走访调查；③互动研讨；④总结反思。

（2）名师沙龙

名师沙龙的对象主要是学校热心教改的骨干教师和学校领导。名师沙龙并非只是单纯的经验介绍和辅导，其侧重点在于使用新的教学理念解读教学实践中出现的疑难问题。

名师沙龙的具体操作流程如下：①提出主题；②学习探索；③观点碰撞；④总结反思；⑤深化主题。

（3）专家讲座

专家讲座不仅是学术专题讲座，也包括教学专家咨询、教学现场指导，不同的形式发挥着独特的作用。专家提供的咨询与指导是非常重要的，因为如果缺乏更高水平的引导与指点，那么乡村教师的校本培训可能总在低水平徘徊，那么培训的效果自然也不会理想。

专家讲座的具体操作流程如下：①确定主题；②获取信息；③提出问题；④互动讨论；⑤总结评估。

（四）校本培训的过程与方法

1. 校本培训的阶段

虽然校本培训有着多种形式，但其开展的各个阶段大致相同，都包括准备阶段、实施阶段以及效果评估阶段。

（1）准备阶段

在准备阶段，主要包括如下工作内容：

①确认培训需求。

开始培训之前,首先要确定的就是培训的目的、培训的内容。在确定上述需求时,不能仅凭领导主观臆断,"拍脑门"决策,而是应当从实际出发。我们要从多方面对培训需求进行考量,如目标、成本、价值、受训者的支持等。在具体操作时,我们需要对教师的培训需求进行调查、分类,并排出轻重缓急,最终确定出优先的需求。

②设定培训目标

设定培训目标,也就是设定一个通过培训我们想要达到的效果。培训目标不仅是受训者的学习方向和学习过程中应努力完成的目标,也是学校在培训过程中始终瞄准的目标。在描述、表达培训目标时,我们通常使用"了解""提高""掌握""熟悉"等行为术语。

一般来说,培训目标是由组织者和受训者的需求共同决定的,不过培训目标并不是一成不变的,它也会因为培训资源等方面的影响而发生变化。因而,学校不能设定好目标后就直接"锁定",而是应当综合考虑各个影响因素,有必要时,随时对培训目标进行修正。

在设定培训目标时,我们应当对学校和教师期望的目标分别加以明确,同时对二者进行平衡。最终确定的目标不能过于模糊,应当是清晰的、具体的、可评价的。

③编制培训方案

培训方案的内容包括培训目的、培训内容、培训对象、培训形式、时间安排、实施措施等。

在对培训方案进行编制时,要把"培训内容"作为最重要的部分。我们可以用文本形式、图文形式甚至影像形式来对培训内容加以呈现,不过,不论采用何种形式,培训内容都应当具有简明扼要、生动活泼、实用性强的特点。

编制培训方案时,我们要对有关培训工作的信息资料进行广泛收集,还要对专家学者意见进行征询,同时,要善于对受训者自身的经验进行捕捉、搜集与整理,这些宝贵的经验其实都能被我们转化为培训中的课程资源。

④选择培训方式

在开展培训之前,我们还需要对一件事进行重点考虑,那就是应当采取怎样的培训方式。通常我们应当保证培训方式兼具合适性与经济适用性。

(2)实施阶段

在实施阶段,培训者需要进行全程参与,并做好如下工作:①对反馈信息进行收集；②及时评估培训工作；③如发现偏差问题，应立即进行修正；④预测可能出现的问题。

此外，在这一阶段，培训者要重点关注对培训预期目标的考察，看其是否能被顺利完成；同时，还应考察课程内容的完成情况以及实施措施的落实情况等，以便更好地完成既定的培训计划。

对于实施阶段而言，我们主要应当对下列问题加以注意：

①精选培训内容

学校在对培训内容进行选择时，一方面要对本校培训资源进行开发利用，让"校本"这一特点得到充分体现；另一方面也要保持清醒，认识到自身培训资源具有局限性，避免出现"近亲繁殖"问题。

②不忘行动反思

无论校本培训选择何种形式，都要将"反思"贯穿始终。特别是在培训结束后，我们应当对培训全过程进行回顾，反思所制定的培训方案能否发挥作用、培训目标能否完成、培训能否见效，如上述答案是否定的，那么就要进一步反思需要从哪些方面调整、修改、完善，反思目标设定、方案设计、内容选择方面存在哪些欠缺。

反思具有非常重要的意义，它既是对上一阶段校本培训的总结，又能够为下一阶段的校本培训奠定更好的基础。

③重视专业引领

专业引领起着点睛、领航、提升的作用。在校本培训中，有时会因为陷入"近亲繁殖"而造成低层次重复培训，有时会因为地域闭塞、校际发展失衡等原因而出现培训信息单一及缺损等情况，而专业引领能够较好地对这些问题进行弥补。

（3）效果评估阶段

校本培训中，"效果评估"是非常重要的组成部分，它贯穿校本培训始终，能够对校本培训目标的完成情况进行有效检验。

当前，很多乡村学校在开展校本培训过程中并不重视效果评估环节或者未能进行规范评估。因而，我们要再次强调，效果评估是乡村学校开展校本培训必不可缺的重要步骤，能够对校本培训起到反思、总结、提高的作用，因此学校必须对其加以重视。

乡村学校要在进行效果评估时运用多元化的评价方式和灵活多样的评估方法，要结合自评和互评，结合教师个人发展与学校整体发展，积极、客观、合理、有效地对校本培训进行评估，使其成为培训可持续发展的强大助推动力。

2. 乡村学校校本培训的方法

一般来讲，乡村学校的校本培训方法与非乡村学校的校本培训方法无异，但是对于教师数量少地处偏远的乡村学校来讲，因受主、客观条件限制，可主要通过以下方式来开展校本培训。

（1）利用远程教育资源进行校本培训

乡村学校在开展校本培训时，往往面临着师资短缺、信息闭塞、资金缺乏、交通不便等诸多难题，而对远程教育资源进行利用，恰恰能够解决这些问题。远程教育依托互联网，能够缩短时间、空间上的距离，破除信息屏障，让身在偏远乡村的教师也能及时获得优质教育资源。利用远程教育资源，能够让校本培训进一步降低成本、扩大规模、提升效益，更好地实现培训目标。具体而言，乡村学校可以通过以下几种方法对远程教育资源加以利用。

①网络教研。学校可以通过专门的网站开展网上教学研究。现如今，多地教育局都搭建起自己的教育信息网，而教师可以通过浏览这些网站，及时地查找到自己所需要的教育信息，通过互联网便捷地对教研人员和其他教师进行联系。此外，教师还可以通过专门的网络研修平台对自身在教研过程中的感悟与体会进行交流。

②观摩学习。学校可以通过网络直播等方式，让教师在电脑上观看其他教师教学情况，足不出户观摩典型课程，获得更为先进的教学理念、教学方法。乡村教师也要多多利用网络资源，在课余时间多收集资料，形成自己的教学素材库。

（2）开展联片教研进行校本培训

联片教研是一种新型校本培训方式，主要是指两个学校之间开展合作互动，通过优势互补、资源共享，解决彼此教学中存在的共同问题，着力实现学校、教师、学生共同发展。有的地区学校规模较小、师资力量较为薄弱，就很适合通过联片教研的形式开展校本培训。

①建立区域教研机制。在乡（镇）及区域教育部门的主导下，本着"地域相近、平等资源、突出个性和学科互补"的原则，将所属区域内三到五所学校划分成一个教研片区，由校长、教师和专职教研员组成教研团队，以教学中存在的问题为研究对象，通过共同研讨，形成教研成果，并将其运用到教学中。每个学科根据三到五年发展规划、学科年度研训主体等展开定期或不定期的研讨活动。

②聚焦课堂教学质量提升。联片教研活动的核心目标是提升课堂教学质量。一是突出教研的针对性，通过查阅教案、说课磨课等形式多样的教研活动，帮助教师提高教学能力。二是突出教研的示范引领作用，将各学校教学改革中的新亮

点、新经验在区域内进行交流、分享,积极推广应用。三是突出教研的实效性,区域内的所有成员在交流中要注重交流活动的总结和反思,不断促进校本教研、区域教研工作的健康发展。

③创新区域教研方法。除了同课异构、听课评课等教研方法之外,片区内的乡村学校还可以在分析区域内学生、教师、教学等现状的基础上,探索出新的区域教研方法,改进新措施,如,以活动为载体,尝试运用观摩学习、名师送教等多种办法,让教研活动更具有实效性。联片教研还可以基于学校之间优秀教师、优势学科不均衡的现象,开展"名师联动"活动;也可以针对音体美学科教师短缺的现象,开展"联校走教"活动。

第五章 乡村振兴战略下乡村教育之设施发展

农村教育设施对改善农民教育状况、改造传统农业、实现农村产业升级、将现代文明引入农村具有重大作用。本章是乡村振兴战略下乡村教育之设施发展，介绍了乡村学校基础设施现状与乡村振兴战略下的乡村学校设施建设。

第一节 乡村学校基础设施现状

一、基础设施建设规划合理性有待加强

从正常的角度来看，乡村教育基础设施建设应该由教育部门统一规划、统一管理，因为一个地区的适龄入学人口、需要配置的教学资源，教育部门是非常熟悉的。受到历史原因影响，原本各个自然村建有小学校舍，不过由于实施计划生育，农村中适龄入学儿童人数逐年减少，导致教学资源利用率降低。因此，必须对基础设施建设进行重新合理的规划，在农村实行集中教学，从而避免教师等教学资源被浪费。然而，在规划过程中，却产生了一些问题。第一，由于建校地址的选择会对各个自然村的利益产生影响，特别是原来的各村还要承担部分资源，因而教育部门在规划时必定会承担一定压力，难以完全依照原本的设计进行。第二，由于学生居住在不同自然村，对他们进行集中教学，就势必会产生走读问题，那么在规划时就要考虑到学生接送问题。如今，在教学资源丰富的大城市都会发生校车事故，乡村就更可想而知。第三，随着时代的不断发展，规划符合一定教学水平的校园是社会发展的必然要求，然而当前很多乡村由于缺乏资金，在教学设施规划方面很难达到既定的要求，这也导致乡村教学过程中很多教学环境都无法正常开展。

二、基础设施建设监管有待加强

一分部署，九分落实。想要让规划得到有效落实，真正保证资源得到有效配置，就要强化监督管理。然而，当前很多乡村在建设教育基础设施时并没有对招投标制度进行严格落实，而是交给那些没有建设资质的乡村承包队负责。此外，当工程竣工后，往往也没有人对其进行严格验收。这一切无疑在乡村校舍安全问题上埋下了巨大隐患。

这一问题的形成，主要有以下三方面原因：其一，教育部门力量不足，没有多余的精力开展监督管理；其二，"本地政府投入"占据乡村教育资金中相当大的一部分，因而在建设教育基础设施时也会更多地倾向于本地的建设队伍，忽略了对建设资质的要求；其三，由于在教育基础设施建设方面投入不足，资金有限，而拥有建设资质的正规建设公司往往报价不菲，因而选择相对低廉的本地建设公司也是"无奈之举"。当然，在建设乡村教育基础设施的过程中，也有可能存在着徇私舞弊的问题，因为乡村中人们的法律观念相对薄弱，有的人错误地认为"做官捞钱"很正常，有的人则觉得"民不与官斗"，因而没有形成社会自发监管的风气，这就使得腐败的黑手更容易伸向教育建设领域。

三、基础设施建设仍然严重不足

纵观我国乡村教育基础设施建设，依然非常滞后，这种滞后不仅体现在现代化设施建设上，如在很多农村，甚至学生连电脑长什么样子都不知道，而且还体现在饮食、住宿等基本问题上。在许多地区，饮用水依然存在严重问题，很多农村学校不得不由卫生部门专门为其安装消毒装置。

第二节 乡村振兴战略下的乡村学校设施建设

一、加大投入，消除后顾之忧

建设规划是建立在现有资源的基础上的，正像地方官员将"居民保障房建设大跃进"的硬指标看作是地方政府违法、违规的主要原因一样，任何不切实际的规划必然会导致实际建设过程中的偷工减料、应付了事。而这也倒逼着建设规划部门不得不降低要求，进而使得乡村教学在基础设施上与城市相比落后了一大截。

因此，要解决上述三方面的问题，加大投入是最为根本和最为基础的措施。因此，政府部门不能仅仅满足于这一目标，而应该在此基础上进一步加强在教育这一公共领域的投入，并且做到专款专用，尤其是侧重解决已经严重滞后的乡村教育基础设施建设。一方面，政府要加大资金投入，保障乡村教育的硬件设施；另一方面，也要逐渐放开社会办学，在教育领域中更多地吸纳社会资本。当然，我们也要注意，应当通过税收减免等方法，积极鼓励社会资本主动建校，不能强制性地要求地方企业或个人进行捐赠。

二、加强调研，优化基础设施规划

解决教育投入问题之后，我们更要对教育基础设施建设进行合理的规划，确保投入的资源都能"用在刀刃上"。全方位的摸底调查是制定合理规划的前提，一方面，我们要对整个学区的情况进行掌握，如共有多少名适龄入学儿童、经济水平如何等，这样才能在制定规划时从长远出发，避免"村村建校"现象，杜绝资源浪费；另一方面，我们要深入细致地研究国外发达国家的先进模式，并从中加以借鉴，尽量少走一些弯路。例如，我们可以借鉴美国的远程教育模式，从而让我国偏远地区的学生也能享受优秀的教学资源。

三、加强监管，解决监管缺失的问题

对于监管缺失问题，教育部门要进行全面的、深刻的反思，进一步建立健全监督管理机制，加强乡村教育基础设施的监管力度。教育部门要明确合理地划分自身职能，专门负责规划与监管工作，将建设的具体招投标等工作下放到各学校，这样既减少自身工作负担，也能进一步突出强化监管职能。此外，教育部门身份独立后，在履行监督管理职能时也会更加实事求是。当然，为进一步强化监督管理，教育部门也要制定相应标准，对于那些重特大项目聘请社会独立部门进行专门的工程验收，并联合纪检部门对资金使用开展专项检查。

第六章 乡村振兴战略下乡村教育之学前教育发展

乡村学前教育基本上服务于当地自然村,具有收费低、规模小、数量多、布局分散等特点。本章为乡村振兴战略下乡村教育之学前教育发展,包括了乡村学前教育现状和乡村学前教育创新发展两方面的内容。

第一节 乡村学前教育现状

近年来,伴随着经济社会发展,我国学前教育不断发展,乡村托幼园所的在园幼儿数量逐年增加,办园力量不断提升,同时也渐渐形成了地方负责、分级管理的体制和多元化的办园格局,在乡村学前教育领域取得了显著成就。但是与此同时我们也要看到,目前我国的学前教育依旧存在着城乡发展不平衡、区域发展不协调等问题,相较于城市学前教育,乡村学前教育的发展明显滞后,而后者也愈发制约着学前教育事业的整体发展。

一、乡村学前教育成为教育发展"被遗忘的角落"

伴随城乡二元体制的形成,固化现象也随之产生,城乡教育发展也出现了不均衡问题。而在教育不均衡之中,更为突出的是城乡学前教育的不均衡。对于教育发展链条而言,乡村学前教育日益成为一个薄弱环节,其主要存在下列问题。

(一)认识不到位

在学前教育体系中,人们往往更为重视城市学前教育,而忽视了乡村学前教育。虽然在那些经济较为发达的乡村地区已经能够对适龄儿童的入园需求实现基本满足,而其他乡村地区也基本普及了学前一年教育,但是也要注意到,实践中,乡村学前教育还有着很多亟待解决的问题。部分地方政府不够重视乡村学前教育,没能意识到乡村学前教育改革的重要性、必要性,使得我国乡村学前教育总体水平仍旧不高,地区与地区之间存在较大差距。

第一,乡村学前教育整体水平差,城乡发展不均衡。当前,城市教育是制定教育政策的基点,教育经费投入更多地偏重于城市,城市的优越环境对优质教育资源具有极强的吸引力,而广大的乡村学前教育则被忽视。部分地方政府及村民委员会缺乏对乡村学前教育公益性、重要性的认识,其往往觉得学前教育不属于义务教育范畴,因而未能承担起统筹规划、管理乡村学前教育的责任,将幼儿园完全推向社会与市场。

第二,对乡村幼儿教育的重视不够,幼教管理体制面临新问题。实际上,在乡村幼儿教育方面,社会各方面都未能予以应有的重视,没能对其重要意义切实认识到位。很多幼儿园无人监管,濒临解体甚至已经解体;即便是那些由县级政府开办的乡村幼儿园,也因为经费不足,面临着生存与发展的难关。在乡镇政府撤销乡教办后,对乡镇幼儿园、村办幼儿园存在管理不足的现象,且由于乡村负责学前教育的人员短缺,有的地区连一名专职负责幼教的工作人员都没有,即便想加强管理,也是"有心无力"。

此外,部分地区存在公办幼儿园与民办幼儿园数量相差巨大的情况,由此引发诸多问题:一方面,民办幼儿园管理不规范,且收费较高;另一方面,公办幼儿园数量过少,没办法满足幼儿入学需求。很多家长想送孩子进入公立幼儿园,却苦于没有名额,而民办幼儿园收费之高也令部分家长难以承受。

第三,乡村幼儿教师逐步被边缘化。乡村学前教育事业想要得到长足发展,教师是决定性因素。一所幼儿园,如果其教师具有较高水平,那么其办园质量就会得到坚实保障。现如今,受经济发展水平相对失衡的影响,很多落后地区没能为乡村学前教育提供充足的经费,这就导致乡村学前教育幼师存在人数较少、教学水平较低、结构不合理等问题。

当前,我国乡村幼儿园以非公办幼儿园为主,非公办幼儿园中的教师难以得到财政支持,难以享受种种福利。尽管《中华人民共和国民办教育促进法》规定:"民办学校的教师、受教育者与公办学校的教师、受教育者具有同等的法律地位""民办学校应当依法保障教职工的工资、福利待遇,并为教职工缴纳社会保险""民办学校教职工在业务培训、职务聘任、教龄和工龄计算、表彰奖励、社会活动等方面享有与公办学校教职工同等的权利"等[1],然而长期以来,农村幼儿

---

[1] 全国人民代表大会常务委员会.中华人民共和国民办教育促进法.2003.9.1.http://www.gov.cn/test/2005-07/28/content_17946.htm

园教师的福利仍旧得不到保障，他们工作辛苦、工资微薄，有时甚至连自己的合法权益都难被保证。广大幼儿教师，特别是乡村幼儿教师，被教师体制排除在外，很多乡镇中心幼儿园、村办幼儿园都没有编制，更有许多幼儿园由于市场激烈竞争，依靠压缩教师编制、增加教学班额、降低教师工资等方式维持生存，使得乡村幼儿教师工作、生活愈发艰辛。此外，这也导致幼教队伍中混入部分不合格人员，使得幼教质量不断降低。

高质量农村幼儿教育的核心与关键是高质量的师资队伍，幼儿教育想要深化改革、长远发展，就要着眼于幼儿教师的专业发展，通过强化培训等方式不断提升幼儿教师的专业素质。《关于幼儿教育改革与发展的指导意见》（以下简称《意见》）指出：要按教育部《中小学教师继续教育规定》的要求，将幼儿教师的培训纳入当地中小学教师继续教育规划。[1] 然而，部分地方教育部门却并不重视乡村学前教育教师的继续教育，不能提供充足的培训幼师的机构。许多地区几乎没有幼儿教师的在职培训机构、教师进修学校和教研室幼儿教育方面的专职负责教师。很多乡村学前教育教师，无论就职前还是就职后都未接受过系统的、正规的学前教育理论知识和实践的培训，而即便他们想要学习，也没有学习的机会。这是因为，如前所述，大部分幼儿园都属于民办幼儿园，政府未能给予它们政策扶持、财政支持，也不能为民办幼儿园的幼儿教师们免费开展培训；同时，民办幼儿园本身就存在办学经费紧张的难题，教师人手不足，常常一人就要管一个班，因而幼儿园不愿提供资金让教师出园培训，因为这样既提高了办园成本，又会耽误教学工作。何况民办幼儿园中教师流动性很强，今天在园中工作，明天可能就会辞职，这也使得幼儿园不愿为他们提供培训经费，因为毕竟"待不久"。民办幼儿园没能深刻认识到办园水平和幼儿教师专业发展之间存在密不可分的联系。如果幼儿教师未经过任何专业培训，那么其必定难以懂得最新的学前教育理念，难以掌握学前教育发展规律，难以在教育幼儿过程中使用更为科学有效的方法，凡此种种，都会使得乡村学前教育教学质量降低，使得乡村学前教育停滞不前。

难以受到保障的合法权益、较低的社会地位、不明确的身份、微薄的薪酬、疲累的工作……这些都令幼儿教师成为一个"不吸引人"的职位。于是出现了这样的情况：乡村幼儿园没办法留住那些有经验、有学识的教师，又因为师资力量短缺不得不接受那些无职称、无资格的人员，这也导致乡村幼儿教师队伍愈发难以稳定。很多幼儿教师都抱着"得过且过"的心态，失去了进取心和积极性，也

---

[1] 教育部，中央编委，国家计委等.关于幼儿教育改革与发展的指导意见2003年4月.http://www.gov.cn/gongbao/content/2003/content_62048.htm

失去了自我学习、自我完善的主动性。此外，基于上述情况，优秀的师范毕业生也不愿意投入幼儿教育事业，这就造成幼儿教师专业素质难以得到提升的恶性循环。

在我国，各级各类教育的质量监控还很弱，教师的职业素养和职业规范往往决定着教育的质量和安全。假如市场将幼儿园教师的职业准备等同于非专业人员，幼儿园教师流动性过大，那么势必难以有效控制幼儿教育机构的安全和质量问题。

中央政府未积极发展乡村学前教育，这也会对地方各级政府发展学前教育的态度产生直接影响。现如今，各地对各类教育的投入和重视程度都是根据自己经济发展水平来决定的。虽然说乡村学前教育作为准公共产品具有很强的外部性，但这种外部性会随着人力资源的转移而流动。也正由于这种外部性导致其投资主体的产权难以确定。为更有效地享有投资的产权，政府官员在进行决策时就有可能将资金投向其他的产权明晰的领域，加上中国官员的政绩考核体系尚不完善，乡村学前教育投资这种"政绩"效果又不能立竿见影，所以投资决策有可能要服从于整个省、市或县的经济发展。同时，在社会主义初级阶段，经济发展程度不同的地区必定采取不同的乡村学前教育投资策略，从而影响乡村学前教育的均衡发展。

（二）投入不足

想要让各项教育事业得到长足发展，就一定要以充足的经费为保障。现如今，我国政府已经开始对教育经费的投入（尤其是乡村教育经费的投入）加以重视。不过也要看到，城乡之间的差距依旧存在，相较于乡村学前教育，城市幼儿园（尤其是重点幼儿园）往往会获得更多的财政投入，而部分乡村学前教育仍然得不到经费保障。因此，从整体角度来看，就"乡村学前教育"方面，我国政府的经费投入力度有待加强，乡村财政性教育经费也有待提升。

1989年6月5日，国家教委颁布了《幼儿园工作规程》；同年9月，又再次颁布了《幼儿园管理条例》，虽然这两份文件属于专门面向学前教育的规章制度性文件，然而它们并没有上升到法律层面，在实行一段时间后，它们的保障作用也在不断减弱。

由于我国尚未将学前教育纳入法制化轨道，导致一旦产生问题，各方都在推诿扯皮，没有人愿意承担责任、解决问题。同时，对于地方政府而言，"经济建设"往往是重中之重，"教育"有时会被忽略，更不要提"学前教育"。学前教育并不能反映一个地区教育发展水平，因而也常被地方政府"遗忘"，难以得到应有的重视。在政府管理部门视野中，中小学教育和学前教育不具有同等地位，前者更为重要，而后者仿佛"可有可无"，这种观念自然而然影响财政经费投入，导致学前教育难以得到充足财政资金的支持，甚至根本得不到支持。

乡村学前教育事业的发展，必须要以资金为保障，然而现如今，"经费不足"已经成为乡村学前教育的突出问题，成为制约其发展的重大"瓶颈"。特别是在贫困地区，其本身经济发展滞后，难以支撑教育发展，而学前教育发展就更无以为继了。

乡村学前教育经费不足会导致诸多问题，包括难以保障乡村学前教育机会的足额提供，难以保障乡村学前教育公平的实现，最终会对乡村学前教育事业的发展产生阻碍，影响幼儿入园率。具体而言，其主要体现在以下两方面：一是无法强化学前教育基础设施建设，导致办园条件较差，难以为幼儿提供良好的学习、生活环境，难以为教学活动顺利开展提供有力支撑，导致教学质量得不到保障，无法获得家长的认可；二是无法建设更多的学前教育机构，乡村幼儿园数量少，容纳度有限，导致很多适龄幼儿"无园可入"，没办法接受学前教育。

《意见》对农村乡村学前教育经费的投入进行明确规定：坚持实行地方负责，分级管理和有关部门分工负责的幼儿教育管理体制。乡镇政府承担发展农村乡村学前教育的责任，负责举办乡（镇）中心幼儿园，筹措经费，改善办园条件。[①] 因而，在乡村地区，乡镇政府的财政支持是学前教育的经费主要来源，但是，由于农村经济发展较慢，很多乡镇财政收入十分有限，尽管其想要对学前教育加以扶持，却苦于"囊中羞涩"，实在拿不出资金。特别是税费改革之后，乡镇政府不再拥有教育费附加的收入，教育经费愈发紧缺。此外，如本书前文所述，学前教育并不算在义务教育范畴内，因而也不具有强制性，部分乡镇政府就以财政能力不足为由，索性对学前教育"置之不理"。

幼儿教育具有福利性，因而在我国目前的体制下，是不能够完全让市场承担起幼儿教育事业发展重任的。政府要立足长远，从国家与民族发展角度出发，对学前教育加以扶持与保障，加大学前教育经费的投入力度，做到逐年增长。同时，政府也要多多学习借鉴发达国家经验，在基础教育方面加大投入比例，既要引导、鼓励社会资金办园，又要保证政府自身在学前教育经费上的支持力度。

当前，"教育财政责任的不合理划分"是导致我国在学前教育经费投入方面存在欠缺的一大原因。在低重心的分权型体制作用下，相对于中央和省级政府，

---

① 教育部，中央编委，国家计委等. 关于幼儿教育改革与发展的指导意见.2003年4月.http://www.gov.cn/gongbao/content/2003/content_62048.htm

基层政府承担了过多的教育财政负担，而同时也根据自己财政状况决定对学前教育的投入，这就又回到了老问题：地方政府财政收入有限，难以保证在学前教育方面的资金投入。特别是1994年国家实行地方财政自收自支的分税制改革之后，中央和省级政府集中了大部分财政收入，却需要省以下政府承担教育、医疗、养老等支出。中央和省级政府财力充足，县乡政府财力不足，然而主要的教育经费责任却落在后者身上，这种收支安排既不对称，也不平衡。基于这种情况，亟须实行强有力且规范的财政转移支付制度，对地区之间的财政能力加以均衡，同时也对下级政府的支出能力加以保障。不过，就目前来看，这种规范有效的财政转移制度尚未在我国建立，县乡政府所拥有的财政能力依旧难以匹配其所承担的财政责任，问题十分突出。

（三）普及率低

当前，我国在乡村学前教育方面已经取得了一些成绩，有着较好的发展趋势，然而入园普及率低、幼儿"入园难"的问题依旧存在，这不仅是乡村学前教育发展中的又一突出问题，也是一大民生问题。尽管中央多次就此进行批示，要求各级政府努力对"入园难"问题加以解决，但仍未收获显著成效。

身为农业大国，我国有着众多的农村幼儿，他们在全国幼儿中占比很大。可是，数量偏少的农村幼儿园却无法容纳庞大的农村适龄幼儿群体，无法满足他们对乡村学前教育的需求，这不仅影响着乡村学前教育的普及，更不利于乡村学前教育的发展，甚至会对农村经济社会的发展产生阻碍。

从全局视角来看，在我国基础教育发展全阶段，学前教育属于薄弱环节，是制约基础教育发展的关键因素。

（四）政策法规贯彻不到位

制度是理论得以实现的保障，而制度也需要依靠实践才能运行。现如今，我国初步形成了教育法制体系的基本框架，然而仍然存在一定问题。例如，从横向角度来看，法制政策没有实现全面覆盖；从纵向角度来看，教育法规体系有所欠缺，还需进一步完善；从实践角度看，有关学前教育，特别是乡村学前教育的法规并没有得到真正的贯彻落实，执行力度不够，未能有效到位。上述种种，都使得制度未能切实为乡村学前教育提供保障。2003年教育部等相关国家部门联合颁布《关于幼儿教育改革与发展的指导意见》。《意见》就当前农村幼教事业的发展明确指出："省级和地（市）级人民政府负责本行政区域幼儿教育工作……积极扶持农村及老少边穷地区的幼儿教育工作,促进幼儿教育事业均衡发展。""乡(镇)人民政府承担发展农村幼儿教育的责任,负责举办乡(镇)中心幼儿园,筹措经费,改善办园条件;要发挥村民自治组织在发展幼儿教育中的作用,开展多种形式的早期教育和对家庭幼儿教育的指导";"乡(镇)人民政府的财政预算也要安排发展幼儿教育的经费";"劳动保障部门在研究探索农村养老保险制度时,要统筹研究农村幼儿教师的养老保险问题"[①]等。

学前教育政策是政府为实施和发展学前教育事业制定的行动准则,是实施学前教育行动的出发点以及行动的过程和归宿。但是,由于中国社会长期处于城乡二元经济结构的影响下,政府幼儿教育政策在执行过程中难免会出现缩水和失真的现象。

针对幼儿教育事业的发展规模、发展速度、发展质量等方面,国家依据教育方针政策和有关法律法规做出目的明确、条理清晰的部署与安排,即幼儿教育规划,旨在实现未来幼儿教育发展目标。然而,受到城乡经济文化发展不平衡的影响,加之幼儿教育发展基础、发展现状的制约,我国各级政府在城镇与乡村幼儿教育规划定位方面已经形成事实上的"双轨",如城镇托幼园所规划较为密集,被定位为"普及学前二年幼儿教育",但农村托幼园所规划通常仅仅在乡镇落实,挂靠于乡镇中小学,被定位为"学前一年教育"。虽然看似农村有着宽广的地域,然而农民却主要集中聚集在村级行政单位,因而当前乡村学前教育机构远不能满足适龄儿童接受学前教育的需求。由于那些优质的学前教育资源都被优先分配给了城镇,广大乡村学前教育难以得到制度保障,发展愈发停滞不前。

同时,教育督导制度也不容忽视。唯有有效的教育督导制度,才能保障有关部门、机构切实依照教育法规推进教育发展、教育监管。因而,对于学前教育发展来说,学前教育督导制度的作用十分重要。然而就目前来看,我国学前教育督导制度建设尚不完善,科学性不足。

具体来说,政府的幼教行政部门承担学前教育督导责任,需对托幼机构进行专门的监督指导。而所监督指导的内容主要包括以下两部分:一是学前教育机构对国家幼教政策的落实情况,在办园中有没有时刻遵照国家法律法规;二是学前教育机构有没有高度重视提高保教质量,将其放在首要位置,有没有完成好促进幼儿身心发展、服务家长的双重任务。

对比来看,城镇学前教育督导工作开展较好,能够落实到位,托幼园所能够

[①] 教育部,中央编办,国家计委等.关于幼儿教育改革与发展的指导意见.2003年4月.http://www.gov.cn/gongbao/content/2003/content_62048.htm

从幼儿发展及为儿童家长服务角度出发，开展涉及收费、教材、课程教学等方面的实际工作；而农村学前教育督导工作开展仍存在问题，其督导的内容仍然局限于硬件设施、卫生保健等方面，并未深入到教师来源、课程设置、活动实施等方面，而这些被忽略的地方，恰恰是对保教质量产生影响的关键因素。因而，在督导不到位的情况下，乡村学前教育也难以实现快速发展。

《教育法》中明确规定："幼儿教师享受与中小学教师同等待遇"[①]，但由于幼儿教育不属于义务教育，目前幼儿教师尤其是农村的幼儿教师远未享受到与中小学教师同等的待遇。1991年国家教委颁发《关于改进和加强学前班管理的意见》，规定学前班教师的任职资格与幼儿园教师相同，并要求教育行政部门建立学前班教师的审定、考核和培训制度。[②]然而现如今的农村地区并未真正建立起这一制度。很长一段时间来，幼儿园都没有健全的资格制度与职称评定制度。尽管各地陆续开展农村中小学教师定编定岗和教师资格过渡，但是其中却不包括农村幼儿教师。在对农村幼儿教师的继续教育和培训方面，更是一片空白。许多农村幼儿教师都未听说过新《幼儿园教育指导纲要（试行）》[③]，更不要说学习和按照新《幼儿园教育指导纲要（试行）》精神组织教育活动了。这极大地影响了幼儿园教师从教的积极性和高学历毕业生从事幼教事业的热情，结果导致农村学前教育陷于师资缺乏的窘境。

学前教育政策之间存在不配套的问题，难以形成行之有效的、健全完善的制度体系，这也是政策落实不到位的一大重要原因。政策的不配套、体系的不健全，都会导致政策执行效率降低，导致部分政策"落地难"，成为"一纸空文"，无法真正应用于实践、指导于实践，得不到贯彻落实。当前乡村学前教育经费投入不足，存在较大缺口，其实也和学前教育政策及国家现行的财税政策不配套有很大的关系。

我们应当看到，伴随社会经济快速发展，我国颁布实施了一系列新的教育法规政策，不断推动学前教育事业发展，其由原本的封闭、单一转为开放、多元，整体格局产生了天翻地覆的变化。可是具体来看，现实中仍然存在学前教育管理和政府职能部门"萎缩"的情况，学前教育领域立法相对落后，政策落实不到位，加之政府有关部门没能充分履行领导监管职能，这一切都导致学前教育领域问题

---

① 全国人民代表大会. 中华人民共和国教育法 1995 年. http://www.gov.cn/banshi/2005-05/25/content_918.htm
② 国家教育委员会. 关于改进和加强学前班管理的意见 1991 年. http://www.moe.gov.cn/srcsite/A06/s3327/199106/t19910617_81990.html
③ 教育部幼儿园教育指导纲要（试行）2001 年. http://www.gov.cn/gongbao/content/2002/content_61459.htm

频出,且得不到有效解决。

教育和社会发展息息相关,因而,有关教育的政策也应随着社会发展变化和国家基本政策的调整而不断更新、不断改革,做到与时俱进。我们应当不断建立健全学前教育法规政策,在实践中通过有效的监督和制约机制确保学前教育政策法规贯彻执行到位。

二、乡村学前教育的监管成为政府"烫手的山芋"

建设服务型政府,就需要落实政府职责,其中一项重要职责就是要助力乡村学前教育事业大力发展。当下乡村学前教育体制主要遵循的是"地方负责,分级管理和有关部门分工负责"的管理模式,中央和省级政府将乡村学前教育的管理权限和教育责任的重心下放到地方政府,地方政府全权负责乡村学前教育的管理事宜,履行相应的职责。管理权限的下放导致的一个问题就是中央以及省级政府对地方政府尤其是基层政府的监督和统筹管理不足。在这种情况下,各地方政府对乡村学前教育的认识不同步,甚至出现基层政府因管理、监督职责不明确导致乡村学前教育的进一步失衡。

(一)乡村学前教育中政府的职能错位

一方面,需要政府尤其是基层政府在乡村学前教育中明确自己职能。经济的发展离不开人的发展,劳动力素质的提高会提高劳动生产效率,进而促进整个地区的经济发展,但是劳动力成长是有周期的,不是一个快速的过程,是长期性和渐进性的。周期性长会使得人们懈怠和忽视最开始的乡村学前教育,如果没有打好基础怎么会有之后的高质量生产力呢,也就不会促进生产力与生产关系的发展,不会促进经济的高质量发展与进步。因此,乡村的学前教育兼具教育投资与教育福利的双重作用。就教育投资方面来说,乡村学前教育的高质量发展,可以为高质量劳动力打下基础,保证我国所需要的高质量人才的可持续性发展,进而促进生产力的发展与进步,实现我国经济的腾飞,由此可见,乡村学前教育在我国经济增长与国家发展中具有重要地位与作用。就教育福利事业来说,在满足人们日益增长的文化教育需求中,乡村学前教育占有重要地位。在生活水平不断提高、人们对教育的认识不断深化中,人们对于乡村学前教育有更高的期盼与要求。

另一方面,政府应该对乡村学前教育进行全面准确地现实性分析。乡村学前教育对普及九年义务教育有重要的作用,它的普及与高质量发展关乎普及九年义务教育的发展与进步,而且它也是基础教育的重要组成部分,在驾驭体系中具有基础性地位，有利于构筑体系完整、各类教育协同发展的终身教育体系。因而，教育的事业的发展离不开乡村学前教育。我们可以预见到，乡村学前教育的高质量发展，不仅可以提高基础教育的水平、缩小教育差距，而且可以为培养高质量的人才打下基础，进而促进国家经济的高质量发展，提高国家竞争实力。对此要促进乡村学前教育的均衡高质量发展，就需要乡村学前教育逐渐成为义务教育，不断更新观念，用动态的眼光看待乡村学前教育。

回顾乡村教育的发展史，我们可以了解到在20世纪的后半叶，乡村学前教育的免费或部分免费普及已经成为一种趋势，基本上由私人事业转变为公共事业也成为一种潮流。为了更好地促进乡村学前教育的发展，各国政府采取了各种举措助力乡村教育，比如对特殊幼儿群体进行专项拨款；举办辐射全社会的公办幼儿园；对幼儿家庭提供各种教育福利等。通过义务教育的向下延伸，乡村学前教育获得了发展，保证了教育的整体高质量水平。

受我国经济发展的影响，计划经济时期我国实行的是垂直型的教育行政领导模式，上级教育机构直接领导下边各级教育机构，乡村学前教育也不例外，这就形成了乡村学前教育的条条管理，这种模式有利于上级对下级的管理，但是不利于发挥地方政府的积极性、主动性。这种模式发生改变是在1985年以后，随着政府改革，简政放权成为趋势，在乡村学前教育方面，开始弱化上级的垂直领导，强化地方政府的职责、明确地方政府的管理，由条条管理变成块块管理。但是在实行的过程中还是出现了一些问题，比如中央和地方职责划分不够明确；条条管理模式影响深远，需要时间进行转变；基层政府忽视了乡村学前教育的重要性；地方财政制约了乡村学前教育的发展；师资力量不够制约了乡村学前教育的进一步发展。

在1992年党的十四大召开以后，我国确立了社会主义市场经济体制，经济制度的变革也影响着教育的变革与发展。在经济变革的大环境下，学前教育与社会的结合更加密切，出现了新的问题。如何处理好中央与地方政府的职责关系，如何发挥政府外其他组织的社会职能在学前教育中的作用，让非义务的乡村学前教育获得更好地发展成为一个亟待解决的问题。

乡村学前教育关乎教育的稳定发展，因此，政府应该在教育发展中发挥引导监督的责任，发挥主导作用。不管是出于对教育事业的支持还是出于对生产力的投资，地方政府都应该加大对乡村学前教育的资金支持。乡村学前教育应该是一种公共事业，而非营利性企业，这是一项长期性、基础性、周期性的社会公共事业，要避免出现产业化、营利性趋势，要政府主导而非市场主导。地方政府在做好这些的基础上，中央政府要发挥统筹全局的作用，在资金保障、制度建设、法律法规建设等方面着手，进一步规范和明确各级职责，保障教育的向好发展。乡村学前教育事业的发展离不开各级政府的引导与支持，需要进一步明确中央和地方、政府与社会与市场的关系，以便更好地助力乡村学前教育事业的蓬勃发展。

（二）县级政府的教育职责不明确

我国的行政区域划分为三级，分别是省、县、乡。其中最基础的行政区域是县级，是国民经济与社会发展的基础层级，作为中间的环节，县级政府向上连接着上级的中央和省级政府，向下连接着乡镇和村委，还承担着城乡间的结合作用。县级区域数量众多，遍布全国，是最稳定的行政层级，就政府职能来讲，县级政府职能是基础，全国2000多个县级区域是国家职能在社会上的直接表现与缩影，是展现政府职能、实现国家管理的有效机构。

乡村学前教育的管理制度是"地方负责，分级管理和有关部门分工负责"，随着简政放权，中央政府部分职能下移，地方政府承担着乡村学前教育的重要职责与管理。作为地方政府的代表和中等及以下教育的主体，县级政府在乡村学前教育中要充分发挥引导与监督的责任，充分发挥政府职能。关于这一点，在2003年教育部颁布了《关于幼儿教育改革与发展指导的意见》，在中央层面以文件的形式明确了县级政府在乡村学前教育中的职能，"县级人民政府负责本行政区域幼儿教育的规划、布局调整，公办幼儿园建设和各类幼儿园管理，负责管理幼儿园园长、教师，指导教育教学工作"。2010年12月国务院印发了《国务院关于当前发展学前教育的若干意见》，针对学前教育中的"入园难"问题要求"以县为单位编制乡村学前教育三年行动计划，有效解决入园难问题……"[1]，该意见的发布着重突出了县级政府在乡村学前教育中的地位和作用，解决了入园的社会需求，保证了教育事业的平稳发展，促进经济的发展和社会的进步。

发展乡村学前教育是建设服务型政府，促进政府职能有效发挥的重要举措。在分级管理之前的乡村学前教育取得了很大的进步，由于是中央政府与教育部直接管理，中央统筹，促进了教育的进步。在进行分级管理之后，中央政府放权到地方政府，导致统筹与监管不及时，出现了一些问题。比如，各级政府对于乡村学前教育重要性与价值认识不足，出现了各级教育发展不平衡的现象；并未将学前教育纳入教育系统，进行统一管理与建设；管理模式、管理制度、管理手段等存在缺陷，很多工作并不能有效落实，导致乡村学前教育发展不平衡、普及低；

---

[1] 国务院.国务院关于当前发展学前教育的若干意见.2010年12月.http://www.gov.cn/zwgk/2010-11/24/content_1752377.htm

部分基层政府不能很好认识到乡村学前教育的基础性与公共性,不能很好传达与落实上级政府的教育思想与举措,乡村学前教育发展迟缓。

乡村学前教育的主管部门是上级的教育部,在县级教育部中,很多县都没有专管学前教育的人员;没有真实掌握当地农村学前教育的现状;没有体系化、系统化的幼儿教师培训、考评、管理制度;没有定期的业务指导与监督管理;没有像中小学一样的长期教育规划。不仅如此,在教育系统内部也没有专门的部门与人员负责,出现了多头管理、权责不分、管理混乱的问题。这会导致一个问题就是民办幼儿园的管理不到位,审批注册由社会力量办公室负责,而业务部分由基础教育部管理,这样多部门的管理使得部分民办幼儿园钻空子。对于农村的学前教育更是直接让乡镇的教育管理机构中心接手,分配一名老师兼管,但是由于不重视和不专业导致农村学前教育处于无人管理的境况。部分政府认为学前教育是一项简单的工作,只是看管孩子,对整个教育事业不会起很大作用;有的政府认为学前教育既然不是义务教育,就没有必要花费心血,让市场主导就可以了;有的政府则是觉得生产建设比学前教育更值得关心,更值得投资,学前教育是福利事业,没有经济高速发展谈何福利,故而忽视了学前教育。这些政府都没有认识到学前教育的重要性,没有采取积极的建设监管措施保障学前教育的发展,没有把学前教育纳入教育体系中考虑,忽视了学前教育中的问题严重性。

国家教委1991年颁发的《关于改进和加强学前班管理的意见》中明确规定:"农村学前班可实行乡办乡管或村办村管;附设在小学的,可实行乡(村)办校管。在业务上归当地教育行政部门统一管理。教育行政部门应由主管幼儿教育的机构负责此项工作。""地方各级教育行政部门可根据本地实际,制定学前班管理的具体办法,并建立督导、评估制度,切实加强领导。"[①] 相关部门没有发挥领导作用、没有足够重视使得学前教育一直无法得到有效管理、止步不前。虽然政府部门也在进行改进和调整,但是依旧有以下问题。

第一,县级政府因为财政压力导致对教育尤其是乡村学前教育的投入不足。简政放权就是为了充分发挥县级政府的积极主动性,在经济角度来讲也有利于促进经济的发展,进而促进教育事业的发展。在经济发达的美国和日本教育也证明了这一点。在美国,在义务教育阶段实行7区为主的管理模式,学区有征税权,以此来保证教育资金的正常运转,为义务教育保驾护航;在日本,义务教育阶段实行市町村(相当我国县级行政单位)的管理机制,都道府(市町村的上级行政单位)对市町村有固定的拨款制度,保证地方政府在教育上有充足的资金。我国

---

① 国家教育委员会.《关于改进和加强学前班管理的意见》.1991年6月.

在这方面是有所欠缺的，政府出于转型期，在各级政府的职责上还未进行更明确的划分，我国省级政府也没有专项拨款和统筹管理给予教育资金支持。省级政府将权力下放到县级政府，"以县为主"成为教育财政的原则。由于省级政府没有明确教育上的财政投入比例也没有为教育制定相应的转移支付政策，这使得各县间出现了教育不平衡现象，而且伴随着县级政府权力与职能不匹配的现象。经济的发展制约着教育的发展，在经济相对落后的地方，缺乏教育资金导致教育水平落后，乡村学前教育更是发展不理想，限制了教育的发展步伐。

第二，教育支出占政府公共财政支出比例小。教育属于长期性、周期性、公共性的事业，不可能对政府财政支出有短期效果，故而，财政分配中，教育占比较小，教育部门处于弱势地位，在财政上没有话语权，教育经费长期处于不足状态，限制了教育的发展。教育在经费的管理上也没有很多的权限，大部分地区都是学校财政由财政局管理的状况，教育局对教育经费不能进行统筹规划和管理，不能有效调动教育资源，建设教育体制，保证教育质量。这种现象也导致了乡村学前教育的缓慢发展。

第三，"以县为主"的管理体制中，上下级政府在义务教育的权力划分上不合理。上级政府负责教育大方向的制定与规划，教育目标、教育内容、教育任务、教育体制都是由上级政府进行制定，地方政府按照规定和政策进行具体的管理和落实工作，教育局负责执行政策、落实上级任务要求。教育局只有执行权，没有对人、财、物的支配权，没有根据当地情况灵活调整的决策权。长此以往出现了以下问题：一是各地区状况不同，在落实国家的教育方针政策的时候，不同地区会出现不同的落实差异，造成教育水平出现差异。二是政府在拥有教育资源的配置调整和决策权以后，会集中在容易出政绩的领域，造成地区教育资源分配不均衡、资源配置不合理。三是教育财政支出如果没有按需进行分配，会造成教育财政的短缺，导致教育目标无法实现，教育系统不能良好运转。

（三）乡村学前教育管理职能缺失

我国乡村学前教育的发展历程是不断发展变化的，从中央集中管理、教育部门与其他部门齐抓共管的模式到分级管理、地方负责的模式，不断适应我国教育的发展变化。在分级管理、地方负责的模式下地方各级政府具有较大的自主权，体现在各级政府对乡村学前教育的政策制定、制度建设、管理权限、办学模式、发展格局上，还体现在教育经费的投入、教师队伍建设与编制管理等方面。乡村学前教育是一项复杂的教育体系，主要体现了以下三方面的特点。

第一，乡村学前教育的管理主要由县（区）政府及教育部门进行管理。根据相关文件规定谁审批、谁负责、谁管理的管理原则，县（区）政府及教育部门具有较大的管理权、领导权、监督权。各地区的幼儿园办理与审批都需要在区县政府进行，区县政府对乡村学前教育进行统筹领导与规划，拥有较大职权。

第二，省级（自治区、直辖市）及以下政府大多没有设置专门的乡村学前教育机构。在省级（自治区、直辖市）政府层面，只有北京等部分省市设置专门管理乡村学前教育的机构；在区县层面更是很少。如果地方政府比较重视会设置专门的机构，如果不重视可能只是设置专门的人员，甚至什么都没有设置。当下情况是学前教育由所在的小学进行自行管理，地方尤其是基层政府没有统筹规划与管理，没有专门的管理机构与管理体系，存在管理上的缺陷，缺乏体系化、系统化的管理，甚至会出现领导人个人想法决定乡村学前教育的极端现象。

第三，乡村学前教育多头管理、公办与民办区别对待的现象。乡村学前教育受到教育行政与业务部门、民政部门、妇联部门、卫生部门、街道社区、镇政府和村委会等多个部门的管理，幼儿园的审批以教育部普教科和成职教科为主，多个其他单位为辅。而且不同类型的幼儿园审批部门也是不同的。涉及幼儿园的行政、业务、日常等方面，本着"谁审批、谁管理、谁负责"的原则进行各部门的管理工作。对于学前教育的监督是一项复杂的工作，需要教育部、卫生部、消防、民政局、物价局、地税局、财政部、妇幼保健所等多个部门参与，协同监督。在乡村学前教育方面，地方各级政府对于公办幼儿园的建设与管理较为理想，作用突出，但是在民办幼儿园方面还显得有些不足和欠缺，出现了公办与民办区别对待的现象。

随着政府的简政放权，教育权力下移到地方政府，虽然此举措给予地方政府很大的自主权，可以调动地方政府的积极性与主动性，但是还是存在职责划分不明确、权力架构不合理等问题，使得乡村学前教育存在一些亟待解决的问题。

一是地方各级管理职责比较混乱，缺乏有效的综合管理。在2003年国务院颁布了《幼儿教育改革与发展的指导性意见》明确了有关部门和相关部门在乡村学前教育方面的职责。地方政府在民办幼儿园的审批、业务与监管方面以及收费标准设立、调整与监管方面存在不足；地方政府未能建立健全教育的监督与评估体制，没有完善乡村学前教育的管理模式；地方政府未能建立完善的人力资源管理体系，导致幼儿教师编制、考评与社会保障不健全，人员流动大，不能留住人才，制约乡村学前教育的发展；部分地区的政府部门甚至出现了为谋取私利放松审批，导致大量幼儿园无人管理的混乱状态；相关部门没有发挥自身的优势帮助乡村学前教育的进一步发展，比如妇联没有利用自身开展家庭教育的丰富经验帮助乡村学前教育不断优化，帮助乡村学前教育少走弯路。

二是上级政府在统筹协调上没有充分发挥作用。在实行分级管理、地方负责之前，我国乡村学前教育是由中央和省级政府直接管理与领导的，最大限度地发挥了集中力量办大事的优势，促进了乡村学前教育的快速发展。当下各国也都重视中央政府对于教育的责任与职权，强调中央政府在教育中统领全局的重要作用。我国"坚持实行地方负责、分级管理和有关部门分工负责的幼儿教育管理体制"，虽然将管理权限下放到地方各级政府，但是也出现了中央和省级政府统筹不足导致分级管理的工作成效不明显的问题，使得地方政府对于乡村学前教育的重要性与价值认识不同步，导致区域教育重视程度不同，教育发展水平出现差距，无法充分发挥扶持偏远地区和农村的幼儿教育的工作和保证幼儿教育均衡发展的作用；地方政府可能会出现违背乡村学前教育发展的方向和行为，中央及省级政府又无法及时发现给予调整与监督控制；基层政府对于乡村学前教育的发展缺乏统一的、长远性、前瞻性、整体性、系统性的规划与体系建设；在最基层政府还会出现落实乡镇中心园方面的职责问题。这些问题都会对乡村学前教育产生制约作用，不利于乡村学前教育的持续稳定发展。

三是地方教育监督管理部门对乡村学前教育的监督管理不到位。在监督管理部门进行管理的时候不是提前打好招呼，只走过场，就是没有实地考察，只做书面报告，不能真正地对幼儿园起到监督管理的作用。教育局对于民办幼儿园的审批很宽松，流程简单，没有把好入口关，对于民办幼儿园的标准宽松，这导致很多幼儿园的资质很差，不能满足乡村学前教育的发展需要，管审批的部门不看质量，管质量的部门无权干预审批，这样的情况造成了学前教育的职责划分混乱，管理出现缺失，进而出现大批资质差、办园条件不合格的幼儿园，危害学前教育的发展。监管部门对于这些"黑园"和资质较差、不达标的幼儿园不但不进行查处，使之改进，反而视而不见，任由其自由发展，这种现象也导致了乡村学前教育的止步不前。

三、乡村幼儿园沦为农村儿童"变味的早餐"

学前教育对于幼儿成长发育有重要的影响作用。学前教育是孩子学习的基础阶段，良好的学前教育不仅可以培育孩子的良好学习习惯、学习态度、学习兴趣，而且对孩子的认知、情感与行为等方面有促进作用，为孩子以后的学习成长打下坚实的基础，有助于孩子树立终身教育的学习态度。学前教育的向好发展是全社会的期待，但是当下由于政府职能的缺失以及政府不重视，出现了乡村学前教育"小学化"的现象，在学前教育内容、教学组织与管理上出现了问题，造成了学前教育的问题与困境。乡村学前教育小学化指的是在幼儿园阶段就向幼儿教授小学学习的知识。这不仅违背了幼儿发展的认知规律，而且会打击幼儿的学习兴趣，不利于幼儿的长期学习与发展。乡村学前教育在大环境下，在管理与教学上都是受小学影响比较大，因而，小学化的现象十分明显。在乡村幼儿园，几乎所有的班级只有一名老师进行管理，没有保育员、教养员，这导致幼儿园的保育作用消失，小学化更加明显。乡村学前教育的教材没有统一的标准和规范，造成教材的参差不齐；乡村学前教育内容过于简单或者过于小学化，出现两极分化的现象；乡村学前教育出现组织管理错乱现象，这些都是当下乡村学前教育出现的问题。

（一）不合理的教学组织管理

在教学过程中，教学的组织管理是关键环节，具有举足轻重的地位，只有合理的教学组织才能真正地促进教育教学质量的提升与进步。一是大部分的乡村学前教育实施中，幼儿教师基本上以传统的课堂教授为主，老师讲学生听、老师读学生跟读、老师示范学生观看，这种传统的教学模式对于幼儿来说很枯燥不能吸引学生的兴趣。只有顺应儿童身心发展规律、符合认知发展进程的组织活动才能真正地引起学生的兴趣，激发学习动力，为此乡村幼儿教师可以采取区域活动以及主题趣味活动等形式带动幼儿学习。二是当下乡村幼儿教学的一个现状就是填鸭式教学和死记硬背的教学方法，这样的模式下，幼儿缺乏活动，大部分时间是坐着听课，有的长达40分钟，缺乏动手活动，缺乏灵活自由活动时间，教学古板，幼儿身心发展受限。三是在乡村幼儿园教授课程的时候，孩子们会出现标准的小学坐姿，双手放在后背，不能随便说话和离开，保持安静的课堂环境，违背幼儿阶段学生的发展特点和规律，使得课堂小学化明显。四是部分幼儿园出现半天上课，半天活动的不合理课程安排，各个班级间没有进行合理的课程安排和教学计划，课程结构不合理，课程体系混乱。五是在自由活动的时候，就是放羊式活动，没有计划，没有游戏，即使有游戏也比较呆板和老旧，不能满足这个阶段孩子的成长需要，不利于孩子的全面发展。六是对待所有的孩子不能因材施教，不能很好地激发学生的个体性与发展其个性特征，不利于综合素质的发展，对幼儿将来的发展产生限制。

教育专家认为儿童的教育要以感官教育为主，只有孩子的感觉得到充分的发展才能促进孩子智力的发展。现阶段乡村学前教育的灌输教育与看管模式淡化了幼儿与成人的区别，违背了幼儿的发展规律和孩子的天性。在乡村学前教育中，基础设施比较差，教具老旧、教学设施单一，现代教育中的多媒体教学还没有引进乡村幼儿园中。教师在进行教学的时候大多使用挂图进行讲解，但乡村幼儿园更新缓慢，挂图更新也很慢，不能很好地带动学生的学习兴趣。

在乡村幼儿园中电视的使用有时候也很少，很多教学工具成了摆设和应付上级检查的物品。造成上述情况的原因不仅有农村经济差的原因，还与教育观念的落后有关。在乡村学前教育中，大部分的教师没有受过专业训练，认为幼儿教师的职责就是在看孩子，不认为幼儿教师承担着启蒙的责任。大多数的幼儿教师是从小学抽调过去的，这些老师不懂幼儿阶段发展规律与认知，也没有接受过专业训练，只能按照小学的思维教育模式进行幼儿教学，在教育观念方面、教学手段方面未能达到幼师要求。在互联网飞速发展的今天，有的农村幼儿教师并不利用互联网优势为孩子开展新颖的活动、丰富教学内容，只是一味地守旧，不愿意改变，按部就班地进行教学或者因为教学任务太重、负责教学班级太多导致教师没有时间进行改变。这种情况下，孩子对学习没有积极性，老师也没有教学热情，乡村学前教育的局面堪忧、教育质量直线下滑。

（二）简单化的教学内容

乡村幼儿教育小学化体现在最明显的地方就是教学内容。老师在进行教育内容选择时选择的不是适合幼儿发展阶段所适应的书籍，也不是孩子们感兴趣并愿意主动学习的内容，而是根据知识的目标进行教学内容的选择。幼儿教师选择的大都是一年级要学习的内容比如拼音、数字、写字等，音乐美术等也仅仅是画画、唱歌，并未对孩子们进行系统的启蒙，对于孩子的审美培养、艺术启蒙、陶冶情操方面的内容少之又少。在农村自然资源丰富的条件下，幼儿教师不能很好地利用当地的资源与条件为孩子们提供不一样的课堂内容，不能整合手边的教育资源，实现教育资源利用的最大化。很多乡村幼儿园的老师都是从小学转到幼儿园的，接触的都是小学知识，并未进行系统化、理论化的幼儿教育培训，缺乏经验，只是按照原来的教学模式进行教学。大部分时间就是在履行看护职责，教授小学知识也能让家长满意、产生孩子赢在起跑线上的错觉。重知识的灌输、轻能力培养的教育模式，对孩子的成长是不利的，教学内容的枯燥也无法调动孩子学习的积极性甚至会产生厌学情绪。

幼儿教育需要平衡教育目标和幼儿发展，遵循幼儿认知发展规律，在内容的选择上要做到科学合理。生活在农村的孩子们，周围的一切都可以成为他们的教学内容，因地制宜，根据当地的环境、资源，就地取材为孩子们打造充满乡土气息的幼儿教育内容，充分调动孩子们的积极性与认知情感。在农村，会出现一些私立幼儿园让孩子学习小学的内容这种拔苗助长的现象，认为教学目标就是认字与算术，让孩子死记硬背古诗、算术，用这样的方式向家长邀功，家长也乐于看到这样的情景。这种不按照幼儿教育规律的教学模式，不仅会对幼儿未来的学习没有帮助，而且会拔苗助长，挫伤孩子的积极性。幼儿教育小学化，不仅不能让孩子赢在起跑线，而且会使幼儿的认知结构、智力结构单一化、片面化，甚至产生学习的恐惧情绪，对身心发展不利。

（三）不规范的教材

众所周知，教材是教学内容的重要载体，是进行教学活动的重要依据。教材的优劣关乎教育质量，当下乡村幼儿园的教材并没有像义务教育阶段那样有统一的教材，很多都是教师自己选择决定教材，具有很大的个人主观性和随意性。很多的幼儿园教师会选择一年级所使用的书籍，就算是选用一年级的书作为教材也没有做到每个孩子都有。有的地区即便是有省编教材，但是并不使用，还是将教学的重点放在了教授小学课程上，强调幼儿教育学习拼音、汉字、算术，不重视能力培养的课程与内容。这种情况下的幼儿并不是在为初等教育打基础，相反是在破坏幼儿的学习基础，打击幼儿的学习兴趣。国家《幼儿园教育指导纲要（试行）》系列素质教育丛书是国家为幼儿教育制定的，符合幼儿阶段认知发展特点，寓教于乐、启发教育是其特点，用各种方法启发幼儿的智力，使用多种教学方法可以调动幼儿的兴趣，为幼儿良好行为的养成打下基础，这也是幼教的指导性教材，幼儿教师需要进行研读。但是乡村幼儿园多数是私立幼儿园，并没有进行研读与学习，依旧是按照原来的教材进行讲授，不能根据《幼儿园教育指导纲要（试行）》进行合适的教学活动。

（四）不平衡的保育功能与教育功能

幼儿园具有保育功能，在幼儿园中，孩子们可以得到饮食起居上的照顾，涉及幼儿生活的方方面面，因而在幼儿园中师生关系类似于亲子关系，老师还扮演着委托监护人的角色。幼儿园教育的小学化片面强调幼儿园的教学作用忽视了幼儿园的保育功能。这些人只看到了幼儿教育小学化带来的短期内幼儿学习的效果，忽视了这种行为会产生的后续影响，在幼儿生活习惯、学习兴趣、品质道德形成的关键时期，却进行小学化教育。在幼儿阶段正是孩子求知意愿、竞争意识蓬勃发展的时期，在这个阶段进行小学化教学，不能帮助孩子养成正确的竞争意识与求知欲望，会压抑孩子的天真活泼的天性，影响幼儿的身心健康，束缚了孩子无限的想象力与独特个性，泯灭了孩子正常的心理活动期待。幼儿阶段孩子身体未发育完全，握笔控笔不能很好掌握，过早的握笔写字，对孩子的肌肉会造成负担，阻碍孩子的身体发育。

根据儿童身心发展的特点，孩子个性形成的关键时期就是幼儿时期。幼儿园的初衷就是让幼儿养成良好的行为习惯、养成生活学习习惯、促进个性品质的形成，为以后的学习打下坚实的基础。《幼儿教育指导纲要（试行）》和《基础教育课程改革纲要》都要求幼儿教育必须遵循幼儿阶段的身心发展规律与教育规律，要坚持以游戏为主的教学模式，培养幼儿的行为习惯、生活学习习惯，保护孩子们的好奇心，激发孩子的求知欲，坚持幼儿园的保育功能，家庭与社会要配合幼儿园的工作，为幼儿营造良好的成长环境。充分发挥环境影响人的作用，幼儿园应该积极创设适宜的环境，以此让孩子们在潜移默化中提高能力，不断开展寓教于乐的游戏活动来激发孩子们的想象力与求知欲，使之探索发现世界的美好，在无形中进行素质教育。只有这样才能真正促进幼儿身心发展规律，幼儿教育小学化应该明确禁止。

幼儿教育的两个功能就是保育与教育。不能只关注其中的一个，忽视另外一个。针对幼儿园出现的教育小学化现象，首先要提高民办幼儿园的教学质量。幼儿园的教育工作者要不断紧跟国家教育的步伐，不断更新观念，不断提升从业者的教育水平与道德修养，不断学习，树立终身学习的观念，在正确的育儿观念下，遵循幼儿认知发展规律，采用符合幼儿发展规律的教学方法与内容进行教育，促进幼儿在保持天性的基础上不断获得良好的能力提升，养成良好的行为习惯、性格品质，为以后的发展提供良好的基础。

第二节　乡村学前教育创新发展

一、建立健全乡村学前教育监管机制

乡村学前教育的健康发展需要社会、家庭、政府等多方参与与支持，这其中政府发挥着重要的监督管理职责，对幼儿教育的健康发展有着重要的指导功能。明确的责任划分可以使政府各部门清晰自己的职责，才能为乡村学前教育的进一步发展提供有力的支持。针对乡村学前教育中存在的主体责任不清晰、监督管理

不到位、财政投入少、教育支出不透明等问题，政府需要对乡村学前教育进行有效的监管，因此，建立健全监管机制可以促进乡村学前教育的向好发展。

（一）加大投入力度，建立健全监管机制

我国乡村学前教育存在的主要问题有两个，一是政府层面对于乡村学前教育的支持投入力度不够，二是社会层面对学前教育的关注不足、不重视。在我国乡村学前教育的主要办园经费来自家长的缴费，政府在这个过程中基本上承担很少，当下政府对学前教育的经费投入不足，对其的保障力度也不大，造成了幼儿园的资金保障困难，很难得到有效发展，没有充足的经费作为保障，幼儿园在价值理念和办园设施等方面就会出现偏差与问题。

2010年，国务院下发《国务院关于当前发展学前教育的若干意见》，其中指出要多种渠道加大学前教育投入："各级政府要将学前教育经费列入财政预算。新增教育经费要向学前教育倾斜。财政性学前教育经费在同级财政性教育经费中要占合理比例，未来三年要有明显提高。各地根据实际研究制定公办幼儿园生均经费标准和生均财政拨款标准。……中央财政设立专项经费，支持中西部农村地区、少数民族地区和边疆地区发展学前教育和学前双语教育。地方政府要加大投入，重点支持边远贫困地区和少数民族地区发展学前教育。规范学前教育经费的使用和管理。"[①] 学前教育的投入问题成为制约乡村学前教育发展的重要方面，因此在政府层面不仅需要加大对乡村学前教育的投入力度，而且需要建立健全监督管理机制，保障学前教育经费的使用得当，为学前教育的稳定发展保驾护航。

1. 人民代表大会监督

我国是人民民主专政的社会主义国家，实行人民代表大会制度。人民代表大会制度是我国的根本政治制度。人民通过直接选举或者间接选举选出人大代表行使职权，人民代表大会（以下简称人大）是我国的权力机关，代表人民行使权力，保障人民当家做主，参与国家管理。人大具有监督权，代表人民对政府工作进行监督，人大的监督体现了国家统治，是人民当家做主行为的体现。人大有监督权、决定权、任免权、立法权，是国家权力机关，其监督具有权威性与效力。

人大的监督包括对政府的监督，政府的教育工作会受到人大的监督，乡村学前教育的经费使用情况会作为监督的一部分加以监督。人大作为国家权力机关，监督的实施可以保证政府工作的高效运行，保证工作的顺利开展，防止以权谋私现象。只有不断的监督、有效的监督才能使权力得不到滥用，才能保证乡村学前

---

① 国务院. 国务院关于当前发展学前教育的若干意见 2010.

教育的投入力度，促进乡村学前教育的进一步发展。

各级人大听取和审议政府专项工作报告制度是《中华人民共和国各级人民代表大会常务委员会监督法》的规定，这个制度可以使各级人大对政府的工作有及时的了解，对政府工作进行及时有效的监督，保证政府工作的顺利开展。在人大闭会期间，各级人大常委行使人大的职权，保证对政府工作的及时监督，保证监督权与决定权的有效实施。学前教育在家庭、社会、政府的多个主体中，政府应该承担起更重要的责任，保证学前教育的经费投入不断增长，保证各级人民政府教育财政拨款的增长应当高于财政经常性收入的增长、在校学生人数平均的教育费用逐步增长、教师工资和学生人均公用经费逐步增长的"三增长"要求，对此，人大要听取和审议政府的工作报告，这就包含了政府的财政在学前教育的投入，如果人大对政府工作报告有疑问，人大就可以行使监督权，对政府工作提出意见，要求政府改进。因此，人大的监督可以有效保证政府财政对乡村学前教育的投入力度，保障乡村学前教育的稳定向好发展。

政府应该主动接受人大的监督，公开财政支出，让人大了解政府的财政状况，保证财政预算与支出的公开透明，确保公权力在阳光下运行，转变政府职能建设新型法治政府。财政工作自觉进行公示，一方面有利于人大对政府财政的监督，推进政府依法行政工作，另一方面有利于提高政府对于学前教育的重视，提高政府对教育的管理水平。各级政府都应该重视学前教育工作，中央应该设置专项资金，增加学前教育的经费投入，地方政府也应该紧跟中央政府的步伐，加大学前教育的经费投入，设置相应的政策保证学前教育经费的落实。针对当下乡村学前教育的现状，政府可以加大对幼儿园的补贴，设立专项资金加大公立幼儿园建设，对于私立幼儿园应该加大监管，保证私立幼儿园的质量，可以出台政策引导支持私立幼儿园的健康高质量发展。

2. 审计监督

政府对于学前教育的投入涉及财政，因此必不可少地受到审计部门的监督。人大对政府工作报告进行审议包括对政府财政的审议，但是财政预算支出涉及专业知识，人大可能在审议的时候会出现专业性不强的现象，因此需要审计部门与人大共同对政府财政预算与支出进行监督。我国行政体系中审计机构基本上是内部的审计，教育系统也是如此，因此需要内部审计以外的财政审计来对政府财政预算与支出进行监督，保证政府财政工作的开展。审计监督是国家机关监督体系的重要组成部分，与其他监督机关一起完善了权力监督制约机制。

《审计法》明确指出审计涉及的工作范围，审计机关可以对政府各部门的预算、决算和预算外的资金使用与执行情况进行监督，保证国家资产的完整与增值保值。审计的对象包含政府及政府各部门、国有企事业单位。审计的主要工作职能是对国家财政收支、国有资产收支的合法性、合理性、真实性、效益性进行监督。政府对乡村学前教育的财政预算与支出属于这个范围，审计机关通过对此进行监督会使教育经费的投入更加合理、规范。

我国教育财政体系存在的问题会影响教育的发展，乡村学前教育的发展更是出现了很多问题，要解决这些问题需要审计对政府的监督，需要一个健全的审计监督体系。体系的不健全体现在农村教育财政方面的以下问题上。一是审计监督的法律法规不健全，具有滞后性，因此需要建立健全对乡村教育审计监督的法律法规建设，确保审计监督有法可依。二是审计方式不合理，现阶段主要是事后审计，应该实行全过程的审计监督，保证每个过程的合理合法。三是审计监督的角度不全面，审计多强调微观审计，应该向宏观审计倾斜，保证宏观微观两个角度全面监督。四是需要审计队伍建设，加强乡村学前教育的审计监督队伍建设，及时更新观念，不断引进新的理念与方法，更完善地进行监督，进而促进乡村学前教育的发展。

《审计法》中提到审计的内容不仅要包括预算内的内容，也包含预算外的内容，涉及学校、政府与社会三方。在乡村学前教育上进行审计监督主要监督以下方面：一是政府在乡村学前教育方面的财政是否支出，是否存在占有、挪用等乡村学前教育资金的情况，是否保持了教育的"三增长"。二是教育资金的使用是否规范、是否落实到位，在乡村学前教育中是否存在乱收费、乱集资的现象。三是对乡村学前教育费用的使用情况是否合理、是否资金最大化进行监督。四是核对教育资金在幼儿园中的使用情况，是否合理控制支出，有无虚报情况。五是对乡村学前教育的老师工资是否拖欠，幼儿园的固定资产管理情况、幼儿园所拥有的产业情况进行监督，对资金不足时学校的做法进行监督。

面对审计监督政府部门应该积极配合，可以从以下几个方面入手。第一，上级教育部门的内审机构要加强对下级教育经费的内部审计监督工作，给予及时的指导与部署工作，通过自身自查、互审互查以及抽查抽查等提高审计的监督效率。第二，负责乡村学前教育的政府部门要及时跟进国家审计监督的相关要求与部署，对上级审计机关的要求的相关事宜要积极落实，针对没有明确要求的事项，政府部门也要及时地进行跟进，对乡村学前教育中的重点事项进行审计调查，通过自身自查查漏补缺，及时与上级审计机关保持联系，在审计机关的指导监督下更好地推进政府工作。第三，当审计中出现问题的时候，要及时严肃处理，针对审计中存在的问题要及时研究分析，找出相应的解决方法，对于无法解决的要及时寻求上级部门的帮助与指导。第四，要不断总结经验，不断对审计中的问题进行整改，提高审计的质量与水平，对审计结果要及时与内审机构对接，找到更好的方法开展后续的审计监督工作。

对学前教育的审计监督不仅是审计的要求也是教育的要求。一是审计监督可以保证政府对乡村学前教育的财政投入的增长与落实，形成政府财政拨款为主、多渠道筹集经费的乡村学前教育投入体系。二是保证政府对学前教育经费的合理使用，提高资源利用率，为教育的改革与发展提供物质保障，为乡村学前教育的发展创造有利调剂。三是审计监督可以督促政府权力在阳光下运行，保证政府权力不滥用，加强政府的法治、廉政建设，更好地促进乡村学前教育的蓬勃发展。

3. 教育督导监督

教育督导制度的目的是为了更好地贯彻落实教育方针与政策，加强对教育事业的整体把控，根据教育方针与法律法规对教育的行政部门以及学校进行检查、监督、指导、评估工作，进而提高教育的质量，推动我国教育事业的高质量发展和进步，这套制度组成了我国的现代教育制度，教育督导也成为教育行政管理体系的重要环节和重要组成部分。经过不断的发展，我国现在已经形成了一套完整的专兼职相结合，督政、督学、教育监测相结合的教育督导体系，在机构设置上有中央、省、市、县四级督导机构，对政府的教育财政进行监督，保证乡村学前教育在教育财政中的占比。

教育督导的一项重要工作就是监督，具有监督职能，代表政府及教育部门在行使职权，保证教育方针、教育政策、教育法律法规的落实，更好地促进教育工作的开展。教育督导如何做到对乡村学前教育的监督呢？实际上，教育督导通过落实教育方针与政策对下级政府的乡村学前教育投入进行监督，及时反馈给上级政府，下级政府经过改进，会加大对乡村学前教育的投入力度，保障乡村学前教育的资金充足，这也使得教育督导成为决策机关、执行机关在教育发展与促进中的得力帮手。

我国的教育正处在由教育行政管理向公共教育管理发展的大趋势，以更好地促进教育发展，在这样的形式下，教育督导也紧跟教育发展的潮流，不断完善监督职能，为建立公正、公平、高效、规范的教育行政管理体系和改革公共教育管理方向不断发挥作用。教育督导强调的是教育监督与教育指导，虽然是一种自上而下的政府行为，但是不同于视察、考核，是一种规划性的、直接的、高效的监督与指导。教育督导的重要意义和作用就是通过教育监督与指导来保证教育方针与政策的落实，提高教育行政的管理，提高教育事业在地方上的重视，促进教育事业的发展与进步，这是政府行政职能的体现，可以提高行政体制的效率，促进教育行政功能的有效发挥。鉴于教育督导的重要性，中央和地方政府都很重视教育督导工作，在推进教育方面有显著的成效，如部分省市建立了自上而下的督导体系，督促政府履行教育责任，对教育中的改革与发展问题提出了变革方案。为教育督导之后更好开展工作打下了基础，可以更加专心地进行监督指导工作。

上文我们也提到了，乡村学前教育的发展受限于政府对乡村学前教育的投入不足，资金不足造成乡村学前教育不能很好地开展。经济社会的发展必然会带动教育的发展，人们对教育的要求也在不断增长，近些年政府不断加大对乡村学前教育的财政投入，社会上对于学前教育纳入义务教育的期待也越来越多。根据我国在2003年出台的《关于幼儿教育改革与发展的指导意见》中提到要求各级政府加大对学前教育的投入力度。县级政府需要保证幼儿园的正常运转，保证幼儿园从业者的工资以及其他福利及时发放，要加大幼儿园的建设力度，定期对教职工进行幼儿专业知识培训，保证幼儿教育的健康发展，对于贫困地区、偏远地区的学前事业要进行专项拨款，保证专款专用，真正为幼儿事业发展发挥作用。乡镇的财政支出中也应该包含学前教育，明确学前教育的经费预算。在《关于幼儿教育改革与发展的指导意见》对教育督导也做出了明确的阐述，建立督学、督政的幼儿教育督导制度，保证幼儿教育的发展。在中央层面，要求国务院教育部制定完善的幼儿教育督导实施办法与评估体系，在地方层面上要求省级政府制定相应的幼儿督导评估标准。幼儿教育督导要对幼儿教育的教育方针、政策的落实情况进行监督反馈；对幼儿教育中出现的问题和重难点问题进行监督检查；对幼儿教育的质量、发展进程进行把控；对政府在幼儿教育的财政投入进行及时监督；对幼儿教育中从业者的薪资待遇问题给予关注。要切实履行好教育的监督指导职能，助力乡村学前教育体系的完善与监督体制的健全，保障乡村学前教育的稳步向好发展。

综上所述，乡村学前教育中的难点问题是经费不足问题，要解决这个问题就需要保障政府财政在教育上的支出占比，这不仅需要政府的主动实施，也需要建立健全监督体系，形成人大监督、审计监督以及教育督导监督立体化的监督体系，保障学前教育的财政投入，促进乡村学前教育的发展与进步。

（二）健全质量监管机制

在我国社会与经济日益高速发展的背景下，不同区域之间渐渐产生差异，而其中学前教育的差异更受到所有相关人士的关注。也因此学前教育的质量成为基础教育领域内的焦点问题。如何使学前教育的质量获得提高，使城乡地区的学前教育差异缩小成为了被广泛关注的课题。要想乡村学前教育的质量有所提高，必须要健全相应的质量监管机制。

1. 建立中心园制度

幼儿园作为学前教育实施的主阵地，当地办园质量直接决定了乡村学前教育的发展水平。因此解决学前教育发展问题的主要途径便是办好中心幼儿园并建立有效的乡村幼儿园质量监管机制，中心幼儿园的建立能够使学龄前儿童接受更好的学前教育，而乡村幼儿园质量监管机制则是能够让其办学水平维持在稳定范围内。

（1）建立并完善中心园

建立并完善中心园是发展乡村学前教育的重中之重，在我国学前教育的政策规定中，农村幼儿教育发展的责任由乡镇人民政府承担，同时政府负责具体举办乡镇中心幼儿园、改善办园的条件与筹措经费等活动。县级以上的教育部门要努力办好乡镇的中心幼儿园，使其发挥相应的幼儿教育指导示范作用，乡镇中心幼儿园园长要肩负乡镇幼儿保育、教育的业务指导的任务，最终实现加强幼儿教育管理的目的，总体来看，建立乡村中心幼儿园是对我国学前教育方针政策的具体实施，完善农村中心幼儿园制度对乡村学前教育起着关键作用。

乡村学前教育事业发展的核心在于乡镇中心幼儿园的建设，即使在有关部门的重视与推动下建立了各地的中心幼儿园，但其中仍有许多问题，主要问题包括办园的水平总体不高、教师的素质与数量都有待提升、办园的整体条件较差以及缺乏中心示范作用等，这些问题都成为县镇中心幼儿园在农村学前教育发展的制约，影响了其地位。因此当前应加快乡镇中心幼儿园的建设，明确乡镇中心幼儿园的主体地位，将其当作乡村学前教育改革的核心，充分发挥中心园的辐射作用，最终形成以中心幼儿园为主体，以农村幼儿园为补充的乡村学前教育体系。

构建乡村幼儿园的办园政策是建立与完善中心幼儿园制度的第一步，同时应将乡镇中心幼儿园体制的发展与改革当作乡村学前教育改革的首要任务。具体的方式有以下几点。第一，无论是乡镇中心幼儿园还是其他重点建设的幼儿园，一定要保证其公立性质，公办体制，只有如此才能为其日常管理与资金投入提供相应的保障，让其成为幼儿园中的引领者。第二，要建立一个幼儿园的准入制度，明确准入标准，为了从制度监管上对幼儿园质量进行保证，应当对合格幼儿园进行资格认定，同时坚决不审批不合格幼儿园。第三，政府相关部门要对幼儿园的质量等级进行评定,从而确保中心幼儿园质量的同时鼓励其他幼儿园提升质量,努力跻身重点建设幼儿园以获取更多资源支持,相当于是用一种外部施压的竞争机制最终提高中心幼儿园质量并促进其他各园的发展,最终形成健全的制度化管理模式。

要想推进乡村学前教育的全面发展,需要找到对应的突破口,而推动乡村学前教育的主要突破口便是乡镇中心幼儿园的建设,有效地提升乡镇中心幼儿园质量的方法之一,便是推进公办为主的乡村办园体制改革,公办为主的乡村幼儿园接纳了绝大部分的乡村学龄前儿童,学龄前儿童接受幼儿园教育是十分有必要的,能为他们接受小学教育打下坚实基础,同时也促进了整个乡村学前教育的发展。在政府办园的核心理念下,以公办园为主体,并将中心幼儿园的发展与建设作为核心,对乡村学前教育进行普及。在改革中明确资金的筹措交由政府进行,在教育部门的主观下将中心幼儿园办成公益性事业单位,使其发展成为学前教育的主要力量。在建设过程中应当明确政府的主要责任,要为乡镇幼儿园的建设提供经费保障,其中包括中心幼儿园的日常运作、教师工资以及培训费用等资金的供给,还应当建立专项鼓励与提供扶持经费来推进乡镇中心幼儿园的规划范建设。明确中心幼儿园的教师编制以及工资待遇,公办教师的配比应大于一半,待遇不可低于当地公务员标准。在当前的改革中,部分区域的发展已经走在前列,部分区域的中心幼儿园集合了本乡镇学前教育行政管理中心、教研中心、信息中心、教师培训中心、家长服务中心以及儿童活动中心等,将中心幼儿园的服务管理与示范作用发挥得淋漓尽致。

要建设乡镇幼儿园,要落实以下多个问题。第一,要明确县政府统筹管理为主,由乡镇政府负责具体事项的中心幼儿园责任主体,如果不规定具体负责部门的话,那么责任就无法落实到个人,那么工作的积极性也就不会那么高,就像老话说的"一个和尚有水喝,三个和尚没水喝",如果责任不落实,那么人人都觉得不是自己的责任。第二,要协调配合好各个部门的调动,包括教育部门、人事部门、财政部门和建设部门在内的各部门应积极合作,共同解决中心幼儿园的发展问题。第三,应将中心幼儿园的发展纳入乡镇政府的教育政绩考核指标,让其成为上级政府考核内容,通过这种方式使乡镇中心幼儿园成为政府的公共服务项目,从而起到示范作用。第四,要规范政府的财政投入机制,作为单独的项目进行管理,按"三增长"的要求逐年增加财政投入,与此同时还要建立预算内生均经费制度,将中心幼儿园的生均经费列入财政预算并制定相关规定。最后,要建立高素质的幼教队伍,切实提升中心幼儿园教育教学水平,在中心幼儿园园长的责任管理制度下，鼓励教师在职培训以不断提高其教学水平。

(2) 加强对中心园的业务指导，提高办园质量

在建设中心幼儿园的过程中，还存在诸多问题使得建设进展受到阻碍。在中心幼儿园建设的起步阶段，由于缺乏建设经验，亟须加强对中心幼儿园的相关业务指导。中心幼儿园的建设作为整个农村学前教育的核心部分，在学前教育事业中发挥了重要作用。对中心幼儿园的业务指导主要是提供先进的发展经验而非对中心幼儿园建设进行包办管理，指导中及时发现错误行为并改正才能有效提高办园水平。

当前存在的诸多问题使得中心幼儿园迫切地需要相关业务的指导。某些地区的中心幼儿园存在班级人数严重超标的情况，个别园一个班的规模可能达到七八十人之多，庞大的班级人数导致教学质量受到严重影响，还使得幼儿得不到足够的关注导致幼儿成长出现问题；还有一些中心幼儿园出现了教材上的问题，其教材不统一的现象严重，这对不同班级的课程标准和进度产生影响，不利于幼儿的学习；甚至一些中心幼儿园不按班级区分教材，让所有年级使用同一种教材，这样做让幼儿园教师的工作量下降，但是却让孩子们的受教育有了困难，更有甚者还出现了小学化的趋势，这样看起来似乎是让孩子学习到了更多的知识，但是这实质上是揠苗助长的方法；还有一些中心幼儿园的幼儿日常活动不能得到合理科学的安排等等。上述这些做法既是对教育发展规律和幼儿成长规律的违背，也使得儿童健康成长受到极大影响，不解决这些问题，学前教育的质量很难有整体的提升，乡村学前教育整体也得不到良好发展。

也因此进行相关的业务指导是迫切且必须的。上述只是中心幼儿园发展过程中存在的部分不良情况，要想行之有效地解决这些问题，要求中心幼儿园要有幼儿园自身应有的特色，既不能小学化，也不可成为幼托机构，要对自身有明确且清晰的定位认知。针对教材问题，首先要有符合国家学前教育标准的教学大纲与教材，为提高整体的教学水平，要经常进行各幼儿园的交流学习活动，互相汲取经验，共同进步。在课程管理中要注重幼儿园的教学目标、教学重点与教学方法，制定一套符合幼儿个性化发展与年龄特点规律和教育教学规律的课程，进而促进幼儿的学习与成长。在学前教育中，要注重幼儿的生活与游戏活动，重点对幼儿学习的兴趣、特点与需求进行指导关注，不能只注重单一方面，而应综合各方面内容进行科学合理的课程设置。与此同时，为了达到丰富课程的目的，在不同地区的课程编制中，还应当结合地方特色进行本地化改编，利用当地名胜古迹、习俗文化等相关资料进行课程编排，这既是对课程内容的极大扩充，提升了课堂的

有趣程度，也变相提高了幼儿对家乡文化的热爱与归属感，还可以对优秀文化进行传承与发扬，是综合提升课程编排水平的重要方式。

除了对幼儿园进行相关的业务指导外，加强教师的培训工作也是提高中心幼儿园教育教学质量的重要渠道。教师培训工作是教师发展和提升的主要途径，乡镇的中心幼儿园有着辐射示范的作用，对农村教育事业有着重要影响，因此中心幼儿园教师的培训也影响了整个农村幼教事业的发展。相关的学前教育部门应当制定科学合理的培训规划，通过各种灵活手段与方式对教师进行定期的培训工作，达到提升教师教学水平的目的。根据乡村学前教育的特点进行相关的逐项培训以达到快速向教师传授先进实用经验的目的。培训的形式多样化，包括园内培训、园间交流学习、专家指导与讲座、实践探索、城乡观摩等，通过各种渠道对教师进行定期逐级培训。除此之外，为了提升教师的整体教学水平，锻炼教师实践能力，政府可以为教师的专业发展搭建平台，经常开展如基本功展示与岗位练兵在内的业务技能活动来促进幼师整体素质的提升，最终建立一支兼具理论知识与实践教学能力的强大师资力量来促进乡村学前教育的全面快速发展。

在中心园管理方面，因乡镇中心幼儿园施行园长责任制，应当针对园长进行相关的管理培训工作，树立其现代管理意识的同时提高有关中心幼儿园的专业管理能力，对园长的培训可以有效提升中心园的整体管理效果和发展水平。园长应在教育部门指导下进行幼儿园内部的业务研究活动，进行教学实例研讨与观摩演示活动。该活动可以有效提升园内教师的教学水平并有助于实际问题的解决，通过交流研讨这种平等互助的方式提升教师实践教学的能力。建立了教师成长的共同体，也使得各中心幼儿园的联系与交流更加紧密、频繁，在各地中心园教师共同进步中，达到提高乡村学前教育质量的目的。

2. 建立督学责任区制度

国家针对乡村学前教育曾出台过相关的指导意见，2010年国务院下发的《国务院关于当前发展学前教育的若干意见》（国发〔2010〕41号）中指出："各级教育督导部门要把学前教育作为督导重点，加强对政府责任落实、教师队伍建设、经费投入、安全管理等方面的督导检查，并将结果向社会公示。"可以看出乡村学前教育的发展与教育的监督指导密不可分。因此通过建立督学责任区的制度，开展常驻随访督导，使学前教育督导工作常态化，可以对学校内部存在的问题进行及时发现与反馈并最终解决，这种针对性的指导可以使幼儿园的办学行为规范化，使得乡村学前教育的发展朝着更加健康的方向前进。

在规定中有对督学责任区的划分进行具体说明，督学责任区的划分采用县级督学为主，分级别负责的制度。在县级督学责任区中要加强对乡镇中心幼儿园的督导，督导部门要根据不同区域和幼儿园的特点，将区域划分为不同督学责任区，这些责任区的督导既可以是兼职督学，也可以是各级政府教育督导团的专职督学，但是最终要有一名组长作为该区域的负责人对区域内的其他督学进行领导。

遵循基本原则是督学进行督导工作的工作准则，督学在进行各自区域的督导时，首先应依法督导，遵守国家的教育法律法规，在法定权限内进行检查指导工作。不仅针对幼儿园工作进行监督，同时应当对整个学前教育工作进行专业化指导，督学工作应在基层展开，让督学服务落到实处。其次督学在评估工作中应坚持客观公正的原则，无论是公立还是私立的幼儿园，其工作成绩都应得到客观的、实事求是的评价，从而体现督学的公平公正。另外在指导工作中，督学应秉着全面且深入的原则进行工作，对实际情况要有全面的了解，实际督学工作应深入到幼儿园和具体课堂中，最后在实践中进行全面评价和深入指导，真切落实督导工作。

除了需要遵循督导工作的基本原则和法律法规，在督学形式上也包括各种方式的随访督导，有明察暗访、调查问卷、座谈走访或是查阅相关资料等做法。政府想加强有关幼儿园的督导工作，就要将幼儿园督导行为常态化，规定每学期进行不少于两次的督导活动，在督学进行督导工作的同时在过程中应当做好相应记录，以随时向教育部门反映情况。督学应针对督导过程中发现的问题提出相应的整改建议，同时督促园方实行改进方案，并负责后期的定时回访工作来检查督导效果。督学在每个学期都应提交一份责任区的年度督导报告，通过对该区域教育工作的客观评价来做出相应的工作规划，进而改善责任区内学前教育的现状和环境，促进乡村学前教育的顺利发展。

督学主动进行督导工作的同时，责任区内的幼儿园也要自觉接受督学的检查与工作指导，保证提供如实资料和各项数据来积极配合督导工作的顺利完成。在督导过程中，幼儿园要虚心接受和整改督学在督导过程中提出的指导意见，使督导工作达到应有的效果。同时针对政府层面，责任区内的相关县级部门应保证督学经费的及时发放，以促进督导工作正常进行。根据地区发展的不同，还可以进行更加具体的工作安排。如地区经费充足，还可设立督学工作奖惩制度，对督学的工作成绩进行奖惩，奖励业绩突出的督学，针对不认真履行职责的督学则可处以撤职的处罚。县级教育主管部门可以建立责任区的督学例会制度，通过会议了解督学的工作进展与工作中存在的问题，力求将督导工作落实。督导工作的重点是"导"，在于督导人员进行专业化指导，有效提升评估后政策的执行力度，由宏观深入微观，发挥政府的调控功能。

可以通过督导评估机制对督学责任区内的地方学前教育发展状况、发展质量、教师待遇以及政府经费投入等进行评估，进而对乡村学前教育中遇到的重点、热点问题进行专项的督导，这种通过评估进行的督导活动针对性非常强，对学前教育的发展有较好的效果。目前乡村学前教育在整个国家学前教育中占据重要地位，因此可以在乡村的督学责任区中建立问责制度，通过强化该制度，可以督促地方政府各部门履行其应承担的主导职责，通过公示督导结果，使教育部门可以接受学生家长和社会群体的监督，进而形成有效的约束与激励机制，完善乡村学前教育的整体质量监管。

（三）完善安全监管机制

学龄前儿童因其年龄小、自制力差的特点，导致其对危险的认知不足，不能进行及时的自我保护，也缺乏相应的社会生活经验来处理问题和规避危险，因此儿童群体的安全问题在整个校园安全问题中也显得尤为重要。国家也颁布了多项相关的法律法规来保护学龄前儿童的权利，要加强政府各部门对幼儿园安全的监管，进而保护幼儿安全成长，因此，要想发展乡村学前教育，必须建立相应的监管机制，要从幼儿园的安全监管入手，这样能够为学前教育树立起最起码的安全保障体系，让幼儿在一个相对安全、和谐、稳定的生活环境中长大。

1. 公安部门的社会安全监管

幼儿园的校区安全是备受关注的社会问题之一，近年来我国的数起幼儿园恶性事件使得幼儿园校园安全成为大众普遍关心的问题，也因此幼儿园校园安全问题受到了政府机关部门的高度重视，对此，公安机关要加大安全监管的力度，并建立健全相关的制度，只有完善安全监管机制，才能为乡村学前教育的未来发展奠定良好基础，为幼儿成长创造良好空间。

镇级政府作为乡村学前教育的责任主体，应当做好安全防范队伍和安全防范制度的统筹建设。在调度各个部门的过程，尤其是与公安部门的协调中，要从制度层面落实校园安全保障工作。门卫是幼儿园安全的第一道防线，因此幼儿园的门卫管理制度要求门卫将可能存在危险的人或事严格杜绝在幼儿园门外；同时应执行晨检制度，由幼儿园的教师及时收缴幼儿身上携带的危险物品。同时不仅要针对园内的安全隐患进行排查，还要从源头上消除社会的安全隐患，要做好社会矛盾的处理工作，使得幼儿处于真正安全的社会大环境下。通过公安、派出所和社区村镇的多方合作，将未知的危险因素提前排查、预警和防范，提升管理水平，最终为幼儿园和幼儿提供社会大环境和园内小环境的双重保障。

对于具体的安全管理治理工作，公安部门应将校园安全监管的重心放在幼儿园周边环境的治理上，这涉及社会治安以及交通、餐饮和娱乐设施方面的问题。社会治安作为学校教育安全保障的大环境，其恶性发展会导致社会中因教育失败造就的"问题人"将此当作成长的温床，反过来对教育产生不良影响，因此对社会治安的强化显得尤为重要。维护社会治安的主要力量是公安局及其派出机构，这些力量不仅负责打击危害教学秩序的违法犯罪行为，还会治理学校周边的环境，形成警民共同建设学校，一同创建和谐校园，一同为构建安全的社会及校园环境努力。乡镇人民政府作为地方的基础组织，要肩负起保护地方安全，维护地方秩序的责任，应当发挥各部门的协调功能，创新保护方法与措施，从而实现安全社区以及安全校园的建设。

在周边环境治理过程中，政府需要对交通问题、网吧与娱乐设施的管理进行加强，网吧与娱乐设施的建设应当远离校园区域，在客观上对未成年人进行保护。同时对校园周边的餐饮要进行更加强力的监管，严格执行定期检查任务，并对无证经营的餐饮进行禁止，努力消除一切可能因外部因素产生的食品隐患。可以提高村社与家长的参与度，调动其积极性并与学校和治安单位共同进行校区环境的综合治理，为学生与教师提供一个有序的、和谐的学习、工作和生活环境。

2. 交通部门的交通安全监管

我国的校园交通问题相比欧美的发达国家要突出许多。近些年我国幼儿园校车相关的事故多次发生，对儿童的人身安全产生严重威胁，这一问题也逐渐成为受到广泛关注的社会问题。在广大农村地区学前教育发展不利的一点是，有许多存在巨大安全隐患的三无黑校车在进行非法接送幼儿上下学的活动，这导致学生交通安全事故的频繁发生。在部分农村幼儿园，负责接送儿童上下学的专用车辆大多为面包车，一些幼儿园甚至为了节省经费而购买二手或报废车辆，这些车存在许多安全隐患，且汽车的性能也存在问题。另外，幼儿园的校车司机通常不固定，许多都是园长或教师及亲属兼职司机，因此其驾驶技术得不到保障；同样是为了节省经费，使用一台车接送幼儿也成为常见现象，这导致了严重的超载问题，为了装载更多儿童，有的幼儿园甚至没有派遣教师跟随，这些都是途中存在的安全隐患。政府及各部门也在不断努力，积极寻找探究解决交通安全问题的方案，做到彻查校车安全隐患，杜绝幼儿园幼儿出现出行问题。

针对我国的校园交通安全现状，对国外的先进思想与方法要有目的性的进行学习，国外的发达国家在处理幼儿园交通安全方面的问题上有许多先进的经验，美国作为世界上人均汽车拥有量最多的国家，依赖他们国家对待安全监管的重视程度以及较为积极的安全监管机制，其交通安全问题并不十分严重，美国对待交通安全的态度以及如何构建安全交管机制都非常值得我国借鉴学习。美国针对幼儿的特点进行专门的幼儿园安全教育课程，通过合适的方法与渠道对学龄前儿童系统讲解交通安全注意事项，由幼儿园负责对儿童进行交通安全规则的讲解以及说明如何处理紧急事故或是应对突发事件等。在同样是发达国家的英国，也是从幼儿便开始交通安全的教育，因此在幼儿时期便有了宽容互让的交通理念，这种理念的形成对安全交通环境的构建作用很大，同时具体的行为上还提倡儿童手拿鹅黄色小旗并佩戴黄色或红色帽子过马路。世界各国采取的针对儿童交通安全教育的积极措施为我们加强我国幼儿园交通安全监管提供了宝贵的可借鉴经验。

为明确我国政府和各部门在校园交通安全监管方面的职责，2007年，由我国教育部、公安部、国家安全监管总局联合下发的《关于加强农村中小学生幼儿上下学乘车安全工作的通知》，就专门针对交通安全监管机制提出了指导意见。[①] 其中涉及了政府相关部门的职责、校车的安全监管和监测机制、道路交通安全宣传教育。另外，根据2012年国务院下达的《校车安全管理条例》[②]的规定：县级以上地方人民政府应当根据本行政区域的学生数量和分布状况等因素，依法制定、调整学校设置规划，保障学生就近入学或者在寄宿制学校入学，减少学生往返路程的交通风险。县级以上地方人民政府应当积极采取发展城乡间的公共交通，对公共交通线路和站点进行合理规划，目的是为学生提供乘车上下学的便利条件。其中还存在一些难以就近入学以及住所较为偏僻远离主干道的学生，针对这些特殊情况，政府也应当采取相应的措施使学生享受到校车服务。相应级别的政府对区域内的校车安全管理工作担负全部责任，由有关部门根据当地的经济发展情况，制定符合需求的校车服务方案，且由部门进行统一领导、组织与协调。有关部门应推进校车管理科学化，建立校车安全管理信息的共享机制，而作为交通管理部门，应该切实落实好国家的有关法规和政策，不断强化幼儿园交通安全监管机制。

针对幼儿园交通安全监管问题，首先应当强化政府的相关责任，促进交通安全各个部门的协调合作。镇级政府负责乡村幼儿园交通安全的具体监管，并与教育、公安交通和安全监管部门合作构建校车运营和管理的机制。政府结合学前教育实际情况制定幼儿园交通安全的相关政策。政府一方面要在总结成功经验的同时进行多方推广，加强交通安全的全面管理，杜绝幼儿上下学交通工具上的安全

---

① 教育部，公安部，国家安全监管总局.关于加强农村中小学生幼儿上下学乘车安全工作的通知.2007. http://www.moe.gov.cn/srcsite/A06/s3325/200708/t20070824_77671.html
② 国务院.校车安全管理条例.2012.http://www.gov.cn/zwgk/2012-04/10/content_2109706.htm

隐患；另一方面要对非法运营的交通工具进行严厉打击，取缔相关组织，从根源上构建安全的交通环境，清理幼儿上下学中的不安全因素。

其次应当做好与校车有关的安全监管工作。校车的安全与否直接关系到幼儿园学生在上下学路中的交通安全，教育部门在政府协调下，与当地的公安交管部门展开彻底的校车摸底排查工作，要对当地所有的校车进行质量合格检测，与驾驶人进行驾驶资格的审查，同时对校车的行驶路线进行布控，使幼儿上下学乘坐的校车得到全面的安全监管。同时还要对道路交通法规进行更严格的要求，对于不避让校车的行为进行严格查处，避免一切安全隐患，保证校车和幼儿的绝对安全。而对于有安全隐患的校车，也应该立即进行整改，对于有违法行为的校车驾驶人则应该依法取消校车驾驶资格。同时要严格执行国务院下发的《校车安全管理条例》和新修订的公安部第123、124号令，严格查处校车违法事件。严格执行有关校车安全的规定，如校车在道路上停车上下学生，应当靠道路右侧停靠，开启危险报警闪光灯，打开停车指示标志。校车在同方向只有一条机动车道的道路上停靠时，后方车辆应当停车等待，不得超越。校车在同方向有两条以上机动车道的道路上停靠时，校车停靠车道后方和相邻机动车道上的机动车应当停车等待，其他机动车道上的机动车应当减速通过。校车后方停车等待的机动车不得鸣喇叭或者使用灯光催促校车。在校车安全监管工作上，要坚持"政府主导、完善法律法规、构建联动机制"，形成对校车交通安全的强大监管，从而使得整个校园交通安全得到保障。

除了要针对校车进行安全监管和排查工作外，教育部门还要深入开展针对幼儿园教师和学生的交通安全教育，图片、动画等灵活多样的方式都非常适合作为宣讲的形式，开展宣传教育是为了让幼儿园教师能够深刻认识到交通安全的重要性，进而教育并培养儿童的安全意识，促进儿童交通安全教育活动的整体发展，教师对交通安全的认知极为重要，不仅部分教师会与校车随行保障学生上下学路程的安全，更因为教师与学生朝夕相处，只有当教师认识到交通安全的重要后，才能潜移默化地将这种重视思想传授给学生。同时针对师生共同开展的宣传教育也促使儿童形成良好的安全行为习惯，结合一些交通事故的案例使学生警醒，在注意交通安全的同时远离违法"黑校车"。

在开展交通安全教育宣传的同时，交通部门对校车司机的安全教育和管理也须加强，严格相应考试制度。此外，校车的全程都应由学校或服务提供者指派相关人员对学生进行随车照管。校车司机在出发前，应当对校车的各个部分进行安全检查，重点检查校车内部的制动、方向盘、门窗安全、安全带与座椅等；外部的照明、汽车轮胎等部位，保证其都符合安全要求，不得驾驶有安全隐患的校车上路以免出现安全问题。应当明确校车随行照管人员的职责：在学生上下车时及时对学生进行引导指挥，并维持秩序；对司机进行驾前排查，确认其是否有驾驶资格，是否饮酒醉酒等，若司机身体严重不适也应及时对其进行禁止；在出发前对学生人数进行清点，确保人数没有差错，引导学生落座并系好安全带等；制止学生在驾驶过程中离开座位在车内走动、打开车窗将头手伸出车外或进行其他危险行为等；核对好下车学生的人数，在确认学生离车后结束工作。通过对园内老师、学生以及校车驾驶人员进行安全教育，将安全隐患提前扼杀在摇篮之中，从源头上对其进行堵截。

众多家庭的幸福都与交通安全有着紧密联系，同时儿童要想健康茁壮地成长也离不开一个安全的交通环境。因此，政府各部门应协调配合，共同努力，辅以幼儿园的安全教育，共同构建一个安全的交通环境。

3. 建设部门的设施安全监管

近些年频发的校舍安全事故使得校舍的安全成为校园安全的重点问题。由于我国校舍安全的基本理念存在问题，虽然国家一直对该问题高度重视，在不断增加经费投入中校舍条件渐渐好转，但是与此同时也暴露出许多校舍安全方面的问题，尤其是乡村幼儿园园舍中存在的棘手的安全问题和隐患，因此，我国的建设部门应当对幼儿园的校舍设施安全加强监管力度来确保幼儿园学生的生命安全。

建设部门要同时监管多方面的安全，包括新建校舍的工程质量标准和选址以及对建设单位的资格审查，加强对新建工程的监督与管理，具体包括工程项目的质量、施工顺序等，同时要监管工程施工过程，防止出现安全事故，另外要对已经建成的幼儿园进行监管，如一些存在问题的乡村幼儿园的基础设施，老旧幼儿园的建筑本身、危楼和超过使用期限的设施等，最后还要针对特殊区域进行有针对性的监督管理。

建设部门为确保工程质量达到标准，首先应加强对幼儿园设施的监督管理。针对新建的幼儿园校舍，必须严格执行国家规定的抗震防震标准，同时满足城乡的发展规划，选址在交通便利、位置适中、地形开阔、日照充足、空气清新、环境适宜、排水通畅、地势高、场地干燥、地质条件好、远离污染源的平坦区域，还要综合交通便利情况，远离各种如自然灾害易发区、油气管道、高压走廊、大型变压器、有毒有害危险品、易燃易爆危险品的生产、经营和储存场所等危险区域。建设单位要依法取得建设用地规划许可证和建设工程规划许可证才可在市、镇、办事处规划区内新建校舍。若在乡村规划区建立新校舍，也要取得乡村建设规划许可证。由选址人员承担相应的因选址不当出现事故的责任。

建设部门要加强对工程的监督与管理，应当经常对工程项目的质量进行检查，要及时将可能存在的安全隐患与问题解决，杜绝任何危险因素。在幼儿园校舍的建设中要坚持勘察、设计、施工的建设顺序，严禁同时进行，勘察单位要提供真实准确的勘察成果，后由设计单位根据地质、水文、测量等结果进行工程设计。其设计准则为就地取材、美观大方、功能齐全、满足需要，其中最重要的是建筑安全，工程项目的建设不仅要满足设计准则，还要按照国家规定的建设标准进行建设，要结合当地的经济发展水平、气候特点、人民的生活传统与习惯以及当地地理条件等进行建设，同时施工单位要依法取得施工许可，办理相关的质量安全监督手续，不同的工程项目要申请不同的施工许可。施工单位要严格按照国家规定的施工规范、操作规范、安全规则和质量标注进行施工，同时施工还应按照经由建设部门审核通过的施工设计图纸以及相关工程技术标准进行施工。不得私自对工程设计进行修改，也不得偷工减料，若发现设计文件与图纸出现差错应及时向建设部门上报并提出修改意见等。

建设部门不仅要监督管理工程项目的整体质量，其监管内容还应包括幼儿园校舍的施工过程安全。校舍的新建工程应当制订一套严格的安全施工方案，若存在学校内部施工，必须将施工区与教学区隔离，对正在施工的区域实行封闭式管理，同时将塔吊的吊臂旋转范围控制在施工区域内部，做到施工与教学区域的分离。为确保在校教师和学生与工作人员的安全，施工单位还要在教师和学生活动范围内搭建防护通道，设置合理的警示与绕行标志，对存在危险的区域进行提示并对其进行引导避让。建设部门应当派遣具备资格的监理工程师到施工现场进行驻守，要求其按照监理规范采取巡视、旁站和平行检验的形式进行工程监理。工程监理人员应保证在项目开始后每日在工地按规定进行监理，严格对进入园内的建筑材料进行检查，同时详细地记录施工进度、质量、施工工序、工艺和方法等各环节的监理日志，若出现设计问题、不合格的材料或是重大质量安全问题时应依法处理并及时报告建设部门，随后建设部门应该做出相应的处理措施。同时，建设单位应当对校舍安全工程档案进行全面质量控制，形成全面监管。

部分乡村的民办幼儿园长期存在安全隐患，开办者会因资金问题对能否长期办园产生疑虑，因此为了节省资金，这些开办者通常会利用改造改建自家住房的方式进行幼儿园的园舍构建，这其中存在采光、通风等各种问题，从硬件上就不符合办园的要求，同时这些问题还会导致幼儿园园内空气的流通和空气质量受到影响，这便为病毒的传染和疾病的流行制造了客观条件。这些幼儿园往往会使用不规范的桌椅板凳和床铺，这可能会对幼儿造成额外伤害，而且由于是自家住房改造，园内还可能存在一些功能性房间缺失的问题，比如厨房、儿童活动室、厕所及盥洗室、卫生保健室等等的缺失，使得幼儿园的功能不够完善；其次幼儿的活动区域也非常有限，不仅不利于幼儿的身体发育，还会因空间狭窄而造成儿童活动的安全隐患。不仅如此，幼儿园的户外互动场地也不标准，面积不足是一方面，更严重的是大部分地面为水泥地面，使幼儿在户外互动时容易磕伤，由于卫生问题，同时也容易发生细菌感染，且得不到及时处理。这些问题都需要相关部门的配合解决，也导致了这些儿童的健康成长受到极大影响，因此乡村幼儿园的园舍环境亟须改善。

除了乡村民办幼儿园存在的诸多问题外，建设部门还应针对整体乡村幼儿园中存在的教学危房和教学设备超期服役的问题进行监督整治，这些问题都极大地危害了幼儿的生命安全，因此要确保对园舍安全隐患进行完整的核查排除，防止一切危险的发生。建设部门要常态化的进行安全隐患排查工作，采取定期检查或不定期抽查的形式，及时发现并提出问题，由幼儿园提出解决方案后监督其进行改造，最终确保安全隐患得到解决，确保儿童学习生活的区域有安全保障。

幼儿园校园安全还包括其建筑本身以及燃气、电气设施设备等基础设备的安全，建设部门在执行安全监管的过程中如发现上述的安全隐患，应该立刻责令幼儿园进行排查整改，同时应当组织定期回访调查以防止再次发生，对安全问题的排查和解决应当及时且迅速。建设部门的监督管理还应体现在幼儿园建设的各个环节，比如校舍的楼梯、窗户护栏的建设、活动器具和教学设施的老化等，只要出现违反工程强制性标准的建筑都应责令整改，同时对于燃气电气线路老化等也应防患于未然，真正做到没有安全死角，完整的保障儿童的安全，完善各项安全检查的管理。

同时应针对乡村地区幼儿园的实际情况来避免因自然因素造成的安全隐患。如台风海啸频发的沿海地区，应由建设部门进行相关防灾预案的设计与指导，加强校舍的安全。通过广播、海报等多种形式进行防灾宣传，同时进行各种防护演练，以提高幼儿园对洪水、台风、雷电和火灾等自然灾害的应急预警能力，同时提高整体幼儿园师生的防护意识。

4. 卫生部门的食品安全监管

受制度不健全、监管不到位等因素的影响，校园公共食品卫生事件也频繁发生，对幼儿园儿童的身体健康发展产生了严重的影响，尤其对于农村的幼儿园，受监管力度和发展问题，会涉及更多的食品安全因素，因此卫生部门对乡村幼儿园食品安全监管的加强势在必行。

在一些民办幼儿园中，卫生防疫工作存在不到位的现象，儿童的口杯餐具存在随意摆放的情况，同时许多幼儿园没有相关的消毒设备导致细菌消灭不彻底，留下了病从口入的安全隐患；还有部分幼儿园因其面积问题导致院内空气不流通，质量不佳；还有一些幼儿园儿童午睡的床单被褥未被定期更换，不仅潮湿还存有污渍，对幼儿身体健康生长十分不利。大部分的农村民办幼儿园没有较好的厨房卫生条件，不仅没有专门的幼儿营养配餐，甚至儿童与教师吃一样的饭菜，这样的膳食质量无法满足幼儿身体良好发育的基本条件，一些幼儿园为了降低成本甚至会购买没有卫生检疫的食物，这更是留有食物中的隐患于其中。

在食品安全监管方面，应体现出卫生部门的专业优势，让卫生部门进行专业监督，再辅以镇级政府协调教育和工商等部门进行联动，形成多方合作的校园食品安全监管机制。由镇级政府实行目标责任制来加强校园公共饮水安全方面的监管。政府通过招标方式选择校园的餐厅，卫生部门与学校共同进行监管，以此保障校园食品安全，避免发生校园公共食品安全事故。

卫生部门还应进行包括检查指导学校的卫生保健与卫生防疫工作、落实疾病预防控制相关措施以及监督检查学校各建筑卫生状况在内的安全工作。同时卫生部门对幼儿园的安全教育也不能松懈，要求学校食堂严格把控进货渠道关口，加强食品卫生日常管理。对学校食堂人员进行专项体检，要求工作人员持证上岗，同时进行专门的培训，让其规范食品烹饪方法和卫生管理方法，从内到外的保障学生食品的安全。

除了指导学校的卫生监管工作之外，卫生部门应对乡村幼儿园周边的食品安全问题进行监管。学校周边的食品也存在着许多隐患，这些食品经营者会因追求利益而忽视食品本身的质量安全。第一点体现这些经营者的安全意识淡薄，在进货的渠道上，这些经营者贪图价格的优势，会从小食品商场甚至是小作坊、小工厂购进没有质量保证或是过期的食品，这样的三无产品或是假冒伪劣食品，根本得不到应有的质量保障，极易产生严重的食品安全问题；第二点在于这些经营者的法律意识淡薄，这些经营者往往不按照规定进行查验，在采购和销售的环节中省去许多必要的检查步骤，既不建立购销台账制度，也不针对违规食物制定合理的退市及转移制度，因此在各种经营制度缺失的情况下劣质食品趁机流入校园中。

正因此，卫生部门应当联合其他部门一起，大力在幼儿园内宣传消费维权，在校园内建立食品安全信息公示栏，使得乡村幼儿园的自我保护能力和食品安全意识得到有效提高，最终实现人人谈论与保护食品安全的良好氛围。应逐户核查幼儿园的食品供应商，检查其是否规范经营，核对营业执照以及经营场所等。将登记档案进一步完善，在巡查频率上结合定期检查和抽查两种方式，检查这些经营者是否满足食品经营的要求，要对其中的违规者依法进行处罚，要求其尽快改正与登记，最终将学校周围的经营主体进行统计汇总，结合上述检查方式进行重点监管，通过高强度的巡查力度对食品销售进行有效监管，避免再次出现三无食品或过期食品，彻底杜绝危害食品安全的行为。

卫生部门与各职能部门要与幼儿园和经营者协同形成监管的合力，形成卫生、工商、校园共建的安全监管形式，时刻不能放松幼儿园的食品安全监管，通过创建幼儿园放心店、重点整治学生食品以及校园周边环境卫生的管理等方式提高监管的成效。幼儿园园长要负责安排幼儿园的日常监督事宜，其作为食品消费安全的首要责任人，在承担相关责任的同时，也有权利成立幼儿园食品安全方面的专项小组，用以监督幼儿园食品经营者的日常经营，一旦发现违法经营的现象应当立即联系有关部门并对违法食品消费行为进行制止。同时幼儿园的食品供应商应当提升自我监督的力度，对食品安全进行自查、自纠，树立正确的经营理念。卫生部门与其他各部门联合展开校园食品安全的监管活动，在教育部门的协助下逐渐形成部门共建的新形式。在整治校园环境和学生的食品等方面加大力度，强化供应者的食品安全意识和诚信意识。定期对学校内部的商店进行检查，从源头上对食品安全进行防护。与此同时应以同样的态度针对学校内部的供水问题。在各部门的协调配合下，实现信息共享，构建监管网络，按各自职责进行分工，最终达到合力监管、效率监管以及构建安全乡村幼儿园的目的。

为营造安全和谐的幼儿园环境以及促进乡村学前教育的健康发展，必须要加强各个部门的协调合作。镇级政府作为乡村学前教育的主体，要履行第一责任人的职责，树立安全意识，确保建立健全并实施保障幼儿园教师和学生安全的各项制度。要对幼儿园的安全工作进行定期检查督导和不定期抽查，落实安全工作的实施，其他各部门也应协调合作，将影响校园安全的因素逐一排查。同时要积极采取预防措施，对危及教师和学生安全的如食物中毒、危房倒塌等事故进行重点防范。建立健全幼儿园学生伤害事故的相关法律法规，制定好事故的责任追求制度，为在校教师和学生的安全提供保障，并促进教育教学活动的顺利展开。

唯有如此，才能够创造一个学龄前儿童可以安全学习和安全成长的空间。而乡村教育的进步发展与否也取决于这些儿童是否能够享受到安全和快乐的童年，是否能够健康茁壮成长。

二、建设乡村学前教育特色课程

学前教育的课程不仅是学前教育的核心，也是实现学前教育目标的根本保障，更是终身教育的根基课程，在整个学前教育中发挥了重要的作用。要想发展乡村学前教育，就必须要建设乡村学前教育的课程，就必须要贯彻以幼儿全面发展为本的教育理念，坚持正确的发展方向并遵循正确教育原则和规律，在基于乡村和幼儿实际的情况下构建独特的个性化课程体系。

（一）利用乡土资源，进行情景教育活动

幼儿教育离不开幼儿与环境的相互作用，乡土资源不仅是幼儿生活的主要环境，还是乡村学前教育中极为重要的一项课程资源。乡土资源主要是指幼儿园所在区域的自然生态和文化生态等方面的资源，其中包括了乡村的民风习俗、生产生活经验、地理和传统文化等等。

学前教育的根本宗旨是促进儿童的健康成长，因此学前教育既要符合幼儿的发展规律，又要符合教育的规律，尊重幼儿个性特点的同时要注重幼儿教育本土化，利用乡土资源进行的情景教学就是本土化的体现，也符合了学前教育的规律。只有这样，才能对幼儿身心健康全面、和谐的发展起到促进作用。许多幼儿教育家和心理学家都倡导生活化教育，认为生活与教育密不可分，是一体两面的事物。儿童是儿童课程设置的中心，课程计划应当考虑社会生活的需要，并结合儿童的活动与经验；选材的目的是改进生活，共同创造美好未来。陶行知将家乡的自然、社会、人文资源都作为鲜活的教材，强调教学材料的选取"必须以家园所出的为中心"，如将"香甜的土货的点心""上等的废物手工材料""可爱的自然物"等家乡的自然资源、人文资源和社会资源作为教材，运用在幼儿园的活动课程中，这也是进行情境教育活动的重要方法；有学者主张利用和挖掘好农村的自然、社会资源，用农村自然社会环境进行教育，可以形成农村特色的教育方式，从而促进幼儿全面发展。通过乡土资源进行情景的教学活动，鼓励幼儿进行自主构建，是符合教育理论和规律的教学方式，是促进幼儿全面发展的重要方法。

充分利用当地资源进行因地制宜、就地取材的情景教学活动，符合中国学前教育政策和当前世界学前教育的潮流。《世界全面教育宣言》指出：教育的内容、材料并非新的、城市化的、洋的才是好的，要让当地的民间游戏、歌谣、手工艺等成为重要的教育内容和材料。教师要认识到农村具有传统的知识和本土文化遗产，具有固定的价值和效力，并能促进发展。《幼儿园教育指导纲要》指出："环境是重要的教育资源，应通过环境的创设和利用，有效地促进幼儿的发展"，强

调"幼儿园要充分挖掘周边资源,确立以幼儿发展为本的理念,多元整合课程,为幼儿终身发展奠定基础","城乡各类幼儿园教育应从实际出发,因地制宜地实施素质教育,为幼儿一生的发展打好基础",要"开发优化本土资源,探索有效实施途径,提高幼儿整体素质","充分利用自然环境和社区的教育资源,扩展幼儿的生活和学习空间"。广东省教育厅出台的《关于加快农村学前教育发展的意见》明确提出要"因地制宜,构建具有农村特色的幼儿园课程。要注重从农村实际出发,充分挖掘和利用农村丰富的自然和社会文化等资源,如当地民间游戏、歌谣和手工艺品,自制丰富的教学设施和教具,丰富教育活动内容,萌发幼儿保护和改善自然环境的最初意识,增强幼儿爱家乡的意识"[①]。

利用乡土资源,进行情景教学活动,是对乡村人力、物力与财力瓶颈的突破。城乡二元体系造成的乡村经济落后以及地理位置的偏僻,都使得乡村幼儿园存在客观条件的短缺,这其中包括了教师资源、财力资源、如书本玩具之类的教具资源等的匮乏,对乡村学前教育的发展产生了严重的影响,是教育发展的最大瓶颈,要弥补这一不足,需要从多方面入手,首先要积极争取政府的投入补贴,其次要就地取材地开发各种乡村资源,弥补缺少科技馆、展览馆、图书馆以及游乐场等社区资源不足的情况,通过各种资源的最大化利用来促进学前教育的整体发展。

利用乡土资源,进行情景活动,需要充分利用好以下三种资源:

1. 充分利用乡村自然资源

大自然是一个巨大的天然宝库,其中蕴含着学前教育取之不尽的宝贵资源。大自然是世界上最有趣的老师,也是儿童的第一本教科书,使儿童获得无数的益处。因此要让儿童回归自然环境,在自然中感受本真的教育。现在的教师因为麻烦或是担心危险而不带领学生去往大自然,使得学生失去了接触大自然的宝贵机会。知识学问的习得,不仅要靠书本的灌输,还应该从自然中领悟。

教师可以利用乡村的自然资源建设特色课程,通过开展走进自然的活动,鼓励儿童与大自然亲密接触。乡村幼儿园在自然资源上有着得天独厚的优势,这一点是城市幼儿园所无法比拟的,若是可以利用得当,便可产生意想不到的效果。在科学合理的范围内,教师应将带领幼儿进入广阔的自然中,让儿童在自然中看、听、闻、摸,在与自然的接触中近距离感受大自然的魅力与奥秘,不仅可以增强幼儿对自然的理解与认知,更可以培养其对自然的热爱与敬畏,进而使幼儿更加亲近大自然,更加向往大自然。教师可以带领幼儿尽情地在草地上玩耍,在田间或林中跑动,若是开展自然主题活动,可以携幼儿游览当地的名胜古迹、优美风

---

① 广东省教育厅. 关于加快农村学前教育发展的意见. 2009.

景。教师也可以利用乡村的丰富土地、植物资源，开展相关的活动，可以采摘各种果实，了解各种种子，对照书本认识各种植物等。此外，还可以巧妙利用自然资源开展户外体育运动来锻炼儿童的平衡能力、跳跃奔跑能力、攀爬能力，锻炼儿童的灵活性和协调性等，也可以利用竹子制作各种各样的物品等锻炼儿童的动手操作能力，在草地间玩耍嬉戏，在田野间奋力奔跑，在广阔的空间中肆意玩乐，让幼儿充分领略自然的美好，获得身体、心灵与精神的全方位成长。

在走进自然的活动中，幼儿可以体验到家乡的独特，感受家乡的浓郁气息并产生强烈的爱乡情感，在活动中使幼儿的身体得到锻炼，肌肉得到生长；还可以提高幼儿的想象力、创造力以及实际的动手操作能力，锻炼幼儿观察事物的本领，激发他们的求知欲和好奇心，最终使幼儿在自然活动中得到综合全面的发展与进步。

2. 充分利用乡村人文资源

乡村中的资源不仅有丰富的自然资源，还有如服饰、节日、民俗、歌舞、绘画音乐等在内的繁多的人文资源，这些资源也可以被整合进乡村的特色课程中，作为教育幼儿的重要手段使用。

人文资源涵盖的内容也非常丰富，通过对乡村人文资源的充分利用，教师在进行特色课程建设时可以通过带领幼儿品尝家乡小吃和土特产、朗读童谣，游览家乡名胜古迹或是亲历各种风土人情等，来让幼儿感受家乡深厚的文化底蕴和经历的历史更迭，借此可以拓宽幼儿的眼界、丰富幼儿的知识层面、提高幼儿的艺术热爱、激发幼儿的审美情趣等等，萌生幼儿对家乡的归属感与热爱之情，最终使幼儿形成健康积极的、热爱家乡的人格，使幼儿能够继承和主动发扬家乡的文化，成为一个地方文化的传承之人。

开展家乡服饰的主题活动是非常行之有效的特色课程活动，对于发扬传承家乡文化有非常重要的推动意义，地方服饰尤其是民族地区的服饰，极具特色，其设计、颜色与造型都有民族特点蕴含其中，这些是对幼儿产生吸引力的根源，该主题活动可以让幼儿体会服饰的美，既增加了幼儿对家乡服饰的认知，了解服饰制作过程，又培养了幼儿对家乡的热爱以及幼儿的动手能力等。地方节日的主题活动可以让幼儿直接地感受、体验节日中蕴含的人文气息，其热闹的气氛、欢快的节奏与盛大的场面无不体现了节日所特有的的感染性、娱乐性以及情境性，这些对于愉悦幼儿的身心、增加幼儿对家乡节日的热爱与认同具有重要的意义。这些活动的开展都对幼儿的全面成长起到了重要的作用。

3. 充分利用乡村社会资源

在乡村振兴战略背景下，学前教育作为乡村教育的一环是可以利用自然资源、人文资源、社会资源进行特色教育课程的建设。

在辅助进行乡村学前教育特色课程建设的三种资源中的社会资源起到了较为重要的作用，这部分资源中包含与幼儿教育关系较为密切的家长资源。在出台的有关幼儿教育的文件中指出家庭与幼儿园在对幼儿进行教育的过程中应该互相配合、积极合作、主动参与，幼儿园一方依托于自己较为专业的教育能力，应当为提高家长的教育能力而提供帮助。在进行到乡村儿童学前教育这一较为特殊的环节时应当明确的是，幼儿园与家长双方应当互相配合、通力合作，幼儿园一方应当明确家长资源的重要程度，家长一方也应当明白幼儿园在教育方面的专业性。乡村的幼儿教育资源相较于城市是不足的，为保证乡村中幼儿教育的缺口不至于过分扩大，可以使用家长资源对其进行填补，这么做的好处就是一方面可以弥补乡村幼儿教育资源的不足，另一方面可以有效增加家长与幼儿之间的互动频率、增进双方感情。乡村幼儿园应当充分发挥家长在幼儿教育过程中的优秀作用，实行家庭与幼儿园共同培养幼儿的教学模式。在这种教学模式下，幼儿园可以鼓励家长参与到教学活动中来，既可以参与课程设计，也可以参与家长与幼儿园或者家长之间的交流活动以及幼儿园的日常管理工作，将幼儿园的日常教育与管理等内容与家长进行交流，以期望获得家长的理解，双方可以一致为幼儿的培养发挥作用。通过这种家校之间的双向互动、有效交流，双方可以为了共同创建适合幼儿成长学习的环境而努力。在家校双方进行双向互动的过程中，家长可以主动或受幼儿园邀请参与到幼儿园的管理之中，家长们可以在规定的范围内对幼儿园的学期计划、教学内容等活动进行监督与规划，还可以参与到其他的诸如幼儿园未来发展方向的规划或者对于学生与教师的日常管理等方面。幼儿园可以通过各式讲座或者交流活动帮助家长提高教育水平，也可以通过邀请一些有精湛手艺的家长到幼儿园为学生讲授手工制作的步骤与相关要点，组织学生进行手工制作。

幼儿园应当有意识地组织学生认识社会，善于利用社区资源，通过组织学生在乡村中的田地、养殖场、乡村医院、商店等地方进行走访参观，了解世界、认识世界，拓宽学生们的眼界，积累经验，通过寓教于乐的方式引导学生们从大自然中获取知识。通过这种方式一方面可以锻炼幼儿的交流能力，另一方面通过进行社区服务也可以从小培养幼儿的社区服务意识，帮助其形成良好的三观。与此同时还可以通过将社会上一些有着专业技术能力的社区人员邀请到学校中与幼儿进行相关知识的互动活动，帮助幼儿拓宽眼界、增长知识、激发学习兴趣，这种社区人员进乡村幼儿园的做法可以在一定程度上完成教育资源的共享。

（二）寓教育于游戏、活动之中

从科学的角度上来说，玩是属于幼年时期的儿童的一大特性。所以，为了有效保证幼儿时期的儿童可以在健康、愉快、轻松的环境中成长，要重视幼儿的身心健康发展，幼儿园应当重点关注幼儿的心理状态并组织能够符合幼儿身心发展规律的教学活动。乡村学前教育幼儿园不应当压抑幼儿的天性，要对幼儿的天性进行保护与引导，实行寓教于乐的教学方式，使得幼儿可以在幼儿园组织的各类有趣游戏中获得知识、培养品格。

一个科学合理的游戏可以帮助幼儿在娱乐中获得知识，对于幼儿来讲，游戏不掺杂任何功利性的目的，不会伴随着奖惩出现，只是单纯的作为能够促使幼儿产生愉悦感的活动出现。游戏是以愉悦幼儿身心、激发幼儿好奇心的目的出现在幼儿园的教学中的。游戏本身并不具有强制幼儿学习的外在的功利性要求，只是可以帮助幼儿在进行社交与愉悦身心的过程中自然而然的提升幼儿的知识掌握程度，促进幼儿的身心健康发展。

游戏可以作为幼儿园和幼儿教师实现特定教育目的的工具，这是它的外在价值。在幼儿园的教学活动中，游戏教学出现的目的就是幼儿教育工作者希望可以在幼儿间的互动游戏中引导幼儿进行社交与学习，在这一过程中教师不再作为主导者出现，幼儿成为游戏中的主导者，幼儿可以通过自己的兴趣与努力在游戏中发现知识、主动获取或者根据兴趣程度进行获取知识，这样有利于实现对幼儿的全面发展教育的要求。

对于幼儿来说，游戏学习是教学过程中重要的、不可或缺的一部分，这种教学形式可以帮助幼儿在进行游戏过程中锻炼身体素质、培养同学之间的合作能力、增强幼儿的社交能力、激发幼儿自身的特性、提高幼儿的学习兴趣。通过游戏进行教学可以有效释放幼儿在学习过程中积累的不良情绪、缓解身心压力。所以说，幼儿园教学过程中进行具有游戏性的教学活动既可以完成引导幼儿学习知识、技能，培养自身良好品行的目的，又可以使用各种游戏作为完成这一目的的辅助手段。

在出台的与幼儿园教学管理相关的文件中，《幼儿园工作规程》关于"游戏是对幼儿进行全面发展教育的重要形式"和《幼儿园教育纲要》关于"以游戏为基本活动，寓教育于各项活动中"的精神都明确指出了在教学活动中要以游戏为手段，所以乡村学前教育应当以此为指示，在对于幼儿的教学中主动地将游戏纳入教学形式当中，以游戏为载体与知识教育相结合。将教学活动以游戏的形式进行的目的就是为了激发幼儿的学习兴趣、调动幼儿的学习主动性、增加学习过程中的趣味性，进行寓教于乐的教学方式，使得枯燥乏味的教学内容更添一份新意。这么做的目的就是为了可以使教学活动变得有趣、吸引幼儿学习兴趣、帮助幼儿主动参与到学习内容中，通过游戏活动进行教学可以有效地帮助幼儿进行有益身心的发展并帮助教师完成本学期的教学目标与教学任务。

游戏化教学是一把双刃剑，一方面可以有效提高幼儿的学习兴趣，实现幼儿的身心健康全面发展的各类优点，一方面又会受到来自家长甚至一些思想较为保守的教师的不理解。对于家长的不理解主要是因为在以往的教学活动中教师始终是以主导地位进行传授知识，幼儿只需要被动地接受知识就可以，这种已经被证明行之有效的教学方式使得家长陷入了思维定式，难以接受其他的教学方式，更不用说这种将家长视若洪水猛兽的游戏加入教学活动中的行为。对于一些思维较为保守的教师来说，游戏化教学也是难以接受的，将教学过程中的主导地位交还给幼儿学生是很多教师难以接受的，这就意味着他们没有办法很好地掌握教学过程中幼儿知识的获取情况。家长与教师应当认识到游戏化教学对于幼儿身心健康发展的巨大潜力，家长应当摒弃游戏无用论的心理，教师应当正确认识到游戏化教学的价值，双方都应该解放思想，以一种正确的心态认识游戏化教学。尤其是对于教师而言，不仅要主动学习游戏化教学的相关知识，还要有目的的将游戏化教学模式进行引入。

对于可以接受游戏化教学的教师而言，教师应当有意识地将游戏过程中的主动权让渡给幼儿学生。游戏是幼儿最有兴趣参与的活动，教师应当保证不会侵犯幼儿的游戏权利，主动地为幼儿创造合适的游戏条件，鼓励幼儿积极主动地参与进来，在游戏过程中通过自己的努力进行玩具制作、同伴之间的交流等活动。在游戏化教学过程中，教师应当根据幼儿的自有特点设计出既符合这个年龄段又能够愉悦身心、促进身心健康发展的游戏活动。如果教师没有根据幼儿本身的状态进行游戏活动的特殊化设置就会导致幼儿没有参与到游戏中的兴趣，自然就无法完成教学任务。幼儿的身心尚未发展成熟且幼儿个体之间存在差异，教师在设计游戏活动的时候应当充分地考虑到相关问题从而确定游戏方式。在幼儿进行游戏的过程中教师应当时刻观察幼儿的游戏完成情况，在幼儿遇到困难时适时地辅助幼儿解决困难或对幼儿进行鼓励。同样的，在幼儿之间出现诸如畏难等情绪时教师或可以参与到游戏中与幼儿一同进行游戏，并主动在游戏中提供明显或隐藏的引导，帮助幼儿将游戏继续进行下去。

游戏具有许多特性，具体表现为功利性与非功利性、工具性与目的性等，同一个游戏包含着内在价值与外在价值，根据需要的不同可以发挥它不同方面的价值。对幼儿进行游戏化教学的一大阻碍就是以成人的视角进行游戏化教学过程中游戏的设计，对于成人来说，用于教学的游戏应当抛弃它令人玩物丧志的不良特性注重体现教育价值。但是，对于幼儿来说更注重游戏的娱乐性，更注重游戏可以给人带来的快乐。所以说教师在进行游戏化教学的游戏设计时应当着重注意游戏的娱乐性、有趣程度等，这样可以激发幼儿参与兴趣的特性，有意识地摒弃游戏中的功利性与工具性等特性，将游戏交还给游戏，而不是为了一味地说教。通过合理地设计游戏，使之兼顾游戏性与教学性，有助于幼儿学生身心健康的和谐发展。

（三）就地取材，自制玩具教具

教师可以通过就地取材的方式进行玩具与教具的制作，通过开展废物改造的活动积极引导幼儿学生进行身边物品或者废旧材料进行玩具制作，此类活动可以有效帮助幼儿获取更多的教育资源，有效帮助幼儿身心健康的全面发展，在进行乡村学前教育特色课程建设的时候可以通过这种方法有效地拓展幼儿的生活和学习空间。玩具是幼儿使用的，在设计与制作过程中应当明确玩具要满足趣味性与可玩性。教具是教师使用的，面向全体幼儿学生进行教学演示的工具，应当简单且巨大，保证每一个学生都可以看到且明晰教具的演示内容。

在学前教育过程中学生所使用的玩具与教师所使用的的教具都是不可或缺的教学资源，这类教学资源可以有效地保证教学双方可以完成教学活动。玩具与教具在教育活动中有着极为重要的作用，是教学资料的一种表现形式，玩具可以提升幼儿学生的学习兴趣，既可以在玩具当中获取相应的知识又可以保持身心愉悦。教具是为了教师在教学活动中调动学生学习积极性与学习兴趣，使得学生更加清晰且明确地认识到教学内容的辅助工具，教具可以吸引学生的注意力增强教育内容表现能力。

对于乡村学前教育来说，教育资源匮乏是一个绕不过去的难题。乡村幼儿园可以通过就地取材的形式进行教学过程中的玩具与教具的制作，在制作的过程中既可以完成对幼儿学生传递相关知识内容的教学目的也可以暂时弥补教育资源匮乏的现状。乡村学前教育的教育经费严重不足的根本原因就是该教育经费因为改革而取消，所以说现在全国的很多乡村学前教育的幼儿园因为经费不足的问题难以进行教具与玩具的更新，从而导致了很多教学活动无法有效地开展。因为教育经费的匮乏造成教学活动的不如预期，最后会在恶性循环之中严重制约乡村教育的发展。所以说要想解决教育经费匮乏的问题就需要乡村教师带领学生因地制宜、就地取材、废物利用，教师与学生一起进行教具与玩具的制作，这么做的目的就是可以节约教育资金。

通过就地取材进行教具与玩具制作的方式可以帮助学生在与教师的合作中、在制作过程中学习相关知识，促进学生的身心健康发展。通过自制玩具教具不只可以节约教育资金还可以寓教于乐，在进行制作的过程中锻炼幼儿的动手能力、协调能力、合作能力、交流能力等，培养幼儿的好奇心、创造力、观察力等，还有助于养成幼儿的低碳环保意识、勤俭节约的心态等。

乡村幼儿园应当在有限的资源中充分发挥主观能动性，由教师带领学生进行教具与玩具的制作。在保证安全性的情况下因地制宜，选择各种环保、无毒、安全、卫生的废旧材料进行制作，充分发挥个人的聪明才智，在制作中积累知识。

基于就地取材，废物制作教具与玩具的理念，全国各地的幼儿园应当结合自身所处地域，从实际情况出发，通过动员家庭与幼儿园所在社区的力量，收集废旧材料作为课堂上教师与学生进行教学的玩具与教具制作材料。对于玩具而言，可以通过收集泥土进行泥塑的制作、收集绳子进行绳艺编织的制作或者与废旧模板相结合进行秋千的制作，绳子与玻璃瓶可以制作风铃等；使用已经使用过的废纸进行折纸制作；通过木板的组合可以制作儿童可以使用的篮球框、跷跷板、滑梯等；可以使用泥土做成泥板，通过勾画制作浮雕。这些利用废旧材料制作的玩具虽然形态各异，质量也是参差不齐，但是每一件都浸润了学生的思考与心血，既满足了幼儿学生的兴趣与求知欲，又锻炼了学生的动手能力，是幼儿学生最喜欢的玩具。

在组织幼儿学生利用废旧物品制作玩具的背景下，为了提高幼儿的参与热情与积极性，教师可以组织比赛，为制作玩具增加趣味性。在进行比赛制作过程中，教师不仅要时刻关注幼儿的玩具制作进行程度，还要及时发现幼儿在制作过程中遇到的困难，主动对其进行引导而不是动手帮助他进行难题的解决。

第七章　乡村振兴战略下乡村教育之义务教育发展

为保证城市与乡村的学生在学习中处于同一起跑线上，我们实行义务教育。本章名为乡村振兴战略下的乡村教育之义务教育发展，主要阐述了现阶段乡村义务教育的现状以及乡村义务教育的创新发展。

第一节　乡村义务教育现状

在现阶段，乡村的义务教育在师资力量与教育资源等方面都与城市的义务教育存在着相当大的差距，这是与我国政府的预期不符的，不只是因为乡村义务教育在发展上的不平衡，还因为近年来较为急速的社会转型引发了很多的新问题。

一、乡村教育的社会分层功能在强化

在乡村的义务教育中，马太效应逐渐凸显。因为乡村义务教育资源的匮乏，受限于重点学校的策略与乡村的义务教育制度使得乡村的青少年与乡村本身逐渐远离。教育的目的就是通过实现社会的流动与分层保证社会的活性。

首先，是因为重点大学的招收策略。近年来重点大学的生源中来自乡村的学生越来越少，而且这是一个较为普遍的现象。这种情况形成的原因就是自从中华人民共和国成立以来的重点学校的建设策略的掣肘，在计划经济体制下的重点大学与非重点大学有着严重不平衡的发展层面，因为各种原因非重点大学在市场经济下的办学过程难上加难。重点大学与非重点大学的师资力量、教育资源等有着较为显著的差异。在面对市场经济时重点大学有着足够的资本进行改革发展从而进入良性循环，但是非重点大学在面对市场经济的时候没有足够的资本进行试错，逐渐丧失竞争力。由于少数的重点大学在进入良性循环之后有着足够优秀的教育资源进行挥霍，直接或间接地破坏了乡村义务教育发展的土壤，使得城市家庭的

有着足够资源与竞争力的小孩能够进入重点大学,对于那些没有资源或竞争能力的家庭的小孩则会被排除在重点大学教育体系之外。

其次,是因为乡村的义务教育模式使得乡村的青少年越来越与农村生活相背离。对于农村的农民来说,读书改变弱势命运。乡村学生在父辈的期望之下投身于学习的重压之中,在恶性循环之下,乡村学生逐渐弱化了自身的劳动观念与劳动人能力。随着受教育时间的增长,乡村学生逐渐形成了反农村的趋势,具体表现为受教育程度越高的人越容易脱离农村。

二、师资及教学质量难以保证

首先,乡村义务教育中缺乏足够专业的任课教师,甚至于缺乏相应科目的老师,在乡村很多时候一名教师要同时兼任多门课程的授课。

其次,乡村教师同时教授多门课程的原因还在于教学科目过多,未能进行因地制宜的教学安排。

最后就是教师个人的问题,一方面是由于乡村教师的年龄普遍偏大,教师队伍老龄化较为严重。对于这些年龄较高的教师,大多数没有办法适应新时代的教学模式,对待课本只会选择照本宣科、没有相应的创新能力,不能够很好地利用教材。另一方面就是这些教师的学历起点较低,由于这些获取学历的途径具有局限性,使得教师的专业性与创新能力不足,专业知识掌握不充分、教学能力难以得到提高,对于乡村义务教育的教学环境难以给予实质性的改变。这些普遍存在于乡村中的教育现象不得不引起我们的广泛重视。

三、与城市义务教育的资源投入越拉越大

乡村义务教育与城市义务教育的资源投入在近些年来逐渐相差的越来越大。教学资源的投入是会影响到一个学校教学质量的重要因素,虽然说近些年来我国对于乡村教育的投入不断增加,但是较为严重的缺口仍在威胁着乡村义务教育的质量,这些教育资源的投入仍旧未能满足乡村义务教育的需求。通过横向对比,与世界上的一些发达国家相比我国对于乡村义务教育上面的投入还有着较大的提升空间。这些教育环境的主要差距主要表现在同一个地域乡村义务教育的学校的教学资源、教学质量是明显落后于该县域内的县城学校的,这些差距就会严重影响乡村学生的素质全面发展。

四、课程资源及其体系建设不到位

首先,乡村的课程资源的匮乏是制约乡村义务教育发展的一大原因。在大部分乡村地区普遍缺少教学资源,例如大部分乡村学校都没有进行信息技术教育的计算机,使得学生没有办法进行计算机的适用与学习;在进行科学课的时候没有相应的研究设备与科学器材;音乐与美术课缺乏绘画的工具与乐器。

其次,就是对于乡村教育而言,课程的选择与课时的安排不合理,对于教学过程中使用的教材数目庞杂且大多数的质量参差不齐。这种问题出现的背景就是在教育部门进行课程制定的过程中还有着很多方面的领导小组进行教学内容的添加,还有就是为迎合课程多样化的口号,大多数乡村学校流于表面的选择教学教材,甚至于为了追求所谓的教材多样化在教学过程中选用不同版本的教材给教学带来麻烦或者由当地的教育部门或教研部门的相关工作人员进行教材的编写,这种情况不仅不利于教学,还会带来极为严重的负面影响,这都是现在乡村教育面临的困境。

五、撤点并校与学生留守导致寄宿扩大化而出现系列问题

首先,由于近年来实行的撤点并校制度,大量乡村寄宿制学校建立,但是这些新兴的乡村寄宿制学校与传统的学校相比新增了诸如食堂、宿舍等内容的项目,不仅需要额外支出管理人员的费用还需要增加对一些突发事件例如火灾等的应急处理设备成本。这些问题一方面国家政府对于这些寄宿制学校的相关运营成本分担过低就导致了寄宿制学校需要承当大量的运营成本,从而严重影响了乡村寄宿制学校的运行,严重影响了教育均衡发展。

其次,对于一些过早进行寄宿的学生来说,封闭的环境、长时间的远离家人都会使得学生出现心理问题。撤点并校的一大问题就是许多学校被合并为一所学校导致大多数学生居住地离学校遥远,为保证正常的学习活动就不得不寄宿,同时寄宿的学生越来越呈现低龄化。所以说,随着近些年撤点并校的推行,学生需要进行寄宿的年龄逐渐偏低,与之相对应的就是寄宿制环境下的学生的心理问题也将会逐渐显现出来。

第二节 乡村义务教育创新发展

一、推动教育信息化,助力乡村义务教育均衡发展

(一)政府主导,加快信息化建设

要推动教育信息化,助力乡村义务教育的均衡发展,需要通过政府主导,在当今教育信息化的形式背景下,通过加快信息化建设的方式充分发挥政府的主导作用,为乡村义务教育的发展努力。政府要想在乡村义务教育信息化改革中占据主导地位就需要通过根据乡村义务教育的发展需求利用一系列改革办法,不断地修改完善。之后还要重视对乡村中小学的资源倾斜、资金投入,不断完善当地中小学的教育设施。除此之外,当地政府还可以通过与社会力量合作的方式实现乡村义务教育的创新发展。

(二)改善乡村中小学校教育信息化设施建设

在乡村中小学的教育信息化建设方面,各乡村中小学需要高度重视,这是为了有效促进乡村教育的快速发展。

要进行乡村中小学的教育信息化建设改革,就需要对该教育城域的现有网络进行合理合规的升级完善,通过将该网络覆盖到整个辖区的乡村中小学,实现教师之间的资源互通,可以进行信息的交换与教学资源的交换,可以有效提高教师的专业知识水平与教学能力。之后还要积极提高乡村义务教育中信息化建设的水平,通过购置多媒体教学的设备、软件等,完善教学资源库。可以利用多媒体设备与相关教学软件在教学资源库中寻找可以为教师带来启发的教学内容,也可以通过教育资源共享的方式与其他学校或教师进行教学资源的共享。最后,在这个可以进行教育资源共享的城域网中要着重注意网络安全,安装安全的防火墙与杀毒软件,确保该城域网可以保持安全、稳定、可靠的运行。

(三)加强凸显乡村特色的信息资源建设

在进行乡村特色信息化教育改革的过程中,教育部门应当有意识地考虑到当地每个地区的中小学对于教育的需求与每个地区的地域性特色。要根据每个地区中小学的教材使用类别选择相应的教学资源,通过对该地的特色文化进行剖析形成具有当地特色的教育模式,这样做不仅可以使得乡村学生充分了解到自己的家乡,还可以培养其对于家乡的朴素情感,有助于树立建设美丽家乡的志愿目标。

（四）提升乡村中小学教师信息素养

一般情况下，乡村中小学的教师水平参差不齐，如果不对其进行统一的信息素养培养就会影响之后的乡村和中小学的义务教育信息化建设改革。所以说要对教师提出高要求，严格督促教师了解并熟练使用信息化设备进行备课，当地教育部应当着重培养当地教师对信息技术的应用能力。这么做既是为方便之后教师可以在教学过程中熟练使用多媒体进行教学，也有助于乡村中小学的学生能够适应当今信息时代的发展。然后，乡村中小学应当对任课老师进行高要求，并对相关教师进行培训，帮助教师熟练掌握信息化教学，熟练使用信息技术进行资料的查找与备课，通过信息技术完成教学工作，教师可以通过对本学科的专业前沿知识进行学习，对自身的知识系统进行改革。教师要通过学习先进的教学理念并将其与自身的教学活动相结合，不断提高自身的信息化教学水平，有效促进乡村义务教育信息化的创新与发展。

二、优化学校布局，提高义务教育资源利用效率

根据"整合教育资源、优化校点布局、缩小城乡差距、促进均衡发展"的工作思路，按照"小学就近入学、初中相对集中、优化教育资源、盘活教育资产"的原则，由政府统筹，地方教育、住建等多部门合作，科学编制义务教育学校布局全域规划。通过撤并和新建一批义务教育学校，整合教育资源，优化城乡义务教育资源配置。特别要进一步盘活乡村闲置校舍资源，进行综合利用或"腾笼换鸟"，可改办为留守儿童之家、劳动实践基地等，对使用价值不大的乡村限制校舍，可经合理评估价值后移交政府换取资金、土地支持，确保"占补平衡"。

三、加大政府统筹力度，改善乡村义务教育办学条件

要完善地方政府的教育投资机制，牢记教育优先，要确保每年对当地一般公共预算中教育方面的支出有序增加，确保按在校学生人数平均的一般公共预算教育支出逐年只增不减，并适当提高乡镇寄宿制学校生均经费保障标准。同时，加强经费统筹，积极优化和调整经费支出结构，推进乡村义务教育学校标准化建设。优先安排资金支持乡村义务教育学校特别是农村寄宿制学校和小规模学校校舍改造、功能教室建设、体育场建设和信息化建设等工作，均衡配置教仪设备、图书等资源，不断改善办学条件。

四、改革教育体制机制，强化义务教育教师队伍建设

统筹城乡义务教育资源配置，统一城乡义务教育教师编制核定标准，加大城乡教师交流力度，建立教师"县管校用"管理机制、乡村骨干教师激励机制，创造住宿、交通等便利条件，完善城区教师到乡村薄弱学校任职任教交流的机制，让乡村义务教育教师留得住、干得好。不断优化教师队伍专业知识结构，持续规范岗位设置和聘用管理，职称评、聘向乡村义务教育教师倾斜，配齐配足乡村体育艺术教师，不断优化教师队伍结构，增强乡村薄弱学校师资力量。

五、推进乡村义务教育目标定位的多元整合

在制定乡村义务教育目标时，确保应与城乡整体发展规划实现相适应的同时，还需注重兼顾乡村经济发展的多种需求，这对乡村学生实现综合发展有利。以往乡村义务教育目标存在浓厚的应试性、"离农"性等色彩，对此应进行优化及调整即应确立多元培养目标，具体见下文阐述。

（一）培养现代国民的基本素质

当前，在确立乡村义务教育目标时应包括培养现代国民素质这部分内容，而这部分内容也是义务教育的基本任务及内在价值。乡村义务教育作为整个教育体系中不可或缺的重要构成部分，应发挥并体现教育所存在的价值，在培养乡村学生方面，应将学生培养成为符合社会发展需要的现代国民。事实上，这方面义务教育是统一的，没有所谓的城乡差异问题。一些地区在开展乡村义务教育时把侧重点放在片面追求升学率方面，并未注重强化学生全面发展，认为这种做法不合理，且不符合乡村发展实际，为此应及时调整乡村义务教育目标，即应将学生培养成为新型农民。客观来说，该观点具有其合理性的一面，且在出发点上也没有存在过大的问题，不过仍存在有失偏颇问题。

首先，从教育公平视角上来说，难道农村学生天生就是"农民命"？当然此处并未存在任何歧视农民之意，仅只是从公平视角分析上述观点的合理性。很明显，持有农村学生培养成为新型农民观点的学者并未意识到当前社会发展趋势，未意识到当前城镇化的推进进程，为此，其观点有待于商榷。

其次，从新型农民内涵解读这一层面上而言，要求新型农民需达到三方面要求，其一是有文化，其二是懂技术，其三是会经营，而义务教育仍属于基础教育阶段，换句话来说学生在这个阶段还处于打基础阶段，其人生发展方向不适合在

该阶段确定。可见，在制定乡村义务教育培养目时，不能直接确定为培养新型农民，而是应将学生培养成为合格的现代国民即以此作为基本培养目标。

需要明确指出的是，乡村学生的发展具有不确定性，未来可能选择在乡村发展，也有可能选择在城市发展，在接受义务教育阶段，对于乡村学生而言，他们与城市学生一样，仅只是为将来发展打基础，至于未来如何选择发展方向，还需要看结合自身发展情况。为此，在落实乡村义务教育时应注重结合学生实际需要，适当结合社会发展实际优化培养目标。在培养过程中应引导学生知农、爱农，即便将来他们选择在城市发展，同样也能心系三农，并为乡村发展做出相应贡献。同时，还需注重培养学生学会自信，引导学生形成积极向上的人生观，不要因为生活在乡村就低人一等，进而沦落成为城市文化的附庸。此外，开展乡村义务教育不能仅仅强调知识教育这方面，还应注重关注学生的内心情感，并在此基础上促使乡村学生实现全面发展。

（二）兼顾升学和就业乡村义务教育

同样是我国基础教育的重要组成部分，乡村义务教育具备升学、就业的责任，然而乡村义务教育和城市义务教育明显不同，大多数乡村学生在完成义务教学阶段的学习后直接就业。进入新时代，应正确理解乡村义务教育在促进升学、就业方面的双重作用。

第一，促进乡村义务教育教学质量的提升，首先应深入剖析学生的身心发展规律，为全体学生发展综合能力制定合理的升学教育计划。乡村义务教育的作用在于将乡村人口资源培养成人力资源，快速提高乡村人口转移速度，推动城镇化进程，为"三农"问题的解决提供有效措施。乡村义务教育发挥着促进升学的作用，也是推动乡村人口转移的一个重要措施。受教育水平决定了人才的综合素质，仅具备义务教育水平，很难适应社会的发展。但有必要注意的是，不能将升学率作为乡村义务教育的唯一目标，应结合学生实际，以促进学生全面发展为根本目标，以此为基础追求升学率。

第二，明确乡村义务教育是一种升学服务的意义。乡村义务教育向职业教育学校提供合格生源，这同样是升学服务。现阶段，乡村义务教育仅按照教学大纲、课程标准开展教学活动，缺乏职业态度、职业知识、职业技能方面的培养，对于培养学生进入职业学校，这方面并不重视。乡村义务教育应主动结合书本知识以及生活实践、社会实践，培养学生的劳动技能，改变以往一味追求升学率的方式，使学生学习的理论知识和实践相结合。丰富课程体系，将普通职业技术内容渗透到乡村义务教育中,锻炼学生的实践能力,增强其专业素质。发挥乡村义务教育为职业教育输送合格生源的作用,体现出乡村义务教育在升学、就业两方面的作用。

第三,明确乡村义务教育是就业服务的意义。乡村义务教育将帮助学生逐渐掌握从事生产劳动、走入社会工作岗位的技能。乡村义务教育阶段为就业做准备,并非专业岗位知识的学习,而是让学生对基本的职业知识产生了解。这种基础性知识将为学生进一步学习职业知识产生重要的引导作用。过去一段时间我们提倡的"三农"服务理念侧重于学习农业知识、农业技术,并未将农转非需求考虑在内,应结合义务教育的基础性质进一步深化理解义务教育为就业服务的意义。

进入新时代之后,乡村义务教育为就业服务并非做好就业准备,而是引导学生了解具体职业基础知识,做好相应的准备工作,即便学生选择任何职业,这种必备的基本素质都将发挥作用。学习实用技术并不是单纯地学习某一门技术知识,而是将知识技能的学习和职业道德、敬业精神完全结合,发挥基本职业知识的学习在推动学生全面发展中的重要作用,提高学生适应各种职业的能力。此外,在选择职业性课程内容时应注重与经济社会发展实际联系在一起,同时还做到紧密联系时代发展需要,只有这样才能促使职业教育作用获得充分体现。

(三)确立乡村义务教育多元整合的培养目标

在具体落实上,可从如下方面进行努力:首先,在确立乡村义务教育多元整合培养目标时应以培育现代国民基本素质作为基础。也就是说,其他方面均应以该根本目标作为根基。尽管乡村学生以后未必在农村发展,但是在开展乡村义务教育时,要注重培育乡村学生形成服务于"三农"的意识,以及形成生存自信与文化自信。不管将来选择从事什么类型的工作或者是从事哪些行业,都有对自己充满信心,热爱生活,让自己的生活充满阳光。

其次,义务教育在整个教育链中是最基础的部分,是根基部分。在该阶段开展教育工作,需注重帮助学生积累尽可能多的知识,让学生以合格者的身份进入上一级学校学习。而这也是义务教育阶段的基本任务。在这个过程中,注重培养学生形成积极向上及主动热情的生活态度也极为重要,为学生实现更好发展奠定厚实基础。

第三,乡村义务教育与整个城乡经济实现发展联系尤为紧密,同时还关乎所有乡村学生的前途。然而,就当前来说,很多乡村学生在完成义务教育阶段的学习之后直接进入社会,并未继续学习深造,为此,该阶段教育还应为就业提供服务，如传授一些职业知识及技术知识等，帮助学生能尽早适应社会发展，从这方面来构建乡村义务教育多元培养目标。

构建乡村义务教育目标体系是基于国家整体层面上进行设计的，各地可结合实际进行适当调整。如在经济较为发达的乡村地区，在进行乡村义务教育时可着重强调提升现代国民素质以及为学生升学提供相应服务，当然，同时还需要兼顾就业服务。在经济欠发达的乡村地区则可着重强调就业服务这方面，使得学生在就业方面的需要获得满足。

综合而言，在进行乡村义务教育目标定位时，除了强调应立足于乡村自身实际的同时，还需体现为城乡实现共同发展提供服务思想，培育出具有自信、知农爱农及形成现代人格的国民，在这基础上整合多元培养目标，不断推进乡村学生的综合素质，最终实现该教育成果即毕业升学有奔头、回乡务农有技术支撑、外出谋生不愁出路。当前应把城乡义务教育当作一个整体来进行看待，加强发展乡村义务教育，不让乡村义务教育扮演着整个教育发展拖后腿的角色，同时需提升对乡村义务教育的扶持力度，具体包括财政资金扶持及政策扶持等等，共同为乡村义务教育实现良性发展保驾护航。

六、缩小城乡发展差距，促进城乡义务教育公平发展

要为缩小城乡之间的教育差距努力，教育时进行乡村振兴的重要组成部分，是可以有效改变乡村的落后面貌的关键因素。为解决城乡之间教育发展不平衡的问题，政府有关部门就要对乡村教育中的薄弱部分进行行之有效的改善，通过倾斜教育资源、提高教育质量，不断缩小城乡之间的差距，对于乡村中那些家庭贫困不得不辍学的学生来说，相关部门应当进一步完善家境困难学生的补助条件，通过帮扶确保学生不会因为家庭贫困而不能学习。要持续巩固控辍保学成果，树立"五育并举，德育为先"理念，开展送教下乡、结对帮扶、法制宣传、入户家访等活动，强化教育引导，加大对留守学生和特殊群体的关心关怀力度。要树立家校共育理念，引导乡村家长转变教育观念，积极参与到孩子的教育中来。为了留守儿童的身心健康发展应当着手建立完整的鼓励留守儿童父母回家进行就业创业的政策。不只是留守儿童，还有各种困难群体的受教育权利都要得到保障。通过对城乡之间的客运系统进行完善，确保乡村学生就学路途安全。部分村小撤并后，少数学生就学路程拉长，对乡村客运的需求增大。对于提高乡村的客运专车的积极性，地方性的交通部门可以出台相应的奖惩制度与管理办法。同时，地方

交通部门要保障客运双方的合法权益就需要对一些不合法的运营车辆进行整改,通过各项改革保证乡村学生的交通安全。

第八章　乡村振兴战略下乡村教育之职业教育发展

乡村职业教育的发展必须基于乡村振兴人才的需求来进行。本章介绍了乡村振兴战略下乡村教育之职业教育发展，包含三个方面的内容，分别是乡村职业教育现状、乡村职业教育创新发展和乡村振兴高校大有可为。

第一节　乡村职业教育现状

在 2018 年初，在国务院出台的与乡村振兴有关的意见文件中提到了农村职业教育发展的问题，明确指出要重视农村的教育问题。为实现乡村振兴就要注重乡村的职业教育，要培养人才。将教育与三农问题通过乡村职业教育进行结合，着重培养乡村的专业技术型人才。在进行乡村职业教育的过程中不只是要进行最基础的教育功能，还要进行专业知识与技术的传授，引导农民培养创新意识，传承与发展当地的自有文化。农村的职业教育不只是可以培养新型的具有专业能力的职业农民，还可以通过教育提升农村居民的整体素质。所以说，推广农村职业教育是为了提升农民的知识水平、个人素质，提高个人就业能力与创业能力，可以有效地推动农村的产业兴旺。但是现如今就农村职业教育而言在农村当中处于较为弱势的地位，有着诸多的缺陷与不足，受限于各方面条件的制约，无法充分发挥农村职业教育的功能。最后，要在乡村振兴战略的背景下，通过对农村职业教育前景的研究探索使之真正成为乡村振兴的一大助力。

一、外源依赖性困境

职业教育严重依赖于周围环境的影响，只有在周围环境能够满足职业教育出现的土壤，能够给予职业教育以支持的时候，职业教育才能生根发芽、枝繁叶茂。如果当下的社会制度并不能给这种职业教育提供支持的条件，完成职业教育的人就不会通过自身所学获得工作的机会，一身技能没有任何可以施展的地方。所以说农村实行的职业教育严重受限于社会的认知程度，如果社会各界并不认可农村职业教育，这项制度就不能推行，进行职业教育的学习者也不会因为接受了教育而获取应得的报酬，恶性循环，直到农村职业教育破产。农村职业教育与农村在我国的社会地位与重视程度密切相关，也与农村职业教育的所在乡村的经济情况、民众的认知问题有着显著关联。

（一）农村职业教育服务乡村振兴，民众认知存在偏差

为进行乡村振兴要发展农村职业教育，要想发展农村职业教育就应当纠正民众的认知偏差，农村职业教育的推行需要社会的广泛认同。同时进行农村职业教育的相关院校要想为乡村振兴添砖加瓦就需要积极主动地为乡村提供内在动力，与此同时还有以下几个原因困扰着农村职业教育的发展。

首先，在我国大部分的农村地区，受限于自身的认知程度，大部分农民虽然知道要让子女接受教育，但是只知道将子女送入全日制的本科进行高等知识的教育，相当一部分人对农村职业教育院校存在偏见。

其次，在传统社会中，士农工商中的工匠社会地位低下，难以获得他人的尊重，又因为几千年来的官本位思想的侵蚀，大多数农民普遍认为职业教育不算是正规教育，不被社会认可，只有在迫不得已的情况下才会选择进入职业教育院校。只有通过不断的努力才能逐渐转变人们的传统观念，只有大多数人都认可了，农村职业教育才能蓬勃发展。

（二）农村职业教育服务乡村振兴，农村处弱势地位

为改变农村的弱势地位，国家进行了乡村振兴战略，但是尽管乡村振兴战略已经在如火如荼的实施当中，在当今社会，农村的弱势地位也无法在短时间内发生改变。

首先，乡村的弱势体现在国家对于经费的分配上，城市与乡村之间获得的经费差异巨大。

其次是在学生需要的实训设备上，乡村的实训设备较为缺乏但是城市配备的实训设备则较为先进。城市中各大高校有财力进行校内实训中心的修建但是农村较为艰难。

最后由于乡村的交通不便、生活设施不够完善，使得职业教育学校难以很好地发展。

(三)农村职业教育服务乡村振兴,法治体系不健全

农村职业教育服务乡村振兴面临法律制度供给不足等现实困境,成为制约其服务乡村振兴的主要障碍。在职业教育立法方面与农村相关的法律条例凤毛麟角、少之又少,到目前为止只有一部相关的法律条例,但是相关规定的内容过于模糊、宽泛,在操作层面有着遇到了极大的阻力。因为在农村层面的法律供给不足,农村职业教育主要靠国家政策进行推动发展,但是在这一过程中,因为没有相关法律进行背书,这些政策的法理地位缺失、权威性也无法得到保障,在执行的时候执行人的积极度不高。因为没有相关的法律法规进行背书,相关政策在执行过程中会随着执行人的变动而不断修改,严重影响了乡村职业教育的发展。

同理,职业教育需要社会上的多个领域、多个行业、多个部门进行通力合作才能将职业教育创办的有声有色,但是因为没有较为权威的法律法规进行背书,虽然有着政府的不断呼吁但是社会各界因为心有顾虑,参与度不高。在农村的职业教育中因为无法可依,相关的实践主体经常会在不同政策的执行过程中产生矛盾,严重降低了工作效率。

(四)农村职业教育服务乡村振兴,政策支持碎片化

虽然近年来我国为扶持农村职业教育颁布了一系列的政策,但是农村的职业教育无法蓬勃发展,主要有以下几点原因。

第一,没有成条例的关于农村职业教育的未来发展的政策,当前相关政策主要体现在政策价值方面。在很长一段时间之内,在国家政策的影响下,农村职业教育只注重专业技术,意在培养只具有专业能力的技术人员。但是在现阶段的乡村振兴时代,农村职业教育不应当只注重专业技术的培养还应当关注个人的独立思考能力、法律知识等具有人文色彩的知识,注重培养学生的人文素质。

第二,农村职业教育缺乏国家政府的政策引导,只注重出台相关政策,未能及时注意到政策实行后的补充政策的,导致农村职业教育后劲不足陷入瓶颈。大多数政策在出台之后没有一个强制性的措施,没有较为严格的执行政策与力度。在执行相关法律法规的时候没有科学性的指导与系统的执行,导致相关人员执行能力不足、执行效果差,无法达到预期。

(五)农村职业教育服务乡村振兴,体制机制不健全

农村职业教育服务乡村振兴这一战略在实行过程中需要各级人员进行严格的分工,彼此之间能够相互配合共同完成。但是现在缺乏能够有效促进农村职业健

康发展的相关机制与制度，主要有以下几点。

没有一个行之有效的机制保护职业教育学生或者各类技术型人才在待遇或者职业技术上的提升。用人单位对这部分学生有学历上的歧视，现阶段大多数的行业的职业资格认证没有一个较为准确的认证制度，这就使得用人市场在聘用技术型人才的时候会有意识地将本需要的工作资格再提升一个等级，使得较低层次的技术型人才难以找到心仪的工作。没有一个较为完善的资格准入制度使得职业教育的毕业生被迫参与不规范的竞争，行业没有一个合理的准入门槛严重挤压了一些职业教育毕业学生的就业空间。中职毕业生在没有明确的准入门槛的行业中无法得到合理的工作只能向下寻找工作岗位，同时又要与农民工与广大下岗的待业者进行竞争，最终因为竞争优势不大导致技术型人才的流失。

在进行职业教育培养的时候，缺少来自于政府以及社会对农村职业教育的投入制度，没有相关的法律法规进行严格的保护与约束，政府相关部门没有足够的机制引导且鼓励社会上的相关企业对农村的职业教育进行投资，从而导致了农村职业教育培养的技术型人才的专业能力大打折扣。还有就是没有与之相关的专业的人才培养机制甚至某些省级地方教育行政部门为了一己之私，规定中职校必须全部使用该省职教教材中心所编教材，并将对教材的使用情况作为其对中职校考核的内容之一，从而使这种"对接"只能成为农村中职校的口号。

第三，在管理体制方面，现阶段我国农村职业教育服务乡村振兴仍然沿袭传统政府主导的管理体制，其存在的突出弊端是权力分散、资源分割、协同治理乏力，致使社会多元主体参与农村职业教育发展治理格局难以形成。我国涉农教育资源、人力资源以及涉农专项经费、补助资金、优惠政策等来自于教育部门、人力资源部门、科技部门、农业部门以及扶贫专门机构等，管理比较分散。作为多元主体参与的集体行动，农村职业教育服务乡村振兴必然是一种结构化的行为过程，需要政府、企业、学校、社会组织等多元主体共同治理。但社会力量参与农村职业教育发展的主动性、积极性普遍不高，究其原因主要在于缺少相应的配套制度与激励机制的变革与创新。

二、内源自身性困境

（一）农村职业教育服务乡村振兴，功能定位"模糊化"

振兴乡村就需要农村职业教育提供足够的人力支撑和智力支持。然而，从我国农村职业教育发展现状来看，它的功能定位存在"模糊化"问题，主要表现在以下几方面。

第一，农村的职业教育现在依然重视升学目标，没有完全将学生的个人素质水平进行专业培养，依然呈现"普教化"的发展倾向，重"升学教育"。职业教育与普通教育的最大区别在于，其向学习者传授专业知识的同时教授专业技能，是以传授技能为主的教育类型。然而，在实际的发展过程中，至今在一些地区，尤其是经济、职业教育不发达地区的部分职业学校，依然是行职业教育之名，务升学教育之实。按理，根据职业教育"立交桥"的构建，职业院校部分学生通过对口升学等路径升学无可非议，也是未来理想职业教育体系建设所要求；但问题是相当一部分学校，本末倒置，他们不是以就业为导向，而是将升学教育作为学校的着眼点和努力的方向。至此，忽视了农村职业教育应当服务地方经济社会发展的初衷，削弱了其服务乡村振兴的能力。

第二，农村职业教育服务"三农"的定位越来越模糊。从改革开放以来我国农村职业教育发展历程看，"离农"还是"为农"是一直影响政策与制度取向的关键要素，政策目标也在二者之间摇摆不定。

首先是面向狭隘的乡村。这个问题主要与人们对农村及农村职业教育概念的理解有偏差相关。部分学者以及职业学校领导认为，顾名思义，农村职业教育就是要为农村第一产业培养人才，为其他产业发展，尤其是为城镇培养转移人才便是"离农"教育。

其次是完全的"离农"教育。将农村职业教育服务对象主要定向于城镇。这是另外一种关于农村职业教育服务方向的极端认识。部分职业院校的领导并不是不知道农村职业教育应该为农村培养各类人才，而主要是为农业发展培养人才，办学艰难，不受人欢迎，所以，这些学校主要进行面向城镇的农村劳动力转移教育，也就是为第二三产业培养人才。

专业设置能反映出学校的发展定位，反映出学校服务当地经济社会发展的程度。目前，我国一些农村职业学校为了所谓的"适应市场需求"，随意删减涉农专业，忽视与本地发展密切相关的涉农专业的设置，盲目开设许多与本地发展不相适应的所谓"热门"专业。这样培养出来的人才既无法在城市的激烈竞争中取胜，也无法满足振兴乡村所需要的各类农村实用人才的期望。

（二）农村职业教育服务乡村振兴，体系结构"存短板"

发展农村职业教育使之服务于乡村振兴当中，完善的职业教育体系是推进农村职业教育规范化、科学化发展的重要保障，体系建设关键在于向农村地区提供全方位、多样化、实用性及特色化的教育服务。在推进乡村振兴战略的背景下，现有农村职业教育体系的"不科学性"也愈益暴露，存在明显"短板"，主要表现为：

第一，近年来我国的自然村落大幅减少，农村人口向城市大量迁移，县、乡、村三级的职业院校和职业培训机构或被撤销或被合并，农村职业教育体系被严重破坏。

第二，无论是农村职业教育体系或者成人教育培训体系，都缺乏现代性，脱离信息化时代职业教育与培训的先进性特点，比较典型的是"互联网＋职业教育培训"发展滞后。

第三，非正规职业教育与培训体系没有得到应有的重视，作用发挥不够。

（三）农村职业教育服务乡村振兴，服务能力"显薄弱"

个人都是理性的经济人，对投入与收益的反复权衡是其选择是否要进入职业学校的重要考量标准。如果职业院校的学习既不能提高学生毕业后短期内的收益，又不能给学生长期生涯发展以希望，那么，农村职业教育就难以具有吸引力。所以，在这层意义上，质量问题是各个阶段农村职业教育陷入办学困境的一个重要原因。我国农村职业教育"先天条件不足、后天发育不良"的现实困境致使其自身能力建设严重滞后于农村经济社会发展，难以满足乡村振兴需要。从具体表现上看，农村职业教育办学质量与效率的问题体现在如下方面。

一是培训效果难以达到相应的要求。由于投入机制的单一性，导致农村职业教育服务能力不足，办学体制的单一性导致办学机制不灵活，办学内容的结构性缺陷导致农村职业教育贡献度不高，培养模式的功能性不足导致农村职业教育参与度不高、满意度不高，培训方式单一化、模式化，无法做到理论与实际相结合，职业教育专业化师资队伍力量薄弱等方面的限制与影响，使农村职业学校在培养学生的过程中往往无法达到预期目标。

二是培训内容难以适应需求。一方面，课程内容与专业选择难以体现农村需求。由于我国农村职业教育与培训在很多时候都是以"工程"和"项目"的方式推进的，在实施前，对农村人口的实际培训需求关注不够，未进行广泛需求调研，导致教学培训内容往往无法贴近农民与农村的实际需求，自然难受农民欢迎。

三、城乡分裂性困境

实现城乡一体化是我国的经济社会发展的目标，在当前经济发达的农村地区已呈现出城乡界限模糊、一体化的新农村模样。这意味着，作为对经济社会发展服务具有滞后期的城乡职业教育必须以统筹发展、一体发展、融合发展的理念，对城乡职业教育发展进行有前瞻性的统筹规划。然而，目前我国城乡职业教育发展受城乡经济社会分离的影响，在很大程度上也显现割裂发展的状态与格局。主要表现如下几点。

第一，城乡职业教育资源分配失衡。相比之下，城市集中了相对优质的职业教育资源，分布着大量的职业院校和培训机构，但迫于高等教育大众化背景下的招生压力，城市职业院校也面临生源匮乏的窘境，以致教育资源浪费。农村旺盛的职业教育与培训需求被抑制，城市职业学校却"无米下锅"，恶性循环，周而复始。

基于此，对于农村职业教育而言，随着城镇化进程的加快，一方面来自农村富余劳动力的职业教育需求越来越大，另一方面农村城市化和小城镇建设过程中管理人才、专业技术人才和农技人才，尤其是能够引领现代农业发展的技术人才需求也越来越大。但是由于农村城镇的基础设施、生活条件、信息交流、交通、通信、娱乐和再教育条件与城市存在一定差距，具有高学历和具备一定技能的人才不愿意到农村城镇就业，而农村劳动力素质普遍偏低，日益扩大的职业教育需求又无法得到满足，从而在我国城镇化、乡村振兴发展进程中，高素质人才需求、农村富余劳动力的职业教育需求与农村职业教育资源承载力之间形成了突出的矛盾。这种失衡在软件上体现在师资以及校园环境的建设上，在硬件上体现在教学设备的经费投入上。

第二，在职业教育发展方面，城乡职业教育缺乏区域性的统筹规划，更没有按照系统论的思想进行一体化发展；城乡职业教育专业设置、教育资源的利用缺乏统整；一体化的城乡职业教育模式尚不多见；缺乏依据都市圈、同城化的趋势进行职业教育发展的理念与实践，如此等等，都是缺乏职业教育发展前瞻性和战略思维的表现。

最后需要说明的是，乡村振兴的要义在于通过建立城乡融合发展机制，建立城乡职业教育共同体，不断减少农村职业教育供给侧与需求侧矛盾、农村职业教育需求与教育资源承载力之间的矛盾、农村职业教育内部发展的结构性矛盾，使以城镇化、乡村振兴为导向的农村职业教育有效需求得到充分激发，缩小城乡差距，最终实现城乡平衡。

第二节 乡村职业教育创新发展

一、建设县域农村职业教育体系

经过不懈努力，我国新农村建设取得了显著成效，尤其是在贫困治理问题方面，同时这个问题也是制约我国三农发展的关键问题。虽然我国在三农问题上取得了明显成效，但是三农问题依然是制约我国现代化发展的主要问题。另外，我国三农问题在一定程度上也限制了"四化同步"的发展，与此同时我国三农问题呈现出了新的特点，如农村空心化、农业边缘化、农民老龄化，这些问题都在无形中限制了我国乡村振兴以及全面建设小康社会的步伐。此外，乡村衰退这一问题是全人类在社会经济发展中所需要面临的问题，同时也是我国乡村振兴战略目标实现的拦路虎。

人才是我国乡村振兴战略目标实现的关键，尤其是多层次多类型的应用型人才，为此培养此类型的应用型人才成为实现我国乡村振兴战略目标的关键。从某种意义上来讲职业教育和培训在应用型人才培养中具有十分重要的作用，而且这种作用是无法替代的。如果想要将职业教育和培训的作用发挥至极致，务必要与乡村振兴战略人才培养的需求吻合，并在此基础上构建完善的现代县域职业教育和培训支持体系。

（一）县域农村职业教育体系建构的思路和策略

1. 以乡村振兴目标为引领，彰显培训体系的区域性和现代性特征

（1）县域性：反映乡村的语义逻辑

"农村"以及"农村职业教育"这样的字眼已经深深烙在我们的内心深处，并将其与"乡村""乡村职业教育"混为一谈，然"乡村"和"农村"有明显的区别，为此我国政府制定的是"乡村振兴战略"，而不是"农村振兴战略"。这在一定程度上也反映出它独特的价值初衷以及实践取向，为此务必要重新审视职业教育和培训体系，使其服务范围更加精准。就目前而言，以"县域"重新构建职业教育和培训体系具有十分重要的意义，通过这种方式重构的职业教育和培训体系不仅可以彰显"乡村"的语义逻辑，同时也能使该体系的服务效能发挥至最大。

（2）融合性：体现城乡融合新趋势

为了快速推动我国社会经济的发展，我国采用了城市取向的发展政策，且此类型政策实行了多年，从某种意义上来讲"城市取向"的发展政策牺牲了农村和

农民的利益。为了使我国社会经济发展回归正规，近年来我国在政策上也做出了一定的调整，从"城乡统筹发展"到"城乡一体化发展"，直至党的十九大召开又对城乡发展政策进行了完善，并提出了"城乡融合发展"。从我国一系列政策的转变可以看出农村在社会经济发展中地位的转变情况，无论是"城乡统筹发展"政策，还是"城乡一体化"政策，侧重点均在城市，农村仅仅是一个从属地位，也就是说在发展城市的基础上顺势推动农村经济的发展，尽可能缩小城乡之间的差距。然而在这两种政策下，城乡之间的差距依然无法避免。再看"城乡融合发展"政策，相较之于前两个政策，该政策更加符合我国国情，对于推动城乡共同发展起到了积极作用。也正是由于我国城乡发展政策的转变，与之配套的职业教育和培训体系也应不断完善，在充分体现城乡融合特色的基础上，不断优化县域职业教育和培训体系。

（3）层级性：满足多层次培训需求

第一，从国家政治角度上来讲，随着我国乡村经济的快速发展，人们不再满足于温饱，他们更加向往美好的生活，且对美好生活的层次要求也逐渐提升。所以职业教育和培训体系的建设应当符合时代发展的需求，并使其朝着多样化、层次化的方向发展。第二，从乡村振兴人才培养战略方面来看，职业教育和培训体系应当满足以下三点需求：(1)满足当下农民职业技能培训的需求；(2)满足现代化农业发展背景下新型农民培育的需要；(3)满足乡村治理视域下乡村精英人才培养的需求。总而言之，未来乡村职业教育和培训体系，无论是在教育层次方面，还是在教育主体方面都应朝多元化方向发展，不断融合各种教育培训资源。

2. 以县级职教中心为主体，建构多层次的网络化培训体系

关于乡村振兴背景下应用型人才的培养，其中一小部分应用型人才则需要通过高等教育的方式来培养，此类应用人才通常情况下属于高层次技术人才或者管理精英，而绝大多数的应用型人才需要通过县域职业教育培训机构以及与农业相关的企业共同完成。在乡村振兴应用型人才培养过程中，这些职业培训机构和涉农企业在培训过程中可以有不同的分工，但是他们应当处在同一个职业教育和培训体系之下，以此来完成乡村振兴人才培养的任务。在构建县域乡村职业教育和培训体系时，应遵循县域性原则，并逐渐构建成"职教中心为龙头，乡镇成人教育中心为骨干，村级成人文化技术学校为网点"的职业教育和培训体系。

从我国目前县域职业教育和培养体系建设现状来看，大部分县级城市均将职教中心作为培养应用型人才的主战场，并加大职教中心的建设力度。通常情况下，一个县级城市设有1所职教中心，少部分县级城市设有2所职教中心，从教学资

源上来讲，职教中心相比于乡镇成人教育中心、村级成人文化技术学校具有明显的教育优势。所以在乡村职业教育和培训体系构建过程中，县级城市教育部门应当将职教中心作为重点建设项目，提升职教中心的现代化水平。从职教中心角度而言，要明确自身在乡村职业教育和培训体系中的重要作用，将培养乡村应用型人才作为自身办学理念，并将其落到实处，充分发挥职教中心在职业教育和培训中的龙头作用。另外，职教中心还要不断完善自身专业建设，提升专业的现代化建设水平，从而使其符合现代农业发展的趋势，与此同时职教中心还应增设与农业相关的专业，为乡村振兴战略的实施提供充足的人才。

在县域职业教育和培训体系构建过程中，我们还应当特别重视农村社区教育在人才培养中心的作用。第一，无论是农民日常技术技能培训工作的开展，还是农民精神文明建设，均离不开农村社区教育中心，它处在乡村振兴人才培养的最前线。第二，农村社区教育中心对于培养具有乡村情怀的管理人才具有积极作用，以此加强农村基层组织建设，不断提升乡村社区治理水平。第三，我们要充分利用农村社区教育中心的引导作用，为社区农民搭建"一刻钟学习圈"，进而培养社区农民终身学习的意识。

此外，为了更好推动乡村振兴战略的实施，还应当充分发挥高职院校的教育作用，尤其是那些涉及农业专业的高职院校。从某种意义上来讲，涉农高职院校本身具有一定的地方性特点，院校涉农专业设置的最终目的是为促进当地区域经济的发展。所以在乡村振兴发展过程中，应当加强当地高职院校的建设力度，完善高职院校农业专业建设，从而为乡村振兴培养出更多新型农民人才和管理者。除此之外，充分发挥高职院校的培训作用，借助其优质教学资源为留守农民提供更高层次的技术知识培训，并在此基础上加强与县级职教中心、涉农企业的高效合作，三方共同为农民提供线上线下的全方位培训。最后，高职院校还要加强农业专业理论方面的研究，如教材、课程、培训资料等研发工作。

3. 以"互联网+"技术为载体，镶嵌开放的远程职业培训网络体系

随着网络信息技术的快速发展，它逐渐与人们的生活融为一体，并对人们的生活产生了深远的影响。在2015年我国政府在互联网快速发展的背景下提出了"互联网+"的行动计划，这一计划的提出在一定程度上标志着我国正式进入了"互联网+"时代。互联网的快速发展是人们进入了快节奏时代，也为人们的教育提供了许多便利之处。

第一，县域职业教育和培训体系建设要符合时代发展需求，必须要充分利用互联网技术，县域职业教育和培训体系中的各个主体（县级城市职教中心、高职

院校、涉农企业等）务必要认识到这一点，也只有在充分利用互联网技术的前提下，才能实现县域职业教育和培训体系为人服务，真正落实职业教育和培训目的，最终助力我国乡村振兴。

第二，将县域职业教育和培训体系与互联网技术融合，在一定程度上可以增强乡村职业教育和培训的作用。在互联网技术的支持下，可以更好地整合县域职业教育、培训资源，为县域范围内需要培训的人提供更全面、更深层次的教育培训。在互联网技术的支持下，人们可以将乡村职业教育培训资源放在网络上供人们学习使用，同时在互联网上也可以开展学生与教师、学生与学者之间的线上教学活动，这在一定程度上打破了职业教育活动的时间和空间限制，极大方便了人们的学习。另外，通过互联网技术还可以搭建社区居民在线学习平台，也可以通过互联网技术建立社区教育培训公众微信号，然后结合社区农民的实际需求开设相应的教育版块，社区农民也能结合自身情况选择学习资料，从而满足社区农民的个性化学习需求。除此之外，通过运用互联网信息技术还可以开展个性化培训。最后，乡村振兴战略的实施离不开互联网信息技术的大数据分析功能。

由此可以看出，互联网信息技术对县域职业教育和培训教育体系构建的重要性，只有将互联网技术融入职业教育和培训体系建设当中，才能真正实现"互联网＋职业教育和培训体系"的构建。第一，互联网信息技术在融入该体系过程中，要贯穿于整个环节之中。无论是在县级职教中心、乡镇成人教育中心，还是在村级成人文化技术学校都要有效运用到互联网技术，也只有这样才能使各个教学环节实现有效连接，为线上线下教学打下坚实基础，同时也可以满足全域农民学习需求。第二，在构建"互联网＋职业教育和培训体系"过程中，职教中心应发挥自身龙头作用，同时还要注重对农民学习需求调查以及课程资源开发工作。第三，乡镇成人教育中心在整个"互联网＋职业教育和培训体系"建设中起关键节点的作用，它的网络建设是否通畅直接影响了县级职教中心、村级教育网点连接的是否通畅，加强乡镇成人教育中心网络建设，在一定程度上可以推动互联网与三农的深入融合，这对促进乡村发展有积极作用。第四，加强数字化学习资源库的建设。在建立职业教育和培训数字化资源库时，需要保证资源库资源的丰富性，同时资源库的资源要与社区农民需求吻合，并结合社区农民的需求，不断更新数字化资源库中的资源，除此之外还要保证数字化资源库资源的先进性，时时补充最新的知识信息及技术。第五，在职教中心、涉农企业、高职院校之间搭建数字资源连接点，使三者之间实现资源共享，以此来丰富社区农民的学习资源。

4. 以培训共同体建设为重点，构建城乡融合的培训体系

想要实现城乡融合发展，需要加快生产要素的流动，如人口、资本、技术等，以此优化城乡之间的资源配置。另外想要实现城乡融合发展，还需要为其增添新的动力，例如加强对涉农企业的扶持力度，并培育出县域农业龙头企业，与此同时加强对农民专业合作社、家庭农场以及乡村创客等主体的培育，无论是对以上哪种主体人才的培养，都离不开职业教育和培训体系的建设。从某种意义上来讲，城乡融合视域下职业教育和培训体系的建设符合城乡融合发展的方向，同时该体系的构建在一定程度上也能为城乡融合发展中的各项人才培养提供有力保障，如农场主、城市返乡农民以及农业企业人才等等。而建立一个什么样的城乡融合职业教育和培训体系才能够帮助这些经营主体快速实现资本积累和提升？这个问题值得我们深思。

在乡村振兴背景下乡村人才具有以下几个明显特点：第一，乡村对人才的需求呈多元性特点；第二，乡村人才的来源呈多样化特点；第三，乡村人才自身在需求方面存在一定的差异性。结合以上乡村对人才需求的特点，建立一个多元化的职业教育和培训共同体显得尤为重要，在这个培训共同体中主要包括政府、涉农企业、行业、职业院校、各种培训机构以及非政府公益组织等等。在职业教育和培训共同体中的每个角色之间都有着千丝万缕的利益关系，为此他们都有义务加入职业教育和培训工作之中，并主动承担起职业教育和培训体系的重要角色。鉴于乡村振兴视域下的职业教育和培训具有一定的公益性质，所以非政府公益组织有义务、也有必要参与职业教育和培训工作。

城乡融合发展中职业教育和培训共同体中的各个参与主体都有其独特的优势，这在一定程度上要求各个参与主体充分认识到自身优势，并扮演好自身在职业教育和培训共同体中的角色。例如高职院校，他们在师资力量等教学资源方面有明显优势，为此在城乡职业教育和培训中应当主动承担起人才培养以及网络教学课程研发方面的责任。涉农企业直接面对市场，在职业教育和培训中有明显的实践优势，为此涉农企业应当加强与高职院校以及培训机构的合作，为理论教学提供更多的实践机会。相关的行业协会要运用自身资源优势，加强对当地市场培训需求的调查，并为高职院校以及培训机构提供准确的人才培养培训需求信息，与此同时行业协会也应当做好市场调研，结合我国一二三产业融合发展的实际情况，对高职院校等教学培训机构提出新的教学任务，同时也可以向当地政府部门提供城乡人才培训工程建议。

(二)建构县域农村职业教育社会支持体系

1. 职业教育培训社会支持体系的内涵

通常情况下社会支持体系主要指的是由社会各个层面共同构成的资本组合，从而为所需者提供必要的支持。就职业教育和培训而言，它与社会各个层面都有紧密的联系，尤其是与政府、涉农企业有着密切的利益关系，此外职业教育和培训还与高职院校、各种培训机构等存在利益相关的关系。所以，有必要成立一个由多主体共同参与的社会支持体系，并以此来培养新型职业农民。只有让社会支持体系中的各个参与主体认识到自身的角色作用，才能保障城乡职业教育和培训工作的有效开展。从某意义上来讲，一个科学合理的社会支持体系应建立在社会各界共同参与的基础上，这些参与主体不仅涉及政府、企业，还应当涉及与之相关的高职院校和培训机构等，且各个参与主体还要对城乡职业教育和培训有一个正确的认识和理解，并在此基础上为城乡职业教育和培训工作的开展提供制度配置、政策创新以及整体规划等各个方面的支持。

2. 职业教育培训社会支持体系的基本架构

职业教育和培训社会支持体系主要由主体、客体、载体三部分组成的动态开放系统。其中主体主要有政府、涉农企业、高职院校等构成，客体则是职业教育培训体系，载体则是职业教育培训。这一体系建立的最终目的是为了培育新型职业农民，而想要使该体系的功效发挥至最大，则需要重新审视各个主体的角色作用和支持行为，并使各个主体之间形成协同配合的工作机制。

（1）政府层面：政策法规支持体系

政府作为一个特殊性质的参与主体，导致它在职业教育和培训社会支持体系中扮演者特殊的角色，且该角色具有较强的权威性和导向性，与此同时政府也会影响到其他参与主体的社会支持力度。通常情况下，政府的社会支持主要表现在职业教育和培训法制法规的建设以及各项职业教育和培训政策的创新。

第一，制定、完善法律制度。法律制度对于新型职业农民的培育起到基础保障作用，从具体上来讲新型职业农民相关法律制度的制定和完善，可以将职业教育和培训中的各个主体的责任与义务法律化，从而保障职业教育和培训工作的有序开展。另外从社会学角度来看，通过法律的方式对各个参与主体职能范围的规定属于社会资源的优化与分配，这有助于实现资源效益的最大化。

第二，开展有效的政策创新。从某种意义上来讲，政策创新是推动新型职业农民培育工作开展的最强动力，这对于促进新型职业农民职业教育和培训起到了积极作用，同时也是从根本上消除其发展的各种障碍。无论在新型职业农民培育的哪个阶段,都离不开相关政策的创新。

(2)院校层面:职业教育培训支持体系

虽然在新型职业农民职业教育和培训工作开展过程中,政府支持发挥了极大的作用,但是新型职业农民职业教育和培训工作的开展最终还是要落在高职院校,为此高职院校对新型职业农民职业教育和培训工作的支持显得格外重要。从具体上来讲,高职院校的支持主要是利用自身教学资源的优势,并为新型职业农民的培养提供专业化的培训服务,而高职院校的这种社会支持主要建立在政府与涉农企业的支持下。

(3)企业层面:校企合作人才培养支持体系

企业在新型职业农民职业教育和培训中占据十分重要的地位,从某种程度上来讲只有企业在主动参与到新型职业农民培训工作当中,职业教育和培训质量才会得以提升。为此在当下应当建立以政府为主导,行业为指导以及企业参与的校企合作机制。校企合作办学机制在一定程度上提升了企业在高职院校中的话语权,也能够更好地将市场信息融入高职院校教学之中,从而使高职院校教学与市场接轨。

(4)社会层面:社会文化支持体系

社会文化与教育之间有着密切的关系,就我国职业教育而言,它同样与我国社会文化有着密切关系,尤其是社会观念。社会观念在某种程度上严重限制了我国职业教育的发展,这主要是由于在我国传统社会观念中对农民的偏见看法,如对农民身份的鄙视。之所以形成这样的社会观念也缘于政府缺乏对新型职业农民的正能量宣传。

为此在新型职业农民职业教育和培训中应当建立社会文化支持体系。首先,政府应当充分发挥带头作用,并为新型职业农民创造良好的外部环境,让更多的人了解、理解新型职业农民,使新型职业农民在从业过程中获得更多的成就感、幸福感。其次,调动企业的积极性,鼓励企业积极开展校企合作,从而为新型职业农民发展营造浓郁的社会氛围。最后,还要发动社会各种公益组织的作用,使其成为新型职业农民职业教育和培训的主体之一,从而使新型职业农民获得更多的社会关注。

3. 县域农村职业教育培训社会支持体系的构建策略

(1)政府:明确定位,转变职能

①积极完善支持新型职业农民培育的法规和政策体系

政府对于新型职业农民培训起关键性作用,尤其是省级以上的政府部门,可以说他们在新型职业农民职业教育和培训中处于顶层设计的主导地位。想要有效推动新型职业农民职业教育和培训工作的开展，必须要建立完善的制度与政策，从某种意义上来讲这是从根源上解决新型职业农民职业教育和培训工作政策失灵等方面问题的关键，这一点无论是在国外，还是在国内都得到了有效证实。例如，英国为了推动农民职业教育和培训的工作的开展，制定了一系列的政策制度，其中较为出名的有《农业培训局法》和《技术教育法》。在这些法律法规中对新型职业农民培训进行了详细的规定，如在培训期间政府全权负责农场工人的工资，而无须农场主承担。除此之外，美国在2013年也对新型职业农民培育完善了农业法案，并将8500万美元作为新型职业农民的培训基金。国外针对新型职业农民培育的法规政策在一定程度上激发了农民参加培训的积极性。

为此，我国政府应当结合我国国情，制定并完善新型职业农民培育相关的法律法规，与此同时省级、市级以及县级政府也可以结合当地的实际情况，制定一些有助于推动当地新型职业农民培育的法规、管理条例等。在完善我国法律法规的基础上，逐渐建立由政府引导，各个利益主体积极参与的多层次、多形式以及多元化的社会服务体系。

②组织推动和研制新型职业农民培育工程

一些项目具有一定的战略意义，但是项目的建设需要特殊政策的支持，通常情况下此类型的政策需要发挥政府作用，并通过"政府工程"的形式来实现。在新型职业农民培育过程中，也难免会有此类型的项目，这就需要政府有针对性地推动此类项目工程的开展，目前此类型项目所涉及的内容较多，如"新生代职业农民培育工程""家庭农场主培育工程""农民后继者培育工程"等等。从具体上来讲，政府在新型职业农民培育工程中起到了四个方面的作用：第一，组织作用。政府的组织作用主要体现在组织专家团队进行调研，并结合专家调研结果深入分析新型职业农民的培育需求，从而研制对应的项目工程。第二，推进项目工程实施。政府可以通过制定、完善相应的法律法规，以此来保障项目工程的顺利实施。第三，协调作用。在新型职业农民培育过程中，政府可以有效协调项目工程的相关方，使相关方达成一致，共同推动项目工程的实施。第四，监督和评估。政府有权力对整个项目工程的实施情况进行监督和评估。

③建立新型职业农民准入和认定制度

随着社会的快速发展，农业生产逐渐朝着现代化方向发展，现代农业生产对农民的技术以及社会责任提出了新的要求。此外，在经营现代化农业过程中，还需要具有现代化的生产管理理念，如绿色环保、生态经营以及安全生产等。现代农业生产的这些特点与要求，都在一定程度上反映了只有新型职业农民才符合现代农业生产。为此，实施职业农民准入机制显得尤为重要，在这一机制下不仅可以改善人们对新型职业农民的认识，有助于提升新型职业农民的社会地位，同时也可以推动我国现代化农业的发展。此外，职业农民准入机制在一定程度上也解决了我国农民后继人才培养方面的问题，也实现了国家对农业的精准扶持。

为了最大程度上保障农民培训的质量，大部分国家均采用了一定的认定制定。例如欧洲各国为了规范职业农民教育体系，制定了严格的农民职业资格认证制度，并在认定制度中做出了明确规定：凡认证合格的农民必须要完成 2 年以上的农业职业教育和培训。此外，日本也为了提升职业农民培训质量制定了严格的认证制度。从国外职业农民教育成效以及我国职业农民未来发展方向上来看，我国应当加强职业农民认证制度建设，通过法律制定的形式提升职业农民培训质量。此外，还要通过法律的形式加强对职业农民培训主体的市场准入机制，从而为我国新型职业农民职业教育与培训提供强有力的保障。

④建立农民职业教育培训评价制度

评价制度对于新型职业农民教育和培训工作的开展有积极作用，通过评价机制可以有效保障新型职业农民的培育质量，此外在评价制度的作用下，也可以实现对新型农民职业教育和培训市场的监督，对其起到一定的规范作用。从具体上来讲，新型职业农民教育培训评价机制的建立可以从以下几个方面出发：第一，职业农民教育培训评价指标体系。评价指标体系的构建务必要建立在科学的基础上，从而使其能够全面衡量、评价职业农民的培训情况。第二，在整个评价过程中要坚持全面性原则。具体而言，职业农民教育培训评价不仅要关注其培训结果，同时也要将培训过程进行适当评价，除此之外还要采用多角度评价方式，如通过受训者的培训满意度来评价培训质量。

（2）院校：研究市场，优质服务

①凭借"互联网+"，构筑开放式新型职业农民教育培训平台

由于目前受培训的对象在基础学历以及自身需求方面都有明显差异，为此在对他们进行培训时需要创新培训组织形式。与此同时，还要积极构建立体化、多层次化的开放式的教育培训平台。无论是高职院校，还是涉及农业专业的各类高校，在开展教育培训中都要做到"以生为本"，结合学校生源的实际情况，同时结合院校自身的办学优势，并在此基础上打造一个新型高效的职业农民培训平台。另外，在新型职业农民教育平台构建过程中，还要充分利用互联网技术，从而将新型职业农民教育平台打造成"互联网+新型职业农民教育培训平台"，为那些

致力于学习现代化农业的农民提供学习提升的便利之处。

将互联网技术融入新型职业农民教育培训平台具有一定的迫切性和可行性，这主要源于当前新型职业农民自身需求，以及互联网融入各行各业已经成为社会发展的大趋势。

中等职业院校作为我国培养新型职业农民的主阵地，充分发挥其教育培训作用。随着我国教育事业的不断发展，中等职业院校无论是在师资力量，还是在教育设施方面都取得了明显的进步，这在一定程度上为中等职业院校将互联网技术融入新型职业农民教育培训提供了保障，使构建区域性培训平台成为现实。从某种程度上来讲，区域性培训平台对于培训新型职业农民具有十分重要的作用，在区域性培训平台环境下，不仅满足了农民集中学习的需要，同时也满足了农民分散学习的需要。另外，区域性培训平台还具有活化教学组织形式的功效，通过区域性培训平台，农民不仅可以在平台上进行交流学习，同时也可以通过平台收集案例教学。除此之外，农民也可以结合自身的学习需求，在线与老师进行一对一的沟通学习。

②锁定重点培训人群，支持现代农业经营和服务主体培育

随着我国农业的快速发展，家庭农场主的人数逐渐上升，为此目前新型职业农民教育和培训的主要对象主要以家庭农场主、骨干农民以及合作社负责人为主。但是随着我国新型职业农民教育培训的深入发展，在未来，还应当将退伍军人、大学生以及返乡农民工作为新型职业农民教育培训的重点对象之一。

（3）企业：积极参与，释放活力

企业在整个职业教育培训中占据着十分重要的作用和地位，为此企业务必认识到自身的社会责任，并积极参与到新型职业农民教育培训中。涉农企业的积极参与，不仅可以改善高职院校教育培训的单一性，同时也在一定程度上也可以提升企业在职业农民教育培训中的话语权，进而将新型职业农民教育培训与市场挂钩，最终提升教育培训的质量。

二、农村职业教育发展政策创新

（一）明确职能，强化政策与制度建设

1. 出台具有针对性的法规和政策

农民工返乡人员之所以是新型职业农民教育培训的主要对象之一，在很大程度上源于其自身的优势，为此当地政府部门要加强对此部分人员的重视程度，深

入了解农民工返乡人员的兴趣以及擅长领域，使职业教育培训做到有的放矢，逐渐将农民工返乡人员培养成新型职业农民队伍的领头羊，这对于乡村振兴有十分重要的作用。这在一定程度上为地方政府制定新型职业农民教育培训政策提供了依据，政府出台的各种扶持政策在整体上要符合农民工返乡人员的需求，也只有这样出台的各种政策才能推动职业教育和培训的发展。

从某种程度上来讲，年轻农民工的创业意愿要明显高于年老的农民工，也正是由于这一原因使其成为返乡农民工创业主体，为此政府在制定政策时应充分考虑此部分人员的特点及需求。另外，返乡农民工由于自身的社会经历有所不同，从而导致他们在社会资本、创业投资风险态度等方面产生了差异性，最终导致他们对职业教育培训的内容、技能以及政策支持力度等多方面产生了差异性。为此地方政府所出台的政策法规，务必要具有明显的针对性，结合当地的实际情况以及返乡农民工的实际需求，出台一些可操作性强的扶持政策，从而吸引更多的返乡农民工加入新型职业农民队伍当中。

2. 建立乡村振兴人才培育制度

第一，建立并完善职业教育和培训补偿制度。随着城乡融合的深入发展，推动新型职业农民建设逐步提上日程，我国各级政府也逐渐将其落到实处，为农民以及返乡农民工提供大量免费教育培训课程，这些教育培训内容可以极大程度上提升他们的技能水平，然而在现实中职业教育培训情况并不乐观，参与教育和培训的农民及农民工并不是很多，而导致这一现象的主要原因在于时间和金钱。无论是农民还是农民工参加教育培训需要花费一定的时间，随之而来的是短期的经济损失，这对于本身并不富裕的农民和农民工而言是一个不小的损失，为此想要改善当前职业教育和培训现状，需要从根本上解决他们的后顾之忧，如建立并完善职业教育和培训补偿制度，通过补偿的方式让激发农民和农民工参与教育培训的积极性。

第二，建立职业教育培训反哺制度。在我国城乡发展道路上看，我国长期所走的城乡发展道路，在一定程度上属于乡村支持城市的方式，这也是导致目前城乡差距拉大的原因之一。随着我国社会经济的快速发展，城市得到较好发展，具备了对乡村的反哺能力，为此建立新型职业农民教育培训反哺制度也具有较大的可行性。从具体上讲，职业教育培训反哺制度主要体现在两个方面：第一，加大乡村财政扶持的力度，在财政方面给予乡村职业教育培训更多的支持；第二，加大教育培训的反哺，尤其是对新型职业农民以及返乡农民工。

（二）积极宣导，营造乡村振兴人才的成长环境

1. 通过政策宣传提高社会对职业农民的认识

在传统观念中"农民"是一种身份的象征，它代表着贫穷、落后，而这种传统的观念也深深影响着当代人对农民的看法，这也在一定程度上导致农民在我国的社会地位低下，这也是大部分年轻人不愿意从事农民行业的主要原因之一。当前，我国农村普遍存在一个现象，即农村孩子上学的主要目的是逃离农村生活现状。从当前我国职业教育发展现状来看，职业院校中的农业类专业基本上无人问津。无论是从人的社会观念角度，还是职业院校教育现状角度，加强对新型职业农民的舆论宣传工作刻不容缓。通过舆论宣传的方式，让更多的人正确认识新型职业农民，不断提升新型职业农民的社会地位。通过宣传让社会上更多的主体参与新型职业农民培育工作，如企业、非政府公益组织等。

2. 通过政策宣传提高农民对政策的知晓度

近年来随着我国社会经济的快速发展，大批农民工进城务工，然而近年来城市农民工过于饱和，出现了农民工就业难等社会问题，而农民工返乡在一定程度上可以缓解农民工城市就业难的问题，同时农民工返乡在一定程度上也为农村经济发展注入了大量的劳动力，此外对于农村闲置劳动力的解决也可以有效推动我农村精准扶贫工作的开展。为此将新型职业农民职业教育培训政策和农民工返乡创业结合在一起进行舆论宣传，能够最大程度上壮大新型职业农民队伍。

从整体上来讲，农民工返乡创业援助政策的宣传需要采用多渠道的宣传途径，同时采用多样化的宣传方式。通过这种多样化的宣传途径和方式能够在极大程度上提升农民工的创业意识和创业积极性。第一，肯定农民工返乡创业的重要性。当前社会对农民工返乡创业存在一定的歧视，为此政府要向全社会宣传农民工返乡的重要性，如农民工返乡创业可以推动新农村建设、增加农民收入水平、缩小城乡之间的差距等等。通过这样的宣传让社会对农民工返乡创业有一个正确的认识，也改变人们对农民偏执的看法。第二，通过抓创业典型的方式展开社会舆论宣传。对创业典型进行表彰与奖励不仅可以刺激更多农民工返乡创业，同时也可以在一定程度上改变农村"小富即安"的传统观念，焕发农民工创业激情。除此之外，通过这种方式也有助于形成农民工返乡创业文化。第三，注重对农民工返乡扶持政策的有效解读，让农民工全面了解相关返乡创业政策，如产业发展方向、创业商机等，从而使返乡农民工可以全面了解国家各方面的扶持政策，并从这些政策中找到属于自己的商机。

3. 通过政策宣传提升职业农民的吸引力

从某种意义上来讲，政策不仅具有一定的规范制约作用，同时也具有很好的激励作用。想要激发人们成为职业农民的动力，还需要从根本上调动人们的积极性，尤其是年轻人、返乡务工人员、大学生。而想要调动人们的积极性则需要国家制定相应的政策支持。通常情况下这些政策主要包含以下几个方面：税收减免、免费教育培训、财政支持等。此外，还要加强对政策的宣讲，让农民从根本上理解国家政策，从而主动积极投身于农业行业。

4. 通过宣传典型增强职业农民的获得感

加强典型职业农民案例的总结与宣传，在典型职业农民案例分享过程中，可以让其他职业农民看到希望，如收入水平以及社会地位水平的提升，从而坚定成为职业农民的信心，同时通过典型职业农民经典案例的宣传，也可以在一定程度上提升职业农民的社会地位，从而使职业农民在工作中获得一定的成就感和幸福感。

（三）强化监督，确保政策的有效执行

当前我国农业发展及改革进入了关键时期，为了保障我国农业供给侧改革的顺利实施，各级政府要引起高度重视，如政策改革、政策衔接、政策落实等。从某种程度上来讲，乡村振兴的关键在于农民自身，所以政策的制定与落实要紧紧围绕农民所关心的问题，如土地的流转、与农业相关的金融政策等各方面。各级政府部门之间通力合作，保障政策红利有效落实是实现乡村振兴的必要保障。然而在现实中由于各级政府部门之间的政策落实力度有所不同，导致部分扶持政策实施起来举步维艰，如金融政策等。针对这一情况，十分有必要强化扶持政策的监督机制，以此来保障各项扶持政策的有效实施。例如，在金融政策方面。地方政府结合当地乡村农民融资情况，强化对金融政策的监管，不断简化贷款手续，为农民提供更为便利的金融贷款服务。

另外还要加强乡村职业教育和培训的监督力度，保证所制定的各种职业教育培训制度能够顺利推广，同时也要加强对职业教育培训经费使用的监督力度，保证最终经费符合国家乡村职业教育和培训的标准。除此之外，目前我国新型职业农民培育工作所采用的是差异化原则，各级政府结合当地的实际情况，在培训对象的侧重点也有所不同，如劳务输出大省中返乡农民工是其新型职业农民培育的主要对象，为此新型职业农民职业教育培训政策的制定更加偏向于这一群体。而东部沿海城市，由于经济相对发达，外出务工的农民工人数相对较少，为此当地

农民、大学生是新型职业农民职业教育培训的主要对象，该地区所制定的职业农民教育培训政策则更加倾向于此类人群。对此也应当加强对此方面的监督，鼓励各级政府采用差异化的扶持政策。此外随着互联网技术融入新型职业农民教育培训体系，职业农民无论是在报名参加教育培训，还是参加学历提升考试等方面都离不开互联网，所以十分有必要加强对互联网教育培训的监督力度，不断提升互联网职业教育和培训质量。在强化监督过程中，还要对职业农民培训经费用途进行监督，做到专款专用，为职业农民教育培训创造良好的环境。

（四）加强统筹，完善和健全政策体系

1. 乡村振兴人才培育的环境支持体系

目前乡村建设已成为我国社会主义发展的重要内容，习近平主席也曾多次对乡村振兴做出指示，并强调基础设施建设在乡村振兴中的重要性，加强乡村基础设施建设，实现城乡互通互联是实现乡村振兴的前提与基础。为了推动我国乡村基础设施建设，国家出台了《乡村振兴战略规划（2018—2022年）》法律条文，在该法律条文中对我国乡村基础设施建设的任务以及方向进行了全面解释，通过法律的形式保障我国乡村基础设施建设。[①] 乡村基础设施建设现状成为制约我国城乡融合发展的关键因素，为此在推动城乡融合发展过程中应努力攻克这一难题，逐渐解决城乡基础设施建设不均衡的问题。目前我国乡村基础设施建设不完善主要体现在以下几个方面：第一，乡村农业基础设施在数量和质量方面都存在严重问题，无法有效推动我国乡村经济的全面发展。从具体上来讲，目前我国各级政府虽然已经开始重视乡村基础设施建设，然而乡村基础设施建设的侧重点主要集中在电力、道路等生产生活方面，而缺乏互联网等人文基础设施建设，这在一定程度上降低了乡村人们的生活质量。第二，农村基础设管理维护机制不健全。虽然我国乡村基础设施得到了一定程度的完善，然而缺乏定期管理与维护，导致乡村基础设施的长远效能未能实现。我们以乡村公路基础设施为例进行深入分析，目前我国建设较早的乡村公路基础设施的建设标准并不是很高，这在一定程度上导致乡村公路基础设施的抗自然灾害能力下降，此外部分乡村公路基础设施缺乏相应的安全设施，加之公路基础设施维护不到位，从而使乡村公路基础设施无法发挥其长远功效。

无论是中央政府还是地方政府在进行乡村基础设施建设过程中，是重要坚持"城乡融合""互联互通"的原则，从宏观上把控乡村基础设施建设，使其成为城

---

① 中共中央，国务院. 乡村振兴战略规划（2018—2022年）.2018.http：//www.gov.cn/zhengce/2018-09/26/content_5325534.htm

乡融合发展的有力保障。第一，提升城市参与乡村基础设施建设的积极性，双方共同构建科学合理的城乡基础设施红利分配机制。第二，加强财政扶持力度。在城乡基础设施建设过程中，要对乡村基础设施中的短板进行全面了解，与此同时还要结合乡村发展的实际需要，对乡村基础设施建设类别进行精准安排，在充分分析这两方面的基础上，加大政府财政支持力度。第三，加强农村互联网基础设施建设。各级政府在进行乡村基础设施建设过程中应结合地方互联网基础设施的实际情况，有计划有步骤地开展乡村互联网基础设施建设，为乡村职业教育和培训疏通最后关节。从具体上来讲，乡村互联网基础设施建设主要从以下方面改善：首先，完善信息化结构体系，将互联网从城市延伸至乡镇再延伸至农村，大大提升网络在乡村的覆盖范围，不断提升农村的信息化程度。其次，快速推动乡村电子商务的发展，积极构建乡村农产品网络销售体系。随着自媒体的快速发展，网络销售逐渐成为当下较为流行的销售方式，为此在推动城乡融合发展过程中，可以充分利用新媒体传播的优势，加大对新型职业农民网络教育和网络技术培训。最后，各地政府还要结合当地的实际情况培养一支高素质的农民队伍，为城乡融合发展提供有力支持。具体而言，乡村高素质农民队伍的培育工作应以县域为单位，通过建立农民培训数据库的方式，准确掌握当地农民的培训需求，并在此基础上不断完善农村职业教育培训体系。

2. 乡村振兴人才培育的资金支持体系

首先，在基础设施方面要加强投入力度。乡村振兴离不开便利的交通，充足的水电天然气资源以及便捷的通信设施，政府要加大在高速公路、水电气资源和通信方面的投入力度，做到在设施方面不拖后腿，将农村的发展设施建好就更能吸引更多投资商的投入，同时也能起到吸引外出打工的农民工尤其是高素质人员回到家乡生产生活，成长为新型的职业农民队伍，建设美丽乡村。

其次，在资金方面政府也要加强投入。可以将下拨的财政资金按照用途分类，专款专用，尤其是在教育培训方面，不光要搞好学校教育，也要将职业培训和技能培训放在重要地位。比如，有一些农民工要回乡创业，政府可以在资金、技术、政策上予以补贴，减免一些税费，简化贷款手续，具体的也可以将农民创业的规模、性质和类型进行划分，设置不同的贷款额度。在教育培训方面可以在一些农业方面的专业进行免费的培训，如果有提升学历打算学习农业专业的农民可以免除他们的学费等，另外设置一些专项的奖学金和助学金补贴农民日常生活。同时也可以定期给农民免费培训农业方面的知识，接受让农民参加培训的企业可以享受一些贷款上的政策优惠，提高大家的积极性。

第三，如果政府因为各种原因无法为农民提供免费的培训，如经费不足的情况下，可以根据情况建立起政府主导的、企业资助、社会参与和个人承担相结合的职业培训融资体系，谁受益谁负担，这种多方配合的体系更能保障资金的顺利到位，同时也可以推动更多的利益方参与组织。

第四，在税收上让农民享受一些优惠。可以实行一些比如说在农民创业的前期减免一些税收，农民创业的企业或者相关事业也可以提供优惠，比如在他获利之前不征收所得税等，减少他们的压力。

第五，拓宽农村的融资渠道。可以制定相关金融政策鼓励一些商业银行在农村加大网点的投设力度，为农民服务，设置一些便于农民的金融产品，或者也可以开放一些民间信贷，放宽抵押担保的设置，促进农民融资。同时也要将一些民间资本吸引到农村的教育上，尤其是农业的职业性教育，促进农村的健康稳定发展。

3. 乡村振兴人才培育的法律支持体系

乡村的振兴依靠政府的支持，但是政府为支持农村所颁布的政策法令一样要在法律的保护体系内才可以顺利实行。虽然每年政府都制定出台了很多的利农政策和法令，但是由于一些客观原因一些政策的实行过程并不顺利，不能真正落实到位，这样农民的创业工作还是处于困难阶段，其实一大部分原因就是这些政策没有相关法律的支持和保护，纵观其他做的成功的国家，鼓励农业发展必然会有完善的农民教育培训立法体系支持。

为了顺利推动乡村振兴，保障农民的培育教育工作的进行，首先，要尽快制定相关的法律和法规加以支持，完善立法规范，对涉及农业和农民创业方面的问题进行全面的规范。我国国土面积庞大，全国共有将近9亿的农民，不同区域的乡村在经济、环境、教育、政策等方面都有不同，因此要根据农民和农业的特点、所在区域的政策和经济等方面制定不同的法规政策，对农民创业的用地、资金和教育等方面制定具体的实施细则，对于农民的创业企业规模和类型也规范好政策的支持细则，打造完善良好的社会环境和法律依据。

其次，乡村振兴，土地仍然是重中之重，土地的流转工作也制约着农村创业的发展，要在土地流转的法律法规方面做好调研和规范，推动农业规模化经营。根据调查，我国现阶段的农村土地流转仍然处在农民的自发阶段，流转的协议仅仅是口头的协议，缺乏组织和管理，不利于土地的科学化管理，也容易带来后期的纠纷，因此要加快出台土地流转的制度和土地承包经营的入股制度，规范好土地的使用权，推动土地的规模化经营。

4. 乡村振兴人才培育的多元共育支持体系

人才是乡村振兴的关键性因素，要加快乡村振兴人才的培育。而人才的培育离不开政府、社会、企业的多方面协作努力。

首先，在制度上要加以完善，建立起地方性政府统筹协调，各部门分工合作的领导机制体制。在实行农民培训工作之前，政府首先要下到基层进行实地考察调研，摸清当地的实际情况尤其是农民的培训基础等，对农民的培训效果有一定的评估，然后根据情况做统一部署。为培育人才，政府可以在当地建立人才培养的孵化基地，地点可以选取当地的特色优秀企业或者家庭农场，同时和农广校、职业院校、相关的培训机构签订校企合作培育乡村振兴人才的管理办法，明确校企的各方责任和义务。政府也要根据当地的具体情况比如经济基础、产业结构、农民规模和层次来确定培训的规模和要求，根据当地的真实现状和需求进行资源的合理配置，调整优化培训机构的布局，根据培训机构的层次和培训的内容进行衔接和互补。

其次，政府将乡村振兴人才培育的培训工作公开，要求各个培训机构、农业组织和协会以及农民各相关利益主体参与进来，共同商议培育的目标、内容、方式和评价等培训的各个环节规范，同时也要确保政策规范的公开透明，接受社会和政府的监督，调动社会各界对农民培育工作的支持，最终形成既开放又规范，既灵活又有序的农民培育模式，共同推动乡村人才的培育。政府、学校、企业三方作为农民人才培育的主要力量要做好协作分工，政府对于培训可以作为投资方，学校是培训理论知识的主要场所，负责人才素质的提高，而企业可以作为校外的实训基地，可以进行现场教学、观摩体验和创业孵化等过程的培训。学校和企业要对人才的需求进行调研，根据需求制定培训的方案和内容，共同促进培训工作的推进。当然，企业有很多实干型人才，可以对农民培训后的实干指导服务，提高其创业的成功率。

第三节　乡村振兴高校大有可为

一、高校科学研究支撑乡村振兴

高校在农业上的科学研究是推动乡村可以创新的主动力，高校要肩负起乡村振兴科技创新的方向和着力点调整，乡村振兴也需要科技产业和金融等方面的支持,这些也是科技创新的重要力量,而高校可以作为示范性的典型,引导这些主体加快关键技术和创新科技的建立,引领农业的创新,推动农村农业高质量的发展。高校要不断提升科技对农业的效益提升力量,同时加快农村生态环境的改善,加快效率,全面支持乡村振兴和加快农业农村现代化的步伐。

(一)科技支撑乡村振兴的目标和策略

1. 科技支撑乡村振兴的目标

作为乡村科技振兴的主体,高校的责任十分重大。高校要率先解决制约农村农业发展的一系列技术问题,同时致力于新技术的研发工作,尽快研制出既创新又实用的科技成果。同时,根据农业农村的实际情况,制定出适合当地循环发展的经营模式,先打造一批示范的村镇,引导更多的乡村投入进来。同时在乡村振兴的法律法规方面,高校也要建立起乡村科技振兴的制度支持,全方位对农业现代化的品种、装备、产品和技术以及模式等提供支持。

相信经过高校的科技支持,农业的生产效率会得到提高,农村农业的科技创新实力会得到发展,农村的现代化水平会得到提高,农民的生活会得到更好的改善,实现乡村的振兴目标,走向现代化的道路。

2. 科技支撑乡村振兴的策略

(1)坚持问题导向

根据乡村振兴出现的关键性问题和典型问题要加以重视,比如说比较关键的成本问题、质量安全问题、生态环保等问题,要做好技术上的攻克,做到农村的生产力和资源环境承载力与农民生活的需求相匹配。

(2)坚持目标引领

乡村振兴的主要目标在于产品的技术发展和解决、绿色产品的开发、优质农产品的生产等等,高校要做好农产品科技的研发,尽快将研发的成果转投到实际的生产当中,推动乡村振兴的科技发展。

(3)坚持联合协作

在体制机制方面,政府要做好与社会各界科技创新主体的分配工作,推动企业高校或者各类科技创新主体在技术创新上的不同作用发挥,创新协作,共同发力,共同推动乡村振兴工作的展开。

(4)坚持分类施策

政府和高校要根据不同的资源分配、区域特点、生态环境、农业基础、农民素质等乡村之间的差异,实施不同的技术、法律、政策和资源的倾斜,因地制宜,发展特色乡村产业，平衡乡村发展。

（二）提升前沿科学与技术水平支撑乡村振兴

1. 科技支撑乡村振兴战略实施的任务

创新科技是乡村振兴的主要推动力，只有农村的科技进步，乡村振兴才可以有实际的支撑。乡村振兴的思路是围绕推进农业供给侧结构性改革，促进高质量发展，同时粮食、生态、食品的安全是关键环节，要通过先建立一批示范性的创新基地和乡镇，带动其他地区的创新发展，最终形成辐射效应，实现全面振兴。

（1）突破一批重大基础理论问题

高校在科技创新的同时要将着眼点放到农业科技前沿问题的解决上，在农业基础理论方面予以支持，重点放到基因组学、合成生物学、智慧农业、农业物联网、农业废弃物资源化利用等方面，形成基础的理论知识，为农业的科技创新打下理论基础。

（2）创新一批关键核心技术和装备

农业农作物的生产和发展史制约农业发展的关键问题，比如说作物的改良、病虫害的预防和控制、农产品的食品安全、农业机械设施的改造升级等等，掌握这些核心技术，就解决了我国农业在产业转型上的瓶颈问题，推动我国农业向现代化转型，为乡村振兴提供科技支撑。

（3）集成应用一批科技成果和技术模式

农业科技成果研发成功，在投入生产使用后，要加快科技和产品的市场化推广，加快成果的批量投入使用，在活跃市场的同时也可以推动更多区域的乡村发展。加快科技成果的集约化和转化率，在农产品方面转化一些经济性突出的作物，比如食用粮、棉花、油等，在一些适宜的地区研发新的品种，比如说平原地区的蔬菜、山区地带的果树、丘陵地带的茶叶、沿海地带的水产品等。另外在农业机械和资源方面也要加快研发，重点转化一些化肥、疫苗、农药、兽药以及农业机械等新科技产品，在作物病虫害、牲畜家禽的疫病防治、高产高质的农作物种植、农产品加工、水土资源节约利用、农业废弃物回收循环等一些重点技术上加强支持，在各个环节增强农业的竞争力，真正帮助农民增产增收，实现生活富裕。

（4）打造一批乡村振兴的科技引领示范区

乡村振兴也要遵循生产、生活和生态共赢的基本导向。要根据不同地区发展条件的不同，比如环境的承载能力、经济基础、生态环境等等，探索出一条生产和生态共同发展的道路。针对当前的农村环境问题，要不断摸索实验，找出科学与可持续发展的方法和路径,同时这条路径又是可以大面积推广和复制的,也要有相应的体制机制支撑,将乡村的主导产业和资源的保护以及三产融合的三方面内容当作重点去攻克,科技带头引领,农业产业化集群发展,最终实现乡村振兴。

(5)做好实用技术、专业技能和创业培训

高校的科技产品研制成功后,要加强农业相关人员人才的培养和培训,积极宣传新技术的效果,让更多的农民走进职业农民的生涯,村干部起到带头作用,投身新技术的学习和培训,调动农民生产生活的积极性,提高农民的综合素质,增强创新意识和合作的精神,壮大新型农民的队伍。

2.科技支撑乡村振兴方向

(1)国家政府重视项目建设

乡村振兴不是一个区域的事业,是全国性的事业,因此要在地区形成合力,省市的政府要引导科技创新逐渐形成区域性的大项目。针对核心技术的研发,要放在基因编辑、合成生物等方面,形成精尖科技的技术集成。

(2)用技术生产战略产品

在关键农作物的研发尤其是绿色超级稻、优质节水小麦等方面加强重视,粮食生产不能靠天,更要依靠技术,致力于攻克核心的农作物问题,形成强大的农产品国际竞争力。

(3)科技产品有效供给

加强科技创新的基地建设,对于研发出的新成果能尽快投入使用,加快技术的推广和使用等。

3.加强科技前沿和核心技术创新

(1)基础前沿技术领域研究

①重大战略任务研究

农业科技的研发要向世界的科学前沿水平看齐,同时兼顾农业农民的真正需求,寻找符合未来科技发展的趋势,增强产品的核心竞争力,这是我国现阶段农业发展的重大战略任务。从农作物的育种、病虫害的防控、农业资源的高效利用、农产品的质量安全、农业合成生物、农业人工智能技术等等前沿技术上加强研发力度,辐射到农业生产销售和可持续发展的各个环节,带动整个农业现代化的发展,做好具有前瞻性和战略性的前沿技术的实施。

国家要做好基础研究重点方向的部署,对重大的科学突破的研究和成果要予以各方面的鼓励和支持,最终实现在世界科学技术发展竞争力上的提高。乡村振兴的发展要注意几点:质量、绿色、融合和创新,形成可持续性的发展。为了达到"藏粮于技"的目标，要在新品种、新产品、新装备等方面进行强化。

（2）重大基础理论研究

农业的重大基础理论研究包括农产品安全质量、供给的保障、可持续发展等方面，解决了这些基础的理论研究，就可以进一步开展农业生物遗传、基因编辑、病虫害防控、疫病的防控和治疗、农业资源的利用和回收、生态环境保护以及乡村治理等方面得到解决。要推动大数据，新材料、人工智能和农业农村的结合，实现农业的科技化发展。

（3）关键核心技术研究

①大宗农产品方面

农产品的技术研发方向是节约成本、增加效益，同时研发的作物在保证质量的同时也要保证安全，符合绿色发展的标准。在动植物水产品的技术方面，也要遵循高产高效的原则，同时也要保证作物适合机械化作业。另外涉及的其他技术要求，像优质作物种植和水产畜禽的养殖技术也要创新，如土壤的利用和翻新技术、水产品生态化养殖和生物资源的高效利用技术。在农药使用方面，低毒、低残留的生物农药是研发的重点，同时配套的施药技术如喷洒农药的机械也要达到提高农药使用的效率和吸收的效率，在畜禽养殖方面，需要提高畜禽的免疫力，实施精准用药的技术。在农产品的保险、加工、运输方面提高效率和技术水平，保证绿色生产、绿色销售。

②名特优新产品方面

新产品的研发要向着提高产品品质和效益、绿色环保的方向出发，选育的农作物或者畜禽水产的品种要有品质优良、有市场价值、便于加工、有特色，同时相应的加工技术和设备也要更新换代，在产品贮藏保鲜方面不断提高技术水平。对于传统的食品可以通过提高加工技术、研发新口味和特色、提高储运的工艺的方向进行改善升级。

③新产业新业态培育方面

继续开发农业的新项目，在发展第一产业的同时也可以融合第三产业的发展，打造特色农业农村，将农业和休闲娱乐、教育文化、健康养生等现代流行的发展理念相结合，打造观光农业、休闲农业、创意农业，形成良好的农业生态。由此，可以选择一些适合休闲农业种植的作物或者禽畜水产养殖，提高智能感知和养殖的技术，对于具有特色的农业手工艺品要加强加工的技术。对于农业废弃物的处理要做到无害化和可持续循环利用，围绕农业开展餐饮、娱乐、电商等生态系统的技术研发和模式钢芯，利用大数据平台将农业农村推广出去，打造品牌效应，走特色农业发展道路。

④现代工程技术等创新方面

农业的绿色发展不会只走一种模式,要结合实际情况研发出多种模式并存的体系。加大农业自主创新的力度,建成绿色宜居的城镇,形成蓝色粮仓。高校要根据当前农业的发展需求,不断提高原始的创新能力,在源头上给予科技的供给。在一些农业关键领域形成自己的竞争优势,在农业重大科技和前沿技术方面不断加强布局,抢占先机。

(3)学科交叉与融合技术

高校要加强组织的力量,专门针对农业的关键问题展开研究,尤其是在转基因新品种和种业方面加大创新力度,不断研发新的品种。农业的产品供给、绿色发展、生物制造、智慧乡村建设的方面要归位重点的研发项目,政府也要大力支持,予以政策倾斜,学校和企业要相互协作,三方面共同推动技术的发展。

①在核心关键技术与装备方面

科技之间要加强融合,尤其是农业和各项技术的结合,例如生物技术、信息技术、工程技术等,在育种、标准化生产、农业大数据和农业信息化数据化的升级方面进行整合研究。

②在智能发展和技术变革方面

高校拥有农业多学科、技术综合性强的技术研发优势,可以将研发的着力点放到信息技术、生物技术、新材料、新能源的技术研发等方面,实现学科之间的交叉融合,最终推动农业的智能化发展。农业的发展要走可持续化的发展道路,因此高校要支持引导信息化的智能农业发展,利用技术推动农业制造和生物研发,探索新的发展模式。

(4)乡村振兴的战略研究

①为国家政策制定提供理论支撑方面

建立现代化农村农业是有目标和有方向的,农业要求产业兴旺,农村生活要求生态宜居、管理科学、生活富裕,这些都是国家战略性的问题,政府要加强政策研究。

要加强国家重点实验室的建立和布局,将基因编辑技术、合成生物以及干细胞技术、纳米技术等最前沿的技术作为重点项目去研发,为了鼓励技术的研发,国家可以将技术创新中心、工程技术研究中心的目标和专业化农业技术中心挂钩,推动技术的发展。

②为乡村振兴战略实施提供理论支撑方面

为乡村振兴建立高端智库。推动高校专业技术人员下乡进行农村调研，聚焦农村发展的关键问题以及一些热点问题，重新规划发展的重点和细节。关于乡村的治理、生态的建设、乡村文化的发展以及涉及乡村民生问题的关键要做到理论与实践的结合，在政策上和技术上予以支持，同时也要在理论上为乡村振兴提供帮助。

（三）技术创新支撑乡村振兴

1. 在加强科学技术引领示范方面

高校在技术创新方面支持乡村技术的突破，尤其是事关农业农村发展的关键性瓶颈问题。高校之间、高校和企业之间、高校和政府之间可以相互协作，共同攻克技术难题，加强技术引领示范作用，达到农民增收、资源合理利用、环境保护、产业振兴、可持续发展的目标。

（1）在强化技术模式集成示范方面

①在重要农产品主产区

粮食是国家基本的战略性资源，因此针对粮食等重要的农产品问题上要不遗余力的创新技术，集成发展，在农作物的优势产区比如说小麦、玉米、水稻、大豆、油菜、棉花、糖料、蔬菜、畜禽、水产品等地区进行农产品的产能升级工作，加大科技投入力度，形成优质绿色产品的技术模式。

②在特色优势农产品产区

特色农产品是提高农业优势地位的重要资料，针对传统的特色产业要进行产业的升级，这些优势产业包括茶叶、烟草、果蔬、中草药、香料、水产品等等，打造特色优势产业的集成推广项目，利用科技创新产业升级突出优势产业的效益。

③在典型生态区

我国幅员辽阔，各地发展的环境不同，优势产业和产业特色并不相同，为了响应可持续发展的战略，不同地区可以沿着新农林文旅发展的新思路，打造自己的特色农业文化旅游项目，比如说，北方可以发展"四位一体"生态模式，南方利用地理和气候优势开展"猪—沼—果"循环模式，在广大的游牧区进行退耕还林还草、农牧交错带退耕还草模式，南方经济林林下经济模式、热区稻田绿色增效技术模式等等，利用不同的环境生态，既可以将区域内的农产品进行升级换代，提高质量，形成生态绿色的可持续发展模式，又可以利用农业文化吸引更多的游客观光，带来更多的经济效益。

（2）在打造乡村振兴科技示范村镇方面
①打造产业升级发展示范村（镇）

依托农业高新技术产业示范区等，建设一批推动我国农业农村产业升级发展的科技引领示范村（镇）。依托国家农业高新技术产业示范区、国家现代农业产业科技创新中心等已有的国家级农业科技产业平台发展基础、科技优势和产业聚集效应，进一步完善金融、政策支持农业高技术产业发展机制，加快推动农业高新技术成果在示范区转化落地。探索乡村农业产业创新驱动发展路径，培育一批与乡村产业发展紧密融合的创新型农业企业，引领乡村产业向高层次发展，产业结构优化提升，形成具有竞争优势的农业高新技术产业集群，成为区域经济发展与产业升级的助推器。

②打造绿色发展示范村（镇）

依托国家农业可持续发展试验示范区，建设一批推动我国农业绿色发展的科技引领示范村（镇），依托国家农业可持续发展试验示范区及农业绿色发展先行先试区，以质量兴农、绿色兴农、生态优先为导向，围绕农业产业与资源节约、环境友好、生态保育的协调发展，重点推进农业绿色生产、农业资源保护与节约利用、产地环境保护与治理、农业生态系统养护修复等方面的技术创新、机制创新、成果转化推广，凝练总结可复制、可推广的农业绿色发展技术模式，打造一批技术创新能力突出、技术推广水平领先、技术应用效益显著、模式辐射带动有力的科技引领示范村（镇）。

③打造质量效益竞争力提升的示范村（镇）

依托特色农产品优势区等，建设一批推动我国农业农村质量效益竞争力提升的科技引领示范村（镇）。依托农业竞争力提升科技行动示范县、中国美丽休闲乡村等已有基础，按照质量兴农、绿色兴农、效益优先的要求，聚焦区域优势农产品和农业多功能性，以产学研协同、一体化攻关的科技创新联合体为单元，围绕主导品种、主推技术和种养机具等的系统集成和生态环境养护修复、休闲农业、生态观光农业技术集成与示范，推广应用节本降耗提质增效、绿色生产和循环利用等技术模式，打造一批与当地农业资源禀赋和发展主流方向深度融合的创新驱动增长点，推动形成一批综合竞争力显著、质量效益同步提升、生态环境优美、产业功能多元、文化内涵丰富、农民收入明显增加、科技支撑保障有力的科技引领示范村。

2.在加强技术支撑体系创新方面

高校科技创新要面向国家粮食安全、食品安全与生态安全等重大战略需求，在大宗重要农产品安全生产供给、农业资源高效利用、农产品质量安全控制、食品健康与营养、农业装备现代化和信息化改造、农产品创新性利用等领域加强创新研究，形成技术支撑体系。

（1）现代农业产业关键技术创新支撑乡村振兴

当今农业的竞争不只是农产品的竞争，更是农业科技的竞争，要加快提升我国的农业核心竞争力，在前沿的农业科技方面，比如育种、生物制造、农业标准化生产、农业的大数据收集等等形成优势的科技产业链条，只有掌握核心的关键技术，才能在国际竞争中占有一席之地。针对关系国计民生的农作物、畜牧业、林业、渔业等进行技术上的突破，运用科技支撑起关键产业的发展。

（2）农业生态安全科技创新支撑乡村振兴

建立良好的乡村生态环境，良好的农业生态环境，就要从科技上不断努力，运用科技改善人们的居住环境，最终建立起一个循环发展、节约能源资源、新型现代化乡村，将绿色生活融入乡村。

美丽乡村的建设离不开高校的力量，为了建立更加宜居的农村环境，针对农村中的关键问题，比如农村的垃圾处理、污水排放以及村容村貌等问题，高校要开展调研和研究，解决这些热点问题，最终提高农村的居住环境质量。高校经过和当地地方政府的合作，根据调研结果，结合市场的反馈，优先成立一批特色科技成果推动乡村农产品发展的示范基地，树立起科技支撑"一县一业"的发展典型，让更多人的乡村看到实际的效益，让一部分乡村先行动起来，带动周边的区域投入进来，形成辐射的效果，最终共同发展。

（3）乡村振兴的科技服务体系

①建设高校乡村振兴示范基地

学校和地方、学校和企业的联合共建是目前高校为农业服务的重要方式。在帮助乡村振兴的过程中，新型基地的建设是一种重要的方式，选择优势区域，高校联合当地可以建立起粮食生产基地、农产品保护基地和特色的农产品优势区等，在这些基地中，高校可以更好地开展农业方面的技术研发和产品的试验，建立农业的特色示范区域，形成科技创新的乡村振兴基地，带动其他地区的发展。

②加强乡村振兴服务基地建设

利用现阶段十分先进的"互联网+"模式，依托高校打造的农村发展的研究院，利用好现代的信息技术，高校可以在这些打造好的试验区域内进行农产品的生产和保护、研发以及推广，再与政府和优秀的企业进行合作，进行人才的培养和科技成果的转化，形成长效的高校和政府以及企业合作的推广、育人机制。

③建设高校乡村振兴科技服务联盟

从以往的经验和全国的形势来看,乡村振兴的科技成果转化使用的方向基本体现在这几个主体形式上:农村系统的农业技术推广体系、高校的农业发展研究院、科技特派员、供销总社的合作社、一些农业科技协会等等,当然,这其中最重要的使用主体是新农村发展研究院,因此要尽力发挥好这些主体尤其是新农村发展研究院的作用,尽快通过这些渠道将成果投入到实际的农业发展中去。

作为大学科技服务体系的重要组成部分,新农村发展研究院要不断发挥自己的作用,承担起科学研发、人才培养、社会服务等各项重要职能,和高校以及政府的合作中,建立起农业、科技、教学等相互联合的农村综合服务模式。要尽力瞄准农村的重大产业问题,进行技术的攻关和推广转化。解决关系全球人类安全的粮食问题、环境问题、健康问题以及可持续发展等,同时也要致力于农村农业发展和农村脱贫的问题,不断寻找新的解决方案,为乡村振兴贡献源源不断的动力。

国家层面则要考虑整体的布局问题,要完善乡村振兴的目标制定和科技创新的布局,重点关照高校的科技发展,用高校的科技支撑起乡村振兴的实现。

二、高校成果推广转化支撑乡村振兴

(一)大学激励科技成果研发的机制创新

一项科技成果的研发也只是成功了一半,接下来还需要十分关键的一环就是科技成果的转化,科技只有成功转化为市场的成果才能真正推动经济的发展,实现科技研发的目的。大学是国家科技创新的重要动力,在乡村振兴的创新环节中,大学的科技成果只有成功转化,才能更好地推动乡村振兴的发展。

1. 大学科技成果产权机制的探索

(1) 产权激励上的"名义价格"

高校采取事中赋权的产权激励政策,在科研人员研发的科技成果转化成功之前,科研人员拥有成果的所有权和长期的使用权,另外,在成果转化成功之后,科研人员可以以名义的价格"一元"进行分割所有权,并且进入学校的财务账册。按照传统的经验来看,科技成果转化进行作价投资的时候,如果要进行产权激励,在后期的评估中会出现新的问题,比如说财务没有办法出具发票,这会影响科研人员和持股单位的税收递延办理。所以新实施的这种名义价格产权转让可以有效避免这种情况。

(2)大学持股上的"产股等同"

大学在作价投资的过程中，在以"名义价格"分别向大学知识产权管理有限公司和科研人员转让时，按照40%、60%的比例协议定价进行转让，而后按照同比例的评估价格进行股份持有。在部分产权激励和事中产权激励交叉的情形下，大学将继续探索由此形成的大学和公司财务记账、税收递延、国资备案等程序，以期进一步形成相对稳定的"产股等同"科技成果作价投资路径。

(3)知识产权权属共有机制

高校应建立知识产权权属共有的激励制度，对于利用学校物质条件所完成的发明创造，学校可在申请专利前与发明人约定由学校和发明人双方共同申请和享有授权后的专利权或者相关知识产权的比例，以便在后期的科技成果转化过程中，减少操作流程，为成果转化赢得更多的时间和有利的时机。

在部分产权激励和事中产权激励交叉的前提下，将科技成果以名义价格向科研人员按照比例进行产权转让，大学通过鼓励科研人员创业时试着将部分产权（70%或80%）直接奖励给科研人员，在试点过程中，将进一步与税务部门、产权交易机构进行沟通，疏通"部分产权"激励的通道。大学通过全部或部分产权激励的创新，鼓励科研人员将职务科技成果采用转让、增资等方式交由科研人员的创业企业使用，从而促进科研人员创业企业的阳光化。大学实施"科技成果直通"把即将失效的科技成果向全部科技成果延伸，将对科研人员"直通"的时间段进一步延长，从而赋予科研人员对于科技成果的长期使用权。

2. 股权奖励机制创新

针对科技成果形成的资金来源和维护需求，分门别类地进行产权激励或长期使用权的赋予。对于来自企业、其他社会组织的委托项目，允许按照合同约定将成果进行产权和使用权的奖励和激励；合同未约定的，赋予科研人员所有权或长期使用权。对利用财政资金形成的职务科技成果，赋予科研人员部分所有权或长期使用权。各类科技成果的激励实施均需由科研人员与学校签订激励协议，约定权利和义务。对于本方案实施后形成的职务科技成果，科研人员可与学校签署职务科技成果激励协议，对于横向项目成果，可选择全部产权激励、部分产权激励或长期使用权激励；对于纵向项目成果，可选择部分产权激励或长期使用权激励。对于需要申请知识产权证书的，根据激励协议的约定确认权利人。

在科研人员有依托学校品牌需求并选择部分产权激励或本方案实施前已经将权属确认给学校而进行部分产权激励的，参照学校科技成果转让或许可的收益奖励比例，对于学校出资维护的专利权、软件著作权、专有技术、动植物新品种等，在完成人实施过程中按照 70% 的比例向科研人员转让所有权；对于科研人员自筹经费维护的知识产权，在完成人实施过程中按照 80% 的比例向科研人员转让所有权；对于以学校持股公司进行作价投资的各类科技成果，统一按照 60% 的比例向科研人员转让所有权。

3. 激励评价机制创新

科技成果的转化工作十分重要，是实现成果效益的关键环节，因此高校可以将转化的工作作为考核研发人员的考核绩效范围。科技成果转让给企业，学校入股企业可以将科技成果作为入股的部分估值，政府如果对企业有科技资金方面的支持，学校也要感召所占股份折算价值。如果入股企业经济效益好，想要增资扩股，学校部分的股权也要增值，当然，在激励研发人员方面，企业如果收益，学校也要将这部分收益作为评价研发人员的重要依据，为研发人员的工资评定、奖金、职称评定等增加新的评价标准，这样就可以很好地调动科研人员的研发积极性和主动性。

大学要将传统的考核评价机制升级改革，对于特定的科技成果转化的管理岗位也要进行绩效评定考核，这样既可以提高科研人员的积极性，更加专注于科研成果的研发，也对科技成果的转化管理人员的积极性起到推动作用，专注于将成果尽快地推进转化，更早的实现效益。另外，对于科技成果的研发人员所在的院系的领导阶层，也要将成果研发转化纳入他们的绩效考核中，为科技成果的研发和转化提供更多便利，全校上下形成良好的科技创新氛围。

大学也可以和社会资本或者政府合作，成立科技成果转化基金或风险基金，吸收社会上的投资，建立起为科技成果转化的风险担保和资金来源渠道，实现双赢。根据成果研发和转化的阶段，建立起不同程度和规模的平台和基地，经历小试、中试、工业性试验和工程化开发平台以及产业化基地，进行产业的直接对接，降低转化的风险。

针对科技成果转化和产业化发展的问题，可以通过相应的激励措施，开发新的工作流程，建立起一支专业的队伍，专门针对一些有价值、有市场、有前景的科技成果进行市场调研和挖掘，不断开拓新的经济增长点，推动更多的企业走科技创新的道路，促进建立一流的大学和一流的学科，最终推动我国的创新发展。

（二）建立科技成果转化示范县、村

高校为了全面实现科研成果的转化和经济效益的实现，可以通过建立科技成果转化示范县、村的方式。示范县和村的组成成员可以选择优秀的农业技术推广

机构和新型的农业经营者进行合作，共同形成新的示范县或者示范村，在建村的过程中，大学可以和地方政府相互合作，在教育、医疗、文化、交通、生态等各方面全方位地推动区域内的综合发展，可以孵化出一批优秀的乡镇企业，带动示范县和示范村的全面发展。

（三）服务农业农村创新创业

为了鼓励更多项目支持乡村振兴，从科技层面技术层面推动乡村科技的进步，大学的科技园或者创新创业基地要积极开展农业的创新项目，政府可以鼓励高校和乡村合作，建立一批乡村振兴的创业创新基地，让更多的优秀师生和技术人员为乡村振兴出力。

三、高校乡村振兴人才培养

乡村振兴的关键也在于人才的培养，要加大人才的培养力度，完善乡村振兴培养模式，在教育教学方面，推动理论和实践的结合，培养出的人才不光懂理论，也要会实践，能下地，同时打造出不同的乡村人才体系，壮大人才队伍，真正解决乡村振兴人才短缺的问题。

乡村振兴人才培养体系的建立，首先要在学科上推动其专业发展。大学中涉及农业的专业学科很多，包括农学、食品科学与工程、环境科学等等，这些学科也可以和生命科学、信息科学和社会科学相融合，同时将涉农的专业进行升级改造。加大新型专业的建设力度，最终推动生物技术、智慧农业、休闲农业、互联网农业的发展，包括新材料和新能源的学科发展，最终形成完善的农业学科体系。

（一）创新乡村振兴人才培养模式

乡村振兴目前最紧缺的人才是关于创新和复合型实用人才。所以，在高校的人才培养中要以培养复合型实用创新人才为目标，利用高校的丰富知识和技术，推动教学的改革和创新，将学科之间进行融合借鉴，同时在培养人才理论知识的同时，也要加强实践能力的培训，可以建立投入实践的产学研实验班，在教学模式和方法上进行革新。关于高校师资队伍的建设，学校和政府要大力引进优秀的师资，可以和企业或者有经验的高素质农民结合，聘请综合实力高的老师或者技术人员到学校讲学，给学生培训，同时加大对教学资源的投入力度，培养新的农业现代化接班人。高校也可以针对研究生学历的涉农方面专业学位的培养模式进行革新，适当的扩大农业硕士的培养规模，为乡村振兴培养更多的高端人才，鼓励青年人才扎根乡村，服务农业。

在乡村振兴的基层人才培养方面，也要提高高校的培训能力，因为基层的培训老师主力就来自高校。高校可以根据不同的农业培训需求编制培训的教材，根据实际情况制定培训方案。政府要与高校建立长期的培训机制，高校面对的培训人员主要是农业技术人员、新型职业农民、农业主体经营负责人等，这些人员的培训并不是一两次培训就可以完成的，技术在不断进步，农业也在不断发展，必须将培训归于常态化才能解决根本的农业问题。同时高校也要对返乡的高校毕业生、返乡的农民工、农场主等农业生产经营的主体进行定期的培训，组织农技骨干、大学生村官以及基层党政干部进行相关的专项培训。

乡村振兴的人才也要在综合素质方面有所提升，致力于全面人才的发展，农业人才的学历提升也变得尤为重要，要鼓励更多的乡村人才开展成人学历的提升教育。同时，高校也要针对乡村振兴的需求，开设一批涉及农林牧副渔的精品课程，线上线下同时进行，推动产教结合育人的发展，在校内优化升级实践教学基地，同时和校外的实习基地进行深度合作，形成技术和知识的衔接。

（二）乡村振兴成果推广人才培养

农业的创新不只在新型农业的创造，也在于对传统农业的改造升级。对于高校和农业基地研发出来的科技成果要尽快转化，形成农业的核心竞争力。国家在科技成果方面要鼓励高校针对农业方面的科技发展进行立项研究，推动新成果产业链的形成，打造专业的科研团队，不断为乡村振兴研发新品种、新技术。

新技术成果研发出来后，要尽快通过培训和推广给农业人才和农业的相关主体，加大推广使用，早日实现经济效益的实现。高校可以建立相应的技术转移平台和孵化平台，通过技术转移给企业，通过和企业合作，利用先进的网络技术，实现技术研发、合作、转让、许可和投资一系列的转化流程，最终实现成果市场化。

高校和社会各行业进行合作，可以在全领域实现乡村振兴的推动实现，可以通过和教育、文化、医疗、交通、建筑等等领域的合作共同孵化出一批优秀的涉及各行的企业，打造产业链，创建乡村振兴的示范村镇。政府要健全基层农业技术的推广体系，推动社会力量参与农业技术的推广。大学科技园和创业基地是实现高校就业和人才培育的重要场所，高校可以通过鼓励科技园创新项目推动农业科技创新和人才培养。同时也可以率先鼓励建立一批示范性的高校乡村振兴的基地，最终推动高校科技成果的高效转化。

建立高校乡村产业振兴的联盟，高校要加强和企业政府的合作，建立产学研联盟，成果转移要求科技服务和孵化以及成果专利的运营。要在乡村建立起人才指导基地，专家教授可以定期进驻乡村实现就近研发和成果的投入，相关涉农企业也可以在乡村建立办事处，便于对科技成果的转化监督，政府也要肩负起进驻基地等相关政策和制度的制定，最终建立起专家、院士、教授、博士后工作站，科研人员一线开展研究工作，推动技术的有效推进。在农业产业发展、技术服务、产品销售、培训教育等方面进行实践创新，在全社会打造乡村振兴的氛围。在技术推广方面，加大对重大科技成果的推广力度，高校可以将地方的主导产业与学校的优势学科进行联合，加快和企业之间的多种合作，建立起推广的联盟关系。探索"科研试验基地—区域示范基地—基层技术示范与推广站点—新型农业经营主体"的"两地一站一体"链条式推广模式。同时利于"互联网+"功能，建立起"互联网+农业"的新型生产销售体系，打造信息技术服务平台为乡村产业保驾护航。

（三）乡村振兴国际合作人才培养

当今的互联网发展迅速，全球化的进程也在日益加快，作为第一产业的农业自然不可避免地受到这两种情况的影响，为了顺应时代的发展，农业需要尽快融入全球化的经济中，所以，乡村振兴的人才培养上也要着重培养国际化的人才。依托高校的资源加快国际化人才的培养，促进农产品的生产和销售走国际化道路。

国际化的农业人才培养离不开各国之间的农业科技交流，社会各界要加快农业科技人才的培育。在高校推动农业发展的同时，也要加强和农业强国的交流，既可以提升自身的科技水平，也可以服务于"一带一路。"高校可以和"一带一路"沿线国家的高校开展密切交流，就粮食食品安全、农业技术推广、农业政策制定、农种研发等方面进行经验互通，可以在农产品加工、种子、农药、化肥、疫苗等方面进行合作研发，共同解决农业方面的关键问题。高校还可以邀请国际著名的专家学者来本校进行指导和学术探讨。同时可以选派一批优秀的技术人员或者学生、农民代表去一些农业水平高、农业科技发达的国家访问学习，充分利用好国际上的优势资源。大学也可以和国外的知名农业机构或者研究所建立长期友好关系，输送更多的人才前往机构进行学习深造，提高自己的技术，更好地为本国农业事业服务。对于本国的农业产品，高校也要担负起向国际推广的责任，提供海外农业资讯和咨询服务，在"一带一路"合作中贡献自己的一份力量。

参考文献

[1] 吴银银，洪松舟.乡村振兴背景下乡村教育特色化发展的理论阐释[J].天津师范大学学报（基础教育版），2022，23（02）：17-21.

[2] 李双，刘文霞.乡村振兴背景下乡村教师专业发展探析[J].德州学院学报，2022，38（01）：85-88.

[3] 李宝峰.乡村教师专业发展：乡土特质、现实困境与实现路径[J].信阳师范学院学报（哲学社会科学版），2022，42（02）：63-68.

[4] 王鉴，谢雨宸.乡村学前教育高质量发展的内涵、逻辑与长效机制[J].东北师大学报（哲学社会科学版），2022（02）：1-9+37.

[5] 何茜，顾静.建党百年乡村教师队伍政策演进的逻辑与启示[J].教育研究，2022，43（02）：44-56.

[6] 孟俊涛，朱振辉.习近平法治思想指引下的乡村振兴法治保障[J].西藏发展论坛，2022（01）：59-64.

[7] 董晓绒.习近平关于乡村振兴重要论述的理论内涵[J].西藏发展论坛，2022（01）：53-58.

[8] 殷莉.职业教育计算机专业助力乡村振兴探讨[J].科技视界，2022（03）：140-141.

[9] 杨顺光.职业教育助力乡村振兴的逻辑起点、关键任务与行动策略[J].教育发展研究，2022，42（01）：47-52.

[10] 张云生，张喜红.发挥农民的主体作用 助力乡村振兴战略实施[J].新疆社会科学，2021（06）：161-168+171.

[11] 张建.乡村教育振兴与乡村青年教师培养[J].青年发展论坛，2021，31（06）：3.

[12] 姜长云.全面推进乡村振兴的法治保障和根本遵循[J].农业经济问题，2021（11）：12-19.

[13] 于国龙.激活乡土人才 赋能乡村振兴[J].新长征，2021（11）：37.

[14] 付国华，张浩瑜，冯丽.职业教育服务乡村全面振兴的实践困境与优化路径

[J].职业技术教育，2021，42（29）：11-14.

[15] 褚宏启.教师是振兴乡村教育的关键[J].中国教育学刊，2021（10）：7.

[16] 兰小钦，杨清.乡村义务教育助力乡村振兴的路径研究[J].乡村振兴，2021（09）：29-30.

[17] 曹彦龙.探讨高等教育助力乡村教育振兴之路[J].经济师，2021（08）：113-115.

[18] 李海霞.浅析乡村义务教育均衡发展在乡村振兴中的作用[J].甘肃农业，2021（04）：106-108+111.

[19] 苏劲贤，李建辉.黄炎培职业教育思想对乡村教育脱贫的启示[J].闽南师范大学学报（哲学社会科学版），2021，35（01）：26-32.

[20] 曲铁华.民国时期乡村教育的基本经验与历史局限[J].教育史研究，2021，3（01）：71-83+95.

[21] 李晨旭，周姝.乡村振兴视域下职业教育精准扶贫研究[J].经济师，2020（10）：249-250.

[22] .用活用好乡村教育资源 打造乡村振兴"桥头堡"[J].前进论坛，2020（09）：46-47.

[23] 胡马琳，蔡迎旗.乡村振兴战略下的农村学前教育[J].河北师范大学学报（教育科学版），2020，22（04）：71-77.

[24] 何知晓.乡村学前教育创新发展路径分析[J].农家参谋，2020（01）：281.

[25] 王停停.乡村义务教育开发路径探析[J].佳木斯职业学院学报，2019（05）：118+120.

[26] 曲铁华.民国时期乡村教育的基本特征论析[J].四川师范大学学报（社会科学版），2019，46（03）：81-89.

[27] 赵泽宇.乡村义务教育基础设施建设现状及问题分析[J].智库时代，2019（07）：127-130.

[28] 金志峰.乡村人才振兴要靠乡村义务教育筑基[J].农村工作通讯，2018（13）：53.

[29] 荆明.目前乡村教育发展现状及改善方向探索[J].科教文汇（中旬刊），2014（11）：197-198.

[30] 李心悦，邹海瑞."乡村教育运动三杰"农村职业教育思想探析[J].教育与教学研究，2012，26（01）：95-98.